U0584363

南 城 传 统 村 落

《南城传统村落》编委会

顾　　问：彭银贵　颜　萍

主　　任：黄晓俊

副 主 任：张晨曦　何　莉

编　　委（按姓氏笔画为序）：

卢云峰　刘向阳　何　莉　张　波

张晨曦　罗伽禄　金会林　陶立华

黄晓俊　梅建忠　龚福祥　揭方晓

主　　编：黄晓俊　张晨曦

副 主 编：何　莉　陶立华　卢云峰　刘向阳

执行主编：罗伽禄　揭方晓

执　　笔：罗伽禄　揭方晓　金会林　龚福祥

张　波

南城县地方文化研究丛书

南城传统村落

黄晓俊　张晨曦　主编

江西人民出版社
Jiangxi People's Publishing House
全国百佳出版社

图书在版编目（CIP）数据

南城传统村落 / 黄晓俊, 张晨曦主编 . -- 南昌 : 江西
人民出版社 , 2024.7
（南城县地方文化研究丛书）
ISBN 978-7-210-14927-9

Ⅰ . ①南… Ⅱ . ①黄… ②张… Ⅲ . ①村落文化－研
究－南城县 Ⅳ . ① K925.64

中国国家版本馆 CIP 数据核字（2024）第 016567 号

南城传统村落
NANCHENG CHUANTONG CUNLUO

黄晓俊　张晨曦　主编

责 任 编 辑：章　虹
封 面 设 计：同异文化传媒　章　雷

江西人民出版社
Jiangxi People's Publishing House
全 国 百 佳 出 版 社　出版发行

地　　　址：江西省南昌市三经路 47 号附 1 号（邮编：330006）
网　　　址：www.jxpph.com
电 子 信 箱：jxpph@tom.com
编辑部电话：0791-86891201
发行部电话：0791-86898815
承 印 厂：湖北金港彩印有限公司
经　　　销：各地新华书店

开　　　本：787 毫米 ×1092 毫米　1/16
印　　　张：27.25
字　　　数：363 千字
版　　　次：2024 年 7 月第 1 版
印　　　次：2024 年 7 月第 1 次印刷
书　　　号：ISBN 978-7-210-14927-9
定　　　价：98.00 元
赣版权登字 -01-2023-611

版权所有　侵权必究
赣人版图书凡属印刷、装订错误，请随时与江西人民出版社联系调换。
服务电话：0791-86898820

总序

　　南城县地处江西省东部、抚州市中部，居盱江下游，地理位置十分优越。旧志称"控五岭封疆之要，捍七州寇徼之虞，地气殊异，山川炳灵，林奇谷秀，水绕山环，抗御七闽，牵制百粤"，有"南城天下稀"之说。南城自古就有"礼乐之邦、文献之府"的美誉。

　　南城建县于西汉高祖五年（前202），因在豫章郡城（今南昌）之南而得名，是江西省18个古县之一。建县初期，县域范围相当于现今抚州市全境。从东汉永元八年（96）分置临汝县（今临川）开始，历代县域时有变更，至明万历六年（1578）分置泸溪县（今资溪）后，县域范围趋于稳定，即今南城县。

　　南城历史悠久。考古专家在武冈山、碑山发现的石器、陶器表明，远在新石器时代，我们的祖先已在这块美丽的土地上劳动、生息、繁衍。南城夏禹、商周时属扬州，春秋时属吴，战国时先后属越、楚，秦时属九江郡，汉时属豫章郡，三国吴太平二年（257）建临川郡，郡治南城县，同年迁临汝县，南城属临川郡。两晋时，南城亦属临川郡。南北朝时，南城先后属宋、齐、梁、楚。南朝齐建元元年（479），临川郡治迁南城县，南朝梁太平元年（556）还治临汝县。隋开皇九年（589），改临川郡为抚州。隋唐时，南城属抚州。五代十国时，南城县先后属抚州、邵武军（今抚州）。南唐开宝二年（969），升南城县为建武军。北宋太平兴国三年（978），改建武军为建昌军，军治仍设在南城县，南城属建昌军。元改军为路，南城属建昌路，明改路为府，南城属建昌府。明万历六年（1578），分南城东北境18个都设泸溪县，建昌府辖南城、南丰、广昌、新城（今黎川）、泸溪5个县，府治仍设在南城县。清沿袭明制，南城属建昌府。军、路、府的设置，历时近千年。民国时期，南城先后属江西省第八、第七行政区（含今抚州市全境和福建省光泽县），督察专员公署设在南城。中华人民共和国成立后，改第七行政区为抚州专区，区治迁抚州。南城先后属抚州专区、抚州地区、抚州市。

南城山川秀丽。位于县城西南5千米的麻姑山，兼有"洞天""福地"之胜，风景优美，秀出东南。半山亭、龙门桥、仙都观、碧涛庵、读书林、神功泉、垂瀑三叠、玉练双飞、麻源三谷等名胜古迹点缀其间，是国家AAAA级旅游景区、省级风景名胜区。麻姑山外围景点有从姑山、毕姑山、宝方寺、万寿宫、潮音洞、洪门湖、沸珠泉、益王府遗址、益王墓葬群、建昌古城墙，以及尧坊、磁圭、云市、上唐、上舍、源头、下崔、临坊、新丰、汾水10个传统村落。尤其以双虹卧波（万年桥、太平桥）、武冈玉笔（聚星塔）、中洲凤羽、大富仙踪、印石呈章（赤面山）、凤冈晓日（登高山）为代表的"盱江十景"，天然地构成了一幅奇丽的山水画卷。

南城人文荟萃。从古至今，南城世多才子，代有人杰，名人志士迭出，是一个藏龙卧虎之地。自唐末以来，有一大批人既能"为官一任，造福一方"，又能"另辟蹊径，独树一帜"，在不同领域都有优异成绩。主要代表人物有：五代吴越丞相元德昭；北宋参知政事（副宰相）、文学家、音韵学家陈彭年，尚书左丞（副宰相）邓润甫，参知政事（副宰相）元绛，著名思想家、教育家、文学家李觏；南宋礼部尚书张大经，刑部尚书包恢，广西安抚使李浩和工部侍郎曾渐；元代政治家、文学家程钜夫；明代状元、礼部尚书、文学家张升，云南左参政、哲学家、教育家、文学家罗汝芳，戏剧家郑之文，广东布政使、书法家左赞，农民起义领袖邓茂七，女诗人景翩翩；清代贵州巡抚曾燠，帝王之师梅之珩，一品左都督罗美材，书画家刘凤起……近现代更涌现了桥梁建筑专家罗英、法学家潘震亚、土木建筑专家黄强等著名学者。

早在商周时期，在盱江两岸生活的人们就创造了盱江古代文明。自西汉建县以来，特别是南朝时临川郡迁南城和南唐、北宋以后军、路、府的设置，南城的士、农、工、商得到了较大发展，南城又被誉为"江右名府、赣东望县"。从唐代麻姑庙建立到北宋盱江书院诞生，从明代益王封藩到明清盱江医学和建昌帮名扬八方，它们既铸造了南城的灿烂辉煌，又孕育了特有的地域文化。

麻姑山在历史的长河中，闪耀着一种永不泯灭的光辉，这就是"麻姑文化"。麻姑文化在道教、佛教、儒教、神话传说、艺术作品、医药物产（麻姑酒、麻姑米、麻姑茶）等方面表现出独特的地方人文现象，可谓博大精深、源远流长。麻姑文化最突出的特征是长寿文化。麻姑是中国传说中有名的女寿仙。"麻姑献寿"是民俗画中极重要的题材之一。可以说，麻姑长寿文化契合了人类的精神追求。千百年来，文人雅士、能工巧匠以麻姑为题材，创作出数不胜数的艺术作品。唐大历六年（771），大书法家颜真卿登游麻姑山，为麻姑撰文立碑，写下了被后人誉为"天下第一楷书"的《有唐抚州南城县麻姑山仙坛记》，使麻姑山名扬九州。清同治五年（1866）编撰的《麻姑山志》收录谢灵运、白居易、刘禹锡、李商隐、晏殊、曾巩、陆游、杨万里、汤显祖、曾国藩等名人学者赞美麻姑山的序、记、诗、赋等作品千余篇。众多名人对麻姑山的题咏，更使麻姑山声名远播，享誉全球。2021年，南城县被中国民间文艺家协会命名为"中国麻姑文化之乡"。

朱元璋建立明朝后，推行分封制，将众多皇子封为亲王，分封各地，以"外卫边陲，内资夹辅"，维系并巩固朱家王朝的统治，后沿袭成规。明代，曾两次封亲王就藩南城。永乐二十二年（1424）仁宗皇帝朱高炽第六子朱瞻堈受封为荆王，宣德四年（1429）就藩南城，正统十年（1445）迁湖北蕲州。成化二十三年（1487）宪宗皇帝朱见深第四子朱祐槟受封为益王，弘治八年（1495）

就藩南城，共七代八王，直至明朝灭亡，延续了149年，是江西明代"三大藩王"（南昌宁王、鄱阳淮王、南城益王）之一。明代"藩禁"规定，藩王不得参与兵事，亦不许参与政事，因而益王只能寄情于文学艺术或医药学。益藩王族好印书、擅诗文、工书画、善操琴、研医药，造诣精深、成就突出，对南城文学艺术和医药业的发展产生了深远影响。

从北宋雍熙二年（985）第一个进士陈彭年到清光绪二十九年（1903）最后一个进士刘凤起，南城的进士之多、进士之优秀，在全省少见，形成了独特的进士文化。全县共有进士629位（不含临坊村7位进士），居江西省第二。其中，宋代460人，元代7人，明代60人，清代102人。宋时进士居全省之首，特别是多次十余人中一榜进士，十分难得。同时，名进士多达百余名。这些进士中，进入正史的有15人（宋代的陈彭年、江白、邓润甫、王无咎、李浩、张大经、包恢、元绛，明代的邓棨、张升、罗玘、夏良胜、罗汝芳、周朝瑞，清代的曾燠），既有宰相、布政使、知府、知县等政界人士，又有哲学家、教育家、文学家、语言学家、书法家、书画家等文化名人。这些进士分布比较集中，主要分布在几个大的古村、大姓，磁圭罗氏、上唐李氏、汾水潘氏、麻源左氏、临坊王氏等都是南城名进士的家族群体。进士群体的形成，得益于南城优越的地理环境和浓厚的读书氛围。朱熹在《建昌进士题名记》中称建昌郡"其地山高而水清，其民气刚而材武，其士多以经术论议文章致大名"。

北宋庆历三年（1043），李觏在县城北郊创办盱江书院。书院历经毁建，延续了800余年。元代，包淮创办浥川书塾，吴澄作《浥川书塾序》记其事。进入明代，罗汝芳的父亲罗锦在从姑山建前锋书屋，讲明正学，后罗汝芳在此基础上建从姑山房，收徒授业。张升辞官回乡后，在麻源三谷建"三谷书屋"，管教张氏家族儿孙学业。罗玘辞官回乡后，建圭峰书院，著书立说。这些书院的创建，为古代教育事业和学术交流作出了较大贡献。尤其是李觏创办的盱江书院培养了大量的优秀人才，成为江西古代书院史记载中有"门徒千人"

的三所书院之一（另两所为陆九渊象山书院、南康雷塘书院）。唐宋八大家之一的曾巩、积极辅佐王安石变法的邓润甫、著名学者陈次公、西京作坊使李山甫、抚州通判陈光道等人都是他的高足。罗汝芳创办的从姑山房同样出色，戏剧大师汤显祖、状元沈懋学、吏部与礼部尚书杨起元、刑部尚书董裕、礼部尚书兼东阁大学士吴道南等人都是他的名徒。

南城的医药文化突出表现在盱江医学和建昌帮药业两个方面，两者相互促进、相互推动。盱江医学是我国古代中医地方医学流派之一（另有安徽的新安医派、江苏的孟河医派、广东的岭南医派），具有名医多（宋元名医黎民寿、严寿逸，明清名医程式、谢星焕）、医著多、临床诊疗技术独特、专科特色鲜明、传承久远的特点。中药建昌帮，是全国十三大药帮之一、中药炮制主要流派之一，以传统饮片加工炮制、药材集散交易著称，享有"药不过建昌不齐，药不到建昌不灵"的美誉。其炮制工具、工艺、辅料独特。刀刨有八法，用建刀、雷公刨切刨的饮片，具有"斜、薄、光、大"的特征。炮制有十三法，尤以"炒、炙、煨、炆、蒸"最具代表性，以此法炮制出的饮片，具有"色艳、气香、味厚、毒低、高效"的特点。建昌帮流传地域广，在江西、福建、北京、河南、浙江、重庆、香港、澳门、台湾等国内地区及东南亚等海外国家医药界有较深影响。1992年，南城县建昌帮中药饮片加工厂获"中华老字号"称号；2008年，建昌帮药业被列入江西省第二批非物质文化遗产名录。

2000年，江西考古研究所陈江先生结合天地会文献资料和南城实地遗址，考证得出：洪门创始于明末清初，是由封藩南城的明益藩王族中的罗川王、永宁王等宗社骨干，拥立益末王朱慈炲为宗师盟主，于1644年秋，在南城县洪门镇华林峰的华光寺歃血为盟而创建的反清复明秘密组织。早期核心成员除明益藩宗室子弟外，还吸收了誓不降清的忠臣义士、官绅文士参盟，如方以智、艾南英、陈孝逸等。其起源于南城，壮大于闽粤，扎根于海外，升华于致公党。历史上，洪门与中国革命关系密切，与中国致公党有着深厚的渊源。

洪门在助力孙中山推翻清王朝的辛亥革命中作出了巨大贡献。抗日战争时期，海外洪门组织以各种方式支援祖国抗战，对中国的抗战事业产生了积极影响，史学家称之为"民族革命集团"。

南城是一块红色的土地，南城人民具有革命斗争传统。1927年1月，中国共产党南城县第一个党小组建立，同年2月建立了第一个党支部。土地革命战争时期，毛泽东、周恩来、朱德、彭德怀等老一辈无产阶级革命家曾率领红军主力转战南城，取得了渭水桥、黄狮渡、长源庙等战斗的重大胜利。第五次反"围剿"中著名的硝石战斗就发生在南城县硝石镇。这一时期，南城属于游击区，党一度发动群众在县城的东北、东南边缘地带开辟了金南、建东两块革命根据地，分别建立了县一级的党组织和苏维埃政府，指导革命斗争。

文化乃精神之家园、心灵之栖息地。追溯一个地方的历史文化，是一种纪念，也是一种继承，更是一种启迪。我们将认真贯彻落实习近平文化思想，继续挖掘整理地方文化资源，不断创作文化精品，进一步传承好、发展好和繁荣好南城地域文化。

我们深知，地方文化研究是为文化兴县、经济强县的战略目标服务的。我们编印出版这套地方文化研究丛书，目的就是讲好南城故事，传播好南城声音，推动文化资源转化为经济社会发展优势，着力在中华民族伟大复兴的道路上，继续谱写南城灿烂辉煌的历史篇章。

让我们汇集在地方文化研究这个古老而又年轻的课题下，齐心协力，精心耕耘，多出成果，快出成果，为后世留下一份丰富、宝贵的文化财富。

南城县地方文化研究中心

2023年10月

目录

前言

　　位于盱江下游的南城县，历史悠久，人文荟萃。早在新石器时代这块土地上就有人类生息繁衍，由于生存需要，他们聚居于此，从而慢慢形成了村庄、城镇，也渐渐孕育了丰富的村落文化。南城在两千多年前建县，因在豫章郡之南，故名"南城县"，为豫章郡 18 个古县之一，大致范围相当于今天的抚州市，此后从南城县析出多个县。如今南城县下辖建昌、株良、万坊、洪门、龙湖、上唐、新丰街、里塔、沙洲、徐家、浔溪、天井源等 12 个乡镇，下有 150 个村民委员会、19 个居民委员会、1151 个自然村（1564 个村民小组），其中有不少古村落。

　　时间进入了隋唐，有的北方人或因为官，或因避战乱，或因经商，或因自由迁徙等而迁居南方，他们或独立择地而居，形成新的村寨或城镇；或杂居于本地居民中，壮大了原有的村寨或城镇。如"包青天"包拯的哥哥包播任职南城，乐此山水而定居繁衍于此，遂为包坊；唐末罗袍辞官携家眷隐居于磁圭，发展成罗氏聚居地，明代徐霞客游此地感叹道"夹溪而宅，甚富，皆罗氏也"。他们带来的中原文化与南方文化相互交融，创造出具有鲜明地域特色的独特村落文化，具有"五里不同风，十里不同俗"的特点。长期以来，从居住地带来的文化与新的定居地及周边文化碰撞与交融、积淀与开新，形成了颇具个性、文化印迹明显的村落。而这些村落往往有着一个鲜明的特点，就是以一姓为主，如磁圭以罗姓为主，汾水以潘姓为主，源头、上舍以吴姓为主，包坊以包姓为主，临坊以王姓为主。有些村落因居住地地域较广，形成了数姓并居的局面，上唐就是如此，它兼有李、刘等数十个姓氏。这些村，无论以一姓为主体，还是多姓共居，都以姓氏为单位编纂家谱或宗谱。他们秉承了古代耕读传家的世风，又在世代相传的过程中孕育并传承着优良家风，保障了良好的生存和发展，或入仕，或经商，或耕种，皆有成就，成为一地一域的名门望族。他们以家谱或宗谱的形式记载血脉传承，也记载家族人文事迹、家训家规以及家风，使其代代相传。但在时间的长河里，由于村与村地缘相连，人缘相亲，他们的生活习俗趋同，仅有细微之别。

他们或依山而居，或傍水而安，或依道而宅，形成了不同的村庄布局。大的方面，村中房屋、塔桥亭阁祠、井泉沟渠与道路的布局等皆有讲究，山水自然与建筑设施相协调，生产与生活相和谐，防灾、防火、防盗与防敌相兼顾，无不体现先贤的智慧与远见。小的方面，不同的房屋朝向、建筑结构、梁椽雕刻、天井门窗、室内装饰、庭院园林皆构造精巧，无不体现先贤的审美与情趣。仅是雕刻一项，就有木雕、石雕与砖雕多种，每一处梁椽雕刻都有故事，每一处门窗雕刻都有故事，其雕刻内容或是花草树木，或是人物动物，形态各异，栩栩如生。如今，如若你徜徉于古村，所见古代建筑，无论是明代建筑，还是清代建筑，其雕刻或简或繁，皆巧夺天工，先辈高雅的审美仍可见一斑。

第二次国内革命战争时期，南城县建立了苏维埃政权，隶属闽赣省苏维埃政府，为赣南原中央苏区的重要组成部分。南城县发生过多次革命战争，谱写了一曲曲革命赞歌。革命的烈火熊熊燃烧,南城人民踊跃投身于革命洪流,为中央苏区历次反"围剿"战争、保卫苏维埃政权作出了卓越贡献,甚至献出了宝贵生命。至今许多村落还留下了红军标语等诸多遗址遗迹,它们见证了当年的峥嵘岁月。革命先辈的事迹还在传颂,精神还在传承,且将世世代代传承下去。

在古老而广阔的南城大地上,许多有着旖旎自然风光、丰富历史信息与优美人文景观的古村落,随着时间的推移、人口的迁徙,特别是伴随着城镇化步伐,失去昔日的光彩,甚至消失。保护和挖掘整理其历史文化内涵的工作显得尤为重要,南城县委、县政府将此工作列上议事日程,特别是对历史久远、拥有丰富的自然资源与文化资源的传统村落,用力尤深。南城县积极申报中国传统村落保护,已有尧坊等10个村落被列入中国传统村落保护名录,加快了南城传统村落文化保护的速度,提升了保护质量。

我们组织力量对尧坊、磁圭、云市、上唐、上舍、源头、下崔、临坊、新丰、汾水等10个中国传统村落的历史文化内涵进行挖掘与整理,并以此为基础编纂成《南城传统村落》一书。对于每一个村落的成村经过、山川地貌、古代建筑、遗址遗迹、历史往事、重要人物、红色文化、习俗活动、民间艺术以及古代相关艺文、史志记载一一做了挖掘与梳理,并一一呈现。在呈现的过程中既有对物体、事件或人物的描写叙述,也有纯史志记载、艺文原文呈现,目的是更好地存史和传承文化。

传统村落是农耕文明与乡土文化的缩影,是穿越历史的记忆。尧坊等10个传统村落是南城具有悠久历史和丰厚文化底蕴的村落代表,南城县古村落的历史风貌与文化内涵,以及南城文化乃至古建昌文化由此可窥一斑。"暧暧远人村,依依墟里烟。"传统村落是沉甸甸的乡愁,我们在打捞其历史文化时,也是在打捞那挥之不去的乡愁;当我们试图用图文来记录古村时,就是以文字或图片的形式来保存乡愁,留住那铭刻于心灵深处的乡愁。

　　《南城传统村落》历时近一年终于完成了编写工作。编写人员深入相关传统村落进行实地考察，了解情况，收集资料，同时查阅《建昌府志》《南城县志》、先贤著述，参阅大量当代专家学者撰写的相关作品，然后编纂成文。这是一本资料性的书籍，引录内容较多，甚至因出处不同，史料内容略有出入，亦照录。各村情况不一，在收录内容、书写体例方面也会略有不同。在此，对历代先贤表示敬意；对县、乡镇、村给予大力支持的各级领导与村民表示感谢；对当代古村研究作品的作者恕不一一具名，一并表示感谢；书中还插入了一定数量的图片，图片主要由执笔人和南城县住建局提供，对图片提供者表示感谢。在此还要感谢为南城县中国传统村落申报工作而努力的相关单位和各级领导及参与者，要感谢相关村落的保护者与古村文化的爱好者，他们为古村文化留根夯基作出了贡献。由此来看，本书可谓"集体"之作，如果说本书有一定可取之处，则应当归功于大家。

　　《南城传统村落》即将面世，愿开卷有益。

南城县政协文史委

南城县地方文化研究中心

2023 年 10 月

巨船远航尧坊村

尧坊村位于南城县东南部，距县城约10千米，交通便利。尧坊素以古屋、古树、古井闻名遐迩。尧坊古屋以船型古屋为龙头，还有端记、元记、大夫第等十多栋明清建筑。尧坊古树众多，南城县最大的古樟即落户于此。尧坊古井遍布村子各个角落，井口多以红石涵管圈成，古朴厚重。2013年尧坊村成功入选第二批中国传统村落保护名录。尧坊还有舞龙灯、跳马灯和禳神等传统民俗，程序规范、特色鲜明，千百年来长盛不衰。2019年9月，尧坊禳神等民俗活动被列入抚州市非物质文化遗产名录。

一、古村概况

尧坊村位于南城县东南部、天井源乡南部，距县城约 10 千米，距天井源乡政府约 8 千米，距 206 国道 2 千米，距鹰瑞高速、福银高速出口约 11 千米；东临南源村，南、西与田螺石村相连，北与良湖村相接；东眺毕姑山，西临盱江。尧坊村共有 3 个自然村：上尧坊、下尧坊、墈上。有 293 户，户籍人口 1203 人，人口较多的姓氏有尧姓、宁姓。全村耕地面积 941333.8 平方米，山林面积 951333.8 平方米。

尧坊村东面是广阔的良田，松溪静静地流过，南、西、北三面环山，属于丘陵地貌。村庄地势西高东低，松溪由南往北流，整个村落空间自然流畅、动静相宜。街巷两旁的古建筑淡雅朴素，古宅、街巷、池塘、田园交织，错落有致。这里属亚热带湿润季风气候区，气候温暖湿润，四季分明，光照充足，雨量充沛，无霜期长。冬季多偏北风，春夏之交梅雨绵绵，夏秋之际晴热干燥。全年主导风向为东南风，年平均气温在 17.5℃ 至 18.3℃ 之间，平均年降水量 1606 毫米，适宜农作物和其他植物生长。

尧坊村牌

　　尧坊村历史上曾经名为蔡坊、杨坊，后来尧氏家族从株良双湖迁居于此，人丁兴旺起来，遂更名尧坊。清乾隆年间，宁氏祖先宁宪邦从邻村安源（今安坑）迁到尧坊，其家族势力在尧坊逐渐占据上风，把尧坊更名为宁家庄，但仅在宁氏家族中使用，没有得到尧氏家族的认可。中华人民共和国成立后，宁氏家族逐渐没落，宁家庄之称日渐衰微，尧坊这一名称得到更广泛的使用。

　　尧坊村在中华人民共和国成立前属三区毕姑乡，中华人民共和国成立初期属七区南源乡，1956年属清源乡，称光辉初、高级社，1958年属上唐公社清源管理区，1961年属清源公社，1964年属罗坊公社，均称尧坊大队。1968年属东风公社，称创业大队。1972年属天井源公社，仍称尧坊大队。中华人民共和国成立以后相当长的一段时间，尧坊是中心村落，中小学、粮站、卫生院、供销社等单位均集中于此，是个环境优越、生活方便、人丁兴旺的村落。2013年尧坊村入选第二批中国传统村落名录，是南城县第一个获得此项殊荣的村庄。

二、建筑与遗存

（一）古代建筑

　　船型古屋　古屋建筑形状独特，从屋后西山的观景台上东瞰，只见古屋如巨船迎水向南行驶，亦称为船屋。船屋位于尧坊村头，为清代晚期建筑，坐西朝东，由两栋大夫第组成，东西长87米，南北宽56米，占地面积约6666.7平方米。2012年8月，船屋被列入南城县文物保护单位，2018年被列入江西省文物保护单位。

　　船屋平面结构布局为正厅三进一廊，两旁配有与正厅相通的偏厢，共有大小天井20多个，百余间房间。厅堂宽敞明亮，门窗有精美木雕，梁椽处处浮雕，形态各异，栩栩如生。上厅设木雕神龛，屋内方砖铺地，房间布局得宜，廊道错落其间，乡人称为"108间"。前有大院，大门正对面有一处红石旗杆石，上面阴刻"光绪甲午科，举人宁文琳"。两栋大夫第门额均有人物故事、花草石雕，造型生动，雕刻精美。

　　砌墙的砖块均由田泥包裹小卵石制成，隔温良好，冬暖夏凉。砖墙用糯米饭掺和石灰垒砌，经多道工序粉刷，滑润无比。正房、偏房、横厅、书房、杂房、工房、厨房、膳房错落有致。风火墙间立其中，利用风隔热原理，把连成一片的院落分割成了数个防火安全区。这座砖木结构的大宅院，取暖、做饭大量使用柴木，极易发生火灾，但由于风火墙的使用，百余年来一直平安无事。特别是宅院的地下水系统，每天都有大量的生活污水和垃圾倾泻而出，百余年来居然从未出现过下水道堵塞现象。宅内所有天井，雨过即干，不留积水。据这里的老住户讲，这条下水道从地下直通到下面的河里，可古宅的地面与河面只有很小的落差，为什么这么多年还能保持畅通无阻？村里的人说，下水道建好后放进了两只乌龟，它们在里面不停地清除着从古宅流下来的污物。

北部方形结构的房子是粮仓，上有廊桥通向屋后大路，粮食可以平直地挑进粮仓，倒入仓库，无须上坡下坡，也无须拉吊。仓底悬空，与地面距离比箩筐略高，既可防潮，又便于放粮。仓库分左右两边，每边分作3个小仓，共可储藏稻谷150万斤，足够3000人吃一年。

院内南北两侧各有一栋附属房，北面是书房，南面是客舍。宁氏家族非常重视教育，其家谱中记载的进士、举人、贡生、仕宦子弟多达175人，其中的一些人就是在这个书房上过学的。推开书房大门，中堂有孔子画像，庄重威严。中堂两边有办公室，是教书先生接待家长和课后休息的地方，后面有一排天井，四边都有屋檐，雨大的时候，可以从两侧通行，不必淋雨。天井后面是一排书房，共有七八间，这些房子的主人，就是当年那些咿咿呀呀摇头晃脑大声读书的学子了。客舍也很大，大厅、会客室、休息室一应俱全，房间总数不少于20间。宁氏家族生意门类多，涉及盐业、医药、造纸等等；生意范围也很广，除了国内，远在南洋等地，也有生意上的客户。不管从哪里来的客人，来到宁氏客舍，都有宾至如归的感觉。

船屋正门上刻有"大夫第"匾额。大夫第一般指文职官员的私宅，是士大夫的门第，不是平民百姓的草庐，如同"进士第""翰林第"一样，都是一种身份的象征。船屋的建造者宁泰贞，正是一位文职官员，生于道光七年（1827），殁于光绪二十九年（1903），先后被封为文林郎（清朝文官名，正七品）、奉直大夫（清朝文官名，从五品），其子宁文琳系光绪甲午科第五十名举人，即院内旗杆石上标示人物，任饶州府学训导，负责教育方面的事务。该屋为宁泰贞及其侄所建，左为叔建，右为侄建。因宁氏家族在尧坊先后建造了几栋大房子，而这栋房子建造较晚，位于墈上村小组，故称为新屋墈上。

这座古豪宅建立至今疑点重重，仿佛被岁月蒙上了面纱，总让人浮想联翩。古宅房间内一年四季不见蚊虫，而紧紧围绕在古宅墙外的就是蚊虫肆虐的猪栏和水田，甚是奇怪。同时，古宅庭院是夏季村里的最佳纳凉地点，夏天最热的时候,古宅内的温度最高也没有超过 27℃,和开着空调的房间差不多。这是因为古宅内无论是房间,还是庭院,建筑造型都是竖立的长方形,同烟囱的原理一样,这种结构加速了空气的流动。古宅到底有多少房间? 一直没有定论。就是现在住在古宅中的人家也说不清,有的说有 200 多间,有的说有 107 间,有的说有 108 间。尧坊村一直流传船型古屋埋藏着大量宝藏的传说。村里的老人至今还记得船屋主人为后代寻宝而留下的藏头诗中的八个字:"地下三尺,佑吾子荫。"这八个字无疑在说宝藏的去处,但是 100 多年来,很多人无数次在这古宅院落里"掘地三尺",至今还在寻寻觅觅,但就是没有宝藏的踪迹。

　　船型古屋由于年久失修,砖瓦、横梁、墙体、木雕等均有破损现象。2018 年,当地启动抢救性保护修复工程,最大限度地还原古宅格局和建筑面貌,体现其蕴含的文化价值。

　　端记（建筑群）　俗称"72 间",虽然建筑规模相对于"108 间"要小,

船型古屋

但其所处环境、房屋布局、建筑质量、生活配套等等，均不比"108 间"逊色。

端记坐落在尧坊村中央，光凭这一点，它的身份似乎就比"108 间"尊贵。中国人信奉中庸之道，为人处世讲究含蓄内敛，建房选址喜欢清幽平静之处。端记的选址，完全符合这一传统习惯。相对而言，"108 间"的选址就有点出格，到过那里的朋友都知道，它坐落在村子最前头，紧邻主要交通道路，好像有点突兀。

这两处在村里数一数二的建筑，在选址上有何考虑和安排？考证发现，端记是清朝中期的作品，"108 间"是清朝晚期的作品。它们都是村中宁氏家族建造的，也就是说，端记是宁氏前辈建造的，"108 间"是宁氏晚辈建造的。尧坊虽然古老，离县城也很近，但毕竟是个小村庄，且村里山地多，平地少，适合建房的地方有限。端记是先期建造的，选址相对容易，建在了村中央。"108 间"是后期建造的，已经很难找到端记这样好的地址了，只好建在村头开阔处。

端，有发端、开端之意。这栋建筑起名"端记"，是否表明它在尧坊古建筑中排名首位呢？这还有待建筑学家考证。

同船型古屋一样，端记也是一个建筑群的统称，其整体布局在尧坊所有古建筑中最具特色、最讲究。船型古屋是两厅并列结构，元记、寿记也是两厅并列结构，但端记别具一格，是倒"L"形结构。从东南方向的大门进入，三个大厅依次向上排列，分别为下厅、中厅、上厅，直至神龛。就这么简单吗？不是的。在上厅天井的右角上，有一条巷子，在很多类似的古建筑中，这样的巷子一般是通向厢房或者室外。而你沿着这条巷子走，会惊讶地发现，巷子尽头别有洞天——一个由天井、大厅、卧室、厢房、杂物间构成的完整的建筑展现在眼前，我们姑且称之为偏殿吧。但这个偏殿的规模和气势，与许多正殿相比，有过之而无不及。

穿过大厅，又有一处天井，后面还有一个大厅和与之匹配的房间。这个大厅后面架有楼梯，直通楼上。这就是尧坊所有古建筑中仅存的绣花楼。端记这个建筑群，厅后有厅，房中有房，巷中有巷，据说有各类房间72间，并非妄言。

除了造型有独到之处外，它在布局上的许多设计也极具匠心。像偏殿角上，一般都是以高墙封闭起来，但这个偏殿的两个角上，也就是东南角和西北角上，各建有一个凉亭。凉亭向内，有巷门相通，向外有台阶下去，人们通过凉亭来到外面非常方便。这真是天才的设计！假如没有凉亭，屋内只有阴暗、潮湿和霉菌，人们只有手脚的冰冷、眼神的焦灼和心灵的彷徨。有了凉亭，就有了阳光、雨水、清风，还有美丽的彩霞和无边无际的遐想。

由于年久失修，如今的端记出现了一些残败迹象，尽管如此，只要你见到它，还是会对它的建设质量不吝赞美之词。巨型条石建造的门框，硕大圆木打造的柱子，金钢瓦槽做成的下水管，琉璃镶嵌的窗棂，方砖铺垫的地板，每一处都体现了"工匠精神"。几百年过去，端记仍然面貌不改，气色不减，神韵不失。

来到绣花楼底下仰望，发现楼面是横梁跨壁，上面用木板铺就。每一根横梁大小一致，每一块木板宽度一致，平整牢固，严丝合缝，用料和做工无可挑剔，叫人情不自禁地感叹：当年大家闺秀居住在这样的楼中，就像现在的人居住在铺装地板的房间里，多么舒适啊。但我们拾级而上，来到楼上，惊讶地发现，我们的判断有误：楼面并不是木板铺就的，而是青石块铺就的。这些青石块方方正正，光洁平坦。当时没有打磨机，我们无法想象铺一间房子要耗费多少时间。冬天，石板上铺上地毯，温暖；夏天，除去地毯露出石板，凉快。这才是真正的舒适。

窗棂上的琉璃，历经几百年风雨，依然光洁如新。阳光穿过琉璃，散发出幽深高贵的光芒，没有什么华丽的宣言，那份雍容和娴静便会给人难以名状的惊艳。

端记的"端"字，亦有端庄秀丽之意，当年主人取名的时候，可能蕴含了此意吧。

端记还拥有齐全的生活配套设施，这也是其他古建筑无法相比的。端记后院外有一座山，名叫杨家山，山顶平坦开阔。端记的主人沿着杨家山右侧，用石块砌了一条直达山上的宽阔通道，又把山顶进行了平整，在山的四周围起了土墙，建成了一个面积有几十亩的运动场。有了这个场地，人们就可以举办各种各样的文娱和体育活动，大大提高了幸福指数。

通道下面，整出了一块平地，建了书房，供子孙们读书学习。书房建有大厅，中间供奉圣人画像，大厅两侧建有教室、办公室、休息室，功能齐全，容纳百来个学生不成问题。这个书房规模如此大，应该不是端记主人一家的私塾，而是尧坊村乃至周边村庄孩子们上学的地方。拿今天的话来说，端记就是附近一带最好的学区房，其优越性由此可见一斑。

端记的四周，修建了好几个池塘。池塘全用条石铺砌，牢固又美观。池塘边，安放着石凳石椅供人使用。春来垂柳依依，夏来荷叶田田，秋来雁影横塘，冬来白冰跃光。诗意生活，尽在其中。

儒林第（两边）《尧坊宁氏族谱》记载，尧坊宁氏先祖宁宪邦原居安源村，即现在的田螺石村安坑村小组，与尧坊村西面相邻。宁宪邦生于乾隆十七年（1752）九月，殁于嘉庆十一年（1806）九月，封奉政大夫（清朝文官名，正五品）。宁宪邦迁居尧坊，在尧坊村北面山（俗称背后山）脚下建造房屋，名为大夫第、儒林第，两栋并排，俗称老屋，此称号沿用至今。建筑为硬山顶，青砖灰瓦，马头墙，砖木结构，东西两栋基本对称，皆为三进三开间，两天井，建筑面积共约 600 平方米，东西侧主厅门额题字分别为"儒林第""大夫第"。东侧厢房为"余庆居"，门额上有八卦石雕纹路，雕刻精美。

　　元记（建筑群）　宁尚也有子名泰元、泰贞，宁泰元在爷爷辈建造的老屋前建造东西两栋房屋，并排结构，名为元记，俗称"36 间"。建筑为硬山顶，青砖灰瓦，马头墙，砖木结构，西侧为三进三开间，两天井，东侧为四进三开间，三天井，总建筑面积约 746 平方米。东西门额题字分别为"瑞蔼""大夫第"，两边由中间连廊连通。

　　圳背古宅（两边）　始建于清朝，硬山顶，青砖灰瓦，马头墙，砖木结构，圳背包括东西两栋，西侧为两进三开间，三天井，面阔 16.3 米，进深 18.8 米，东侧为一进三开间，一天井，总建筑面积约 494 平方米。西侧门额题字为"凝禧"，两边由中间连廊连通。

　　古祠堂　宁氏家族还在村中建造两座祠堂，分别叫念三公祠堂、宪邦祠堂。两座祠堂均占地数百平方米，分列左右两边，中间是个大广场。中华人民共和国成立后至 20 世纪 80 年代，这两座祠堂是村小学所在地，教师办公室及各年级教室均在其中，广场则为操场，师生课余时间在此健身。

　　官厅　始建于明朝，为村中最古老的建筑，系尧氏祖先建造，位于大源（三组）背后山下。建筑为硬山顶，青砖灰瓦，马头墙，砖木结构，三进三开间，建筑面积约 358 平方米，保存较差，局部出现坍塌。屋后山冈上矗立着著名的"分身"古樟。

　　张王殿　位于尧坊村头，始建于清朝，后原址重建，保留硬山顶，砖木结构，一进三开间，建筑面积约 226 平方米，现保存良好。里面供奉"张老爷"，即东平王张巡，唐朝平定安史之乱的名将。张王殿系禳神活动的出发地和回归地，旁有古戏台一座。

尧坊观音桥

　　观音堂　位于尧坊村西北部，坐北朝南，分前后两栋，主供观音，东侧门额题字为"社公庙"，西侧门额题字为"观音堂"，中间为墙体围起的院落，前厅进深 6.4 米，面宽约 20 米，后主厅进深 8.4 米，面宽约 15 米，建筑面积共约 247 平方米。

（二）遗存遗迹

　　古桥　位于观音堂东侧，因此得名观音桥。该桥立于松溪之上，单拱全跨，全长约 16 米，桥面宽 2.9 米，桥面铺青石板，拱身最薄处 0.6 米，拱高 4.4 米，拱宽 8 米。观音桥与旁边的观音堂、古樟融为一体、相得益彰，古韵十足。

　　古街巷　全村保存了 7 条较为完整的历史街巷，纵横交错，构成了村民主要的交往空间。圳背古宅前、元记古屋周边、端记古屋前等历史街巷全长 1265 米。圳背古宅前古巷道宽约 2 米，长 120 米，下有水沟，上用青条石横向铺筑。青条石长约 2 米，宽 0.3 米，厚 0.3 米，结实厚重。观音堂到端记古屋附近的古巷道以前铺筑石板，通往良湖村，近年修葺，用红条石铺筑。这些历史街巷是尧坊村明清时期整体空间结构和历史风貌的重要组成部分，是

尧坊古街巷

尧坊村不可或缺的重要历史环境构成要素。

古井　现有 7 口古井，如 7 颗璀璨的星星散布在古村各个角落。大井：位于村中央，因靠近宁家巷，且为宁氏家族建造，故又称为宁家井。其为村中最大古井，出水量大，能满足周围百余户人家用水需求。井上立圆形井沿石，石为整块，中间凿空，直径 1.52 米。升记古井：也叫端记老井，位于端记屋后，在端记与培记书房中间。整块红石凿空的圆形井沿石立于井上，高 0.66 米，直径 0.84 米，上面刻有"升记古井"4 个字。因长年井绳摩擦，井沿石上磨出几个大豁口，历历在目。大源老井：位于大源，即尧坊三组所在地，在大源老屋西侧，距离村中最大古樟不到百米。圆形井沿石用整块红石凿空，直径 0.97 米。小源老井：位于小源排屋对面山脚下，周围树木葱茏，百草丰茂。红石板砌成长方形井口，长 1.4 米，宽 1.24 米。水位颇高，取水方便。总门老井：位于总门，端记老屋西侧。井口用整块红石凿空，圆形，高 0.2 米，直径 0.5 米，是村中古井中最小的，可称为袖珍型井口。但井中空间很大，可以放下一张八仙桌，蓄水充足。张王殿老井：位于张王殿走廊左侧，靠近张王殿厨房。因有屋檐遮护，显得干净整洁。圆形井沿石，用整块红石凿空，直径 1.17 米。此井距离船型古屋仅十几步，除供应张王殿住户用水外，还供应船屋南面人家用水。塅上老井：位于船型古屋北侧，距离船屋仅十几步，主要供应船屋北面人家用水。整块圆形井沿石，井口中空，高 0.66 米，直径 0.93 米。古井旁有 500 年古樟一棵，枝繁叶茂，古樟、古井相映成趣。

古塘　据统计，尧坊拥有 16 口古老的池塘，最有名的当数培记书房池塘、元记池塘和新屋塅上池塘。

清乾隆年间，尧坊宁氏先祖宁宪邦的儿子在村中西面山（俗称杨家山）脚下建造房屋，名为端记，俗称"72 间"，并于屋后建造供小孩读书的私塾，名为培记书房。与此同时，在培记书房前建造了两口池塘。这两口池塘一大一小，均呈长方形，小池塘的长度恰好等于大池塘的宽度，像一横一竖的模样。

两口池塘中间有一条宽阔的通道，正对着书房大门。通道全是用大条石铺成，正中有一条横向的隧道，可容一个成年人躬身通行。这条隧道连接两口池塘，隧道底部与池塘底部平齐，形成了一个物理学上的连通器，因此这两口池塘的水位永远是一样的。

宁宪邦之孙宁泰元在爷爷的老屋前建造了元记，同时建造了元记池塘。这口池塘位于村中央，上有明渠承接来自大源山谷与小源山谷的水流，下有暗渠直通下游小河。这段暗渠藏于圳背古宅屋檐下，用粗大的条石横向铺就，身上满是辙印鞋迹，甚是古朴。池塘东边，原有廊道，上面飞檐翘角，下面设有带扶手的长凳，是村民夏季聚集乘凉、谈天说地的好地方。

船屋南北两边，各建有一个池塘。池塘均呈正方形，也是用条石从底部一直垒到岸上。这两口池塘虽然没有疏通洪水之功用，但它们蓄水能力强，对于这座宏伟的建筑来说不可或缺。

尧坊古塘

古樟　无樟不成村，尧坊作为一个千年古村，拥有众多古樟。其中，背后山古樟位于尧坊村后山上、大源村小组（尧坊三组）山冈上，村人称为"大樟树"，树干周长达 12.5 米，树冠大如华盖，荫覆宽广，树根盘绕，裸露于地。更为奇特的是，这棵树由下往上完全一分为二，中间可容纳一张饭桌。《南城县古树名录》一书中，该树位列封面。时任江西省诗词学会副会长姚晓明先生作《尧坊老树》一诗："苍苍铁色不知年，直指青云枝万千。雨雪风霜等闲度，犹将新叶报春天。"大源屋后古樟与最大古樟相距仅 200 米，位于大源古井旁，树干周长达 3.7 米。树下有清道光年间"福主三圣公"老石碑，旁边新建龙灯殿，存放尧坊老龙灯。大源门前古樟位于杨家山北面，在大源村小组通向小源村小组的路旁，树干周长达 5 米。树下绿草如茵，宽阔平坦；树后是一片大山，山上长满了松、杉、竹等各种植物。端记古樟位于端记、总门屋后，在杨家山东面，三棵相挨，枝叶互连，树干周长分别为 5 米、3 米、3 米。这三棵古樟所处位置较为偏僻，且地形较为陡峭，很少有人光顾，这倒让古樟增添了几分"野性"，树上藤蔓滋长，纵横交错。小源古樟位于小源村小组中间，在大路旁，树干周长为 9 米，是村中第二大樟树。岭上古樟位于村委会屋后，在下尧坊通往上尧坊的公路旁，树干周长为 3.5 米。树下有尧坊禳神四站中的一站，每年禳神路过树下，均要举行一定的祭拜仪式。上尧坊古樟位于上尧坊村口，有四棵，树干周长分别为 2 米、5 米、6 米、7 米。这四棵古樟矗立在村头，成为古村迎接客人的一个招牌。以古樟为首，顺着山势上去，还有密密层层的各种古木，在村后形成了一道绿色屏障。塅上古樟位于船型古屋北侧，树干周长达 7.5 米，旁边有一个晒谷坪。方家门古樟为相邻两棵，一棵位于方家门路上，一棵位于塝上，树干周长分别为 3.7 米、3 米。位于塝上的古樟与村中最大古樟遥相呼应，甚为亲密。

尧坊村现有树龄 500 年以上的古樟近 20 棵，分布在村中各个角落。若把最大的一棵古樟作为龙头，再沿逆时针方向把一棵棵古樟连接起来，就会发

尧坊古樟

现这些古樟犹如一条巨龙盘旋在村中，气势非凡。

三、人物与科举

宁宪邦　生于乾隆十七年（1752）九月，殁于嘉庆十一年（1806）九月，封奉政大夫（清朝文官名，正五品）。宁宪邦从安坑迁居尧坊，在尧坊村北面山脚下建造房屋，名为大夫第、儒林第，两栋并排，俗称老屋。

宁厚　字尚也，宪邦之子，生于乾隆五十七年（1792）九月，殁于同治四年（1865）五月，清诰封朝议大夫，端记古屋的主要建造者。

宁镰　字泰元，尚也长子，生于道光四年（1824）十月，殁于同治八年（1869）八月，清诰封奉政大夫，元记古屋主要建造者。

宁铨　字泰贞，尚也次子，生于道光七年（1827），殁于光绪二十九年（1903），先后被封为文林郎、奉直大夫，船型古屋的主要建造者。

宁文琳　字庆文，泰贞之子，生于咸丰八年（1858）八月，殁于1915年，清光绪二十年（1894）举人，即船型古屋院内旗杆石上标示人物，特授饶州府学训导。

四、史志与艺文选

（一）名人谱序

宁氏一族，不管居于尧坊，还是居于南城其他地方，均为名门望族，为其家谱作序的，有皇亲贵族，有社会名流，有学界泰斗，均是历史文化名人。现摘录部分谱序，从中亦可窥见尧坊宁氏家族的历史地位和社会影响。

《旧原序》（士高始修谱之原序）：唐之宁悌原蜚声翰苑，五代时有其裔孙太四，由饶州治守昭武军，因卜居月明礤，而生子五。复迁南城之黄堂而世居焉，即士会（第九代上会，宁文智孙，文智次子宗尧之次子，宗尧生士高、士会、士中三兄弟，士高是太学生）所宗之始祖也。传六代，启廿九生三子，长明十一，次明十三，幼明十四（宁文智），自明一四而下，分居逶迤，子孙恐失其原，故立谱焉……余与士会忝联姻娅，道谊相孚，故乐为之叙云。

——大宋咸淳丙寅岁（1266），赐进士第、资政殿大学士、通奉大夫、签书枢密院事包恢《光绪丁未宁氏宗谱》

《盱江宁氏宗谱原序》：盖族谱之修，犹我国家史官之笔……一日报谱成，请序于余。余嘉其志，爰缀数语以为敦信重义者……宁氏洵大家世族，而其本固其源长……当继耀君之志斯可矣，是为序。

——龙飞圣天子在位岁属甲戌[正德九年（1514）]季夏月谷旦，高皇帝九代孙益藩胤道人撰[明太祖高皇帝朱元璋，高是谥号，九代孙即益端王朱祐槟，成化二十三年（1487）封王，弘治八年（1495）就藩南城，作序时36岁——引者注]

罗汝芳撰《宁氏重族谱序》：宁氏在我盱南为著姓，而在我族为世姻，其旧谱则包宏斋先生已序之。其本源之远，支派之蕃，而衣冠德望之隆，其详已于序中备矣。兹予友人玉洲讳瑜字德鸣者复即旧谱重加修辑……玉洲子与予尝有事于正学。故谱成属予为序……

——万历二年甲戌岁（1574）孟冬月吉日，赐进士第、中议大夫、云南按察司副使近溪罗汝芳撰

梅廷对撰《原序》：祖功宗德其来尚矣，顾时人久易淹无，征不信非笔之于谱，奚以标示后……而眉山苏氏之谱可镜焉。宁氏之谱推源于始迁之祖，此诚之足以通而真之足，以久者矣。余于开文之笃于孝，思豪于义举……由此益敦礼让厚风俗，磨砻于事业，奋发于诗书，不洵吾盱一望族哉，是为序。

——皇清乾隆辛未岁（1751）仲秋月上浣之吉，赐进士第、翰林院检讨、御史、同邑梅廷对撰

（二）艺文选辑

南湖十锦

1. 黄堂旧址

先世规模壮此方，阴阳妙理契青囊。

乔松蓊郁烟云里，野草苍青沼涧旁。

龙去已沉原鼎治，牛眠还是旧山冈。

写归谱牒传千载，宗嗣光辉岁月长。

【注】黄堂旧址，始祖太四公所居地。

2. 清源灵祠

义胆忠肝盖世夸，功名行满上仙家。

陂头立庙乾坤久，灌口旌封岁月赊。

鼎篆风前飞紫凤，钟声云外散乌鸦。

乡间日夕安如堵，赖有祯祥辟疠瘕。

【注】祭祀清源妙道真君，蜀地灌口二郎，李冰次子入水斩蛟。

3. 华盖后峰

高开胜境壮山川，何异蓬莱小洞天。

翠盖峰峦千古峙，幽话异草四时鲜。

上连碧岫龙眠院，下接盱城凤舞巅。

卫相云仍家近此，相承清白笃生贤。

【注】毕峰分支，地名陂头，念五公卜居，号曰南湖，十四公宁璋守税粮 1300 石、鱼塘 400 口，遭兵燹。

4. 御屏对嶂

故家乔木尽楼东，磊落群山一望中。

雨过洗开千叠秀，云收拥出一屏风。

何劳巧剪湘江水，自有生成泰华松。

武子流芳多俊彦，卜居幽赏古今同。

【注】地隔一溪，群峰罗列，有一峰削出如屏。

5. 碧流绕户

长溪一带绕前坡，澄澈苍穹似绿萝。

昼夜悠悠来涧壑，春秋滚滚逝江河。

素鳞跃藻翻银浪，鸥鸟牵风动碧波。

应喜后来贤不乏，濯缨濯足任狂歌。

【注】源自兔子岭，环抱村前，湛碧如练。

6. 月沼当轩

一泓寒玉浸银盘，万壑冰霜宇宙宽。

皎皎波光浮物外，溶溶灏气彻云端。

酒酣影薄蟾蜍没，歌罢声消玉漏寒。

独向瑶池清不寐，年年长共吉人看。

【注】村中有轩，花卉栏杆周护，月浸水塘，当轩荡漾。

7. 毕峰晓日

曦皇揽峦出扶桑，月落参差斗宿藏。

鸡唱数声分曙色，乌飞五彩拥乾阳。

江山明媚开晴曛，楼阁玲珑灿瑞光。

林鸟乱啼檐鹊噪，瞳瞳满目景苍凉。

【注】古称龙眠峰，晋代有仙姬毕氏自麻源来，精修至道，唐时旌号冲虚毕氏元君，后改名毕姑山，麻源人累世年例来山斋供。十四公结庐山腰，率子弟就读于龙眠书院，今有僧人居焉。

8. 湖上春云

南湖之水绕潆回，春晓云生暝不开。

冉冉从龙天上下，悠悠载鹤日边回。

须臾飞练连阡陌，倏忽为霖遍九垓。

中有幽人膺吉兆，还看五色拥蓬莱。

【注】田野一景，春时烟云瑗𤬗，佳境莫测。

9. 石狮伏水

卷石生成太古先，形蹲狮子独巍然。

不从郊外迎风吼，惟向山前枕水眠。

猎者往来难看箭，神人顾盼欲挥鞭。

应知造化钟神秀，镇护吾宗介寿年。

【注】宅之左、涧水之旁有一石，俨如狮蹲，元季之扰，被暴徒击废。

10. 双雁投湖

危峰卓立妙天然，降势抵回若雁旋。

云岸展开双鼓翅，烟波倒插两垂肩。

松涛起处声嘹亮，桃浪翻时影动牵。

人杰故知钟此地，岩廊材器喜联翩。

【注】后峰之北曰良湖，有两峰奇特，势如鸾凤飞翔，旧传若双雁投湖。

姚晓明

船屋遗梦

古宅青苔漫石沿，几多往事渺如烟。

雕梁画栋蒙尘久，一梦飘飘数百年。

——载《诗词月刊》2016 年第 7 期

尧坊老树

苍苍铁色不知年，直指青云枝万千。

雨雪风霜等闲度，犹将新叶报春天。

——载《诗词月刊》2016 年第 7 期

汉宫春·尧坊

山后香樟，怪中空分半，铁色苍苍。风霜雨雪，犹见四季春光。村人代代，听涛声、远去盱江。闲鹭戏、桥横水口，无端古道微凉。

船型古屋堂皇，隐前朝秘史，川草斜阳。农家小院，竹篱总染芬芳。画堂天井，弄春风、归燕雕梁。村巷里、多情游客，依稀梦里原乡。

——载《词刊》2019 年第 2 期

王文春

尧坊古樟

幽径香樟绿蔽天，悠悠岁月近千年。

枯藤百丈玉峰上，茂叶万层云海边。

影入平江鱼戏鸟，标齐斜日语惊仙。

青山未老树依旧，长秀风林生紫烟。

——载《诗词》2021 年第 22 期

龚福祥

尧坊船型古屋

谁造船屋卧古村？覆压百丈长精神。

青山作枕春秋梦，溪水临身昼夜奔。

说戏雕窗望天井，藏书兰室掩重门。

铅华洗尽不言老，旧貌新颜总是春。

——载《抚州古村镇》，江西人民出版社 2016 年版

（三）宁氏家训家规

谨遵祖训：水不可无源，木不可无根，人不可无祖，家不可无族，族不可无宗，谱不可无存。勿以己私而忘祖，勿以己欲而忘族。要做到仰不辱于先人，俯不愧对子孙。忘祖就忘根，忘根就忘本，忘本就忘身。愿我列祖列宗，英灵永承，其仁如天，其智如神，功昭千古，惠及子孙。保佑老者，福寿安康；保佑壮者，事业兴旺；保佑少者，天天向上；保佑子子孙孙，世代盛昌！愿我列祖列宗，千古流芳。

传承祖德：宁氏家族，人丁兴旺，物载厚德，源远流长。缅怀先辈，精忠善良，圣贤众多，功高德望。愿我族人，继承发扬。效郡报国，雍泽民心。孝敬父母，弟恭兄让。族和邻睦，遵纲守常。礼信仁义，嫉仇豪强，慎婚传嗣，家教有方。读书习文，勤为治学。禁戒非为，奋发自强。

效忠国家：民忠国盛，国富民康。国泽黎民，民增国光。天经地义，效国理当。愿我族人，以此为尚。奉事国家，蹈火赴汤。为国稳安，戎马扛枪，为国振兴，农工学商。清正廉洁，不图恩偿。和衷共济，不怨下上。执行政令，遵纪守纲。

　　勤职乐业：现代职业，百千万行，择业从事，各有理想。脑力体力，士农工商，贵在勤勉，志在自强。愿我族人，切莫闲浪。必从谋业，或专或广。获耿果实，老奉幼养，欲成大业，起于少壮。从头做起，不惰不旷。心怀仁德，必有报偿。勤操苦干，物丰财旺。

　　孝敬父母：身为人子，必有爹娘。生子不易，养更非常。竭尽全力，操碎心肠。恩重如山，情深似洋。愿我族人，必为报偿。父母在世，孝顺敬让。不可凌辱，不可欺诳。遇有要事，应与商量。父母老耄，服侍奉养。问寒问暖，关心痛痒。

　　雍和手足：兄弟之情，非同寻常。只因缘分，方逢世上。如身手足，根脉一纲。荣辱联结，祸福关相。愿我族人，兄弟莫忘。珍视情义，互尊互谅。雍爱和睦，兄恭弟让。莫记恩怨，免为参搡。福禄共享，苦难同当。遇事多商，亲朋礼往。妻室各教，父母共养。团结一致，共奔富康。

　　友睦族邻：人之祖先，原本同纲。繁衍生计，迁徙各方。近者是邻，远者为乡。百姓如是，况且族党。愿我族人，友睦乡党。以和为贵，仁厚谦让。缓急通义，庆吊礼往。艺业相扶，困难相帮。邻里之间，互为守望。哀矜孤寡，照顾幼长。不弄是非，多忍多让。莫欺贫弱，勿恃豪强。

　　慎结婚姻：男婚女嫁，大事一桩。立家之言，门楣之光。夫妻恩爱，欢乐无疆。美满婚姻，地久天长。愿我族人，慎结俪伉。择女选郎，切莫轻盲。德才为先，不偏长相。慕爱淑贤，求取忠良。勤俭能干，品行端庄。性温体健，善育儿郎。情深意笃，莫重财妆。依照法律，鸾凤成双。

　　善教子女：生育子女，重在教养。启其愚顽，提高智商。德才体能，全面向上。立志成才，以仕栋梁。愿我族人，教子寻方。从幼抓起，不可疏旷。打骂冻饿，继然不当，溺爱放任，非属良方。家教要严，更需师长。锻炼意志，教导思想。习礼知义，循规遵章。胆识才略，诗书文章。

崇尚节俭：持家之道，勤俭二方。勤则生财，俭为备荒。懒惰之人，好景不长。愿我族人，节俭为尚。居不贪高，房坚宅亮。食不求珍，腹饱口粮。衣不华贵，齐整大方。器质而洁，不图排场。红白喜事，不宜铺张。现时富足，当思久长。量入为出，有储有藏。

禁戒非为：为人处世，需求名芳。忌人说短，怕指脊梁。品端行正，受人敬仰。胡作非为，定遭祸殃。愿我族人，正大明光。非理之事，不为不想。不义之财，莫贪莫枉。酗酒吸烟，宜戒不倡。偷抢讹诈，赌博嫖娼。聚众斗殴，诬告诽谤。此事作为，触犯律章。禁之止之，免讼公堂。抵制邪恶，见义勇为，以身作则，正义弘扬。

古人云："修身、齐家、治天下。"时代发展日新月异，吾辈当与时俱进，以修身为根本，以德行为第一，不断向前发展、向上超越。

五、风俗、故事及其他

（一）民俗文化

禳神活动　举办地点为尧坊村及周边村落。2019 年 9 月，尧坊禳神系列活动被列入抚州市非物质文化遗产名录。

尧坊禳神之神，系东平王张巡。张巡（709—757），蒲州河东（今山西永济）人，一说邓州南阳（今属河南）人，唐朝中期名臣。安史之乱时，张巡起兵守雍丘，抵抗叛军。至德二载（757），叛军南侵江淮屏障睢阳，张巡与许远在内无粮草、外无援兵的情况下死守睢阳，有效阻遏叛军南犯之势，遮蔽江淮地区，保障了唐朝东南的安全。他最终因粮草耗尽、士卒死伤殆尽而被俘遇害。唐玄宗封张巡为"东平威烈昭济显庄灵佑王"，立庙祭祀，民间称其"东平王"。张巡抗敌之时，曾广招兵士，当时尧坊村村民纷纷报名入伍，保家卫国。其中有蔡、杨二人，力大无穷，武艺高超，深受张巡重用，平叛战争中，二人亦战死。朝廷号召各地建庙纪念张巡，尧坊人积极响应,在村头辟地建殿，名为"张王殿"，为张巡塑像供奉于殿内。为了褒奖蔡、杨等义士，村民自愿捐出山林田地供养其家小，确保其家小衣食无忧，至今尧坊还有蔡家山、杨家山之称谓。

尧坊禳神，也叫"抬老爷"或"扛老爷"。传说，东平王平时游历四方，正月十二来到尧坊，其后几天在尧坊及周边村落巡视，村民抬着他游走，请他驱走妖魔鬼怪、病痛灾害，带来风调雨顺、喜庆吉祥。

参与禳神的人员众多：扛老爷 32 人，扛护卫将军 16 人，抬船灯 2 人，吹唢呐 2 人，打锣鼓 8 人，举旗 80 人，还有 20 多名备用人员跟随。禳神活动中，尧坊村设有四个点，铺桌子摆供品接受村民祭拜，分别命名为"文""义""忠""兴"，其他各村也设有祭拜地点。老爷行经处，家家户户燃鞭炮接送。

禳神活动程序：正月十二，张王殿挂起彩灯。正月十三上午安排禳神人员，晚上龙灯、马灯到张王殿参神，即参拜老爷。正月十五舞龙灯、跳马灯，欢迎老爷莅临尧坊，至深夜一两点。随后，请出神筶，询问老爷是否愿意下座（从神椅上走下来）。若两筶一阴一阳，则老爷同意下座；若两筶同为阴或同为阳，则老爷不同意下座。老爷下座后，为其清洁更衣。正月十六禳神，活动从上午 9 时开始，12 时暂歇，又从下午 3 时开始，6 时结束，历时约 6 个小时。禳神从张王殿出发，最后于张王殿结束，行程约 25 千米。

禳神活动路线：上午，从张王殿出发→岭上樟树下（文）接受祭拜→峻背→大源（义）接受祭拜→小源（忠）接受祭拜→大畈→上尧坊（兴）

接受祭拜→港坪→田螺石→安坑→徐家岭上→尧坊村中央→观音堂，暂歇，吃午饭；下午，观音堂→良湖河岸街→王家垅→冷井→三亩边→软捺→高速公路服务区山脊→良湖下围→尧坊村口桥→张王殿上座。

尧坊禳神活动已有1200多年历史，千百年来，尧坊村民自发组织禳神活动，并成立了专门的理事会，负责每年活动事宜。理事会由村中德高望重的老者组成，一般为5—7人。理事会代代相传，延续至今。

禳神活动继承和弘扬了中华民族保家卫国的优良传统，活跃了群众文化生活，增进了村民团结，促进了社会和谐稳定，意义重大。

跳马灯　为尧坊禳神活动的一部分，历史与禳神一样久远。据村中老人讲，除了当年"破四旧"暂停一段时间外，马灯年年都要跳。

马灯，顾名思义，其中有"马"。用竹条和藤条编成两匹小马，眼鼻口耳一应俱全，惟妙惟肖，再用绸布和彩带包扎装扮，精致美观，马肚子里添上小灯，明亮夺目。另外还有狮子灯、净瓶灯、扇子等道具，狮子灯、净瓶灯和马灯一样，也是用器物编成狮子、净瓶的样子，里面放置一盏小灯。扇子则是大折扇，上面图案精美，收缩自如。这四样道具，各有一定的含义：马即一马平川、马到成功，狮子即精神抖擞、生机勃勃，净瓶即甘霖普降、雨水丰足，扇子即惠风和畅、事事如意。这些寓意，都寄托着人们对美好生活的追求和对未来的良好祝愿。

跳马灯自然离不开音乐，乐器主要有四种：鼓、铜铙、大锣、小锣。这四种乐器像演奏交响乐一样，相互配合，节奏明快，铿锵悦耳。跳马灯的时候，往往是马灯未到，音乐已闻，激动人心。

跳马灯是挨家挨户进行的，所以还有个引路的灯，俗称"头鼻笼"，即走在前面的灯笼，圆柱状，高约40厘米、直径约20厘米，全身用红纸包裹，里面也有一盏小灯，红通通的，很是喜庆。

跳马灯的时候，参与者至少有打"头鼻笼"1人，打乐器4人，提马灯2

人，举狮子灯 2 人，拿净瓶灯 2 人，执扇子 2 人，唱曲子 1 人，共 14 人。队伍有一定的顺序：打"头鼻笼"的引路，打乐器的、提马灯的、举狮子灯的、拿净瓶灯的、执扇子的，依次跟着，不可混乱。到了人家大门口，"头鼻笼"高高挂在大门口，提马灯的分列于大门外左右两侧，举狮子灯的、拿净瓶灯的、执扇子的、唱曲子的进入大厅表演。

举狮子灯的、拿净瓶灯的、执扇子的因为要参与表演，是跳马灯的主要角色，所以选的演员都是豆蔻年华的女孩子，她们青春洋溢、能歌善舞，有"大腕"风采。她们的打扮别具一格，除了盘发画眉、涂抹胭脂外，服饰也有讲究，上衣有水袖或本色连袖，外加云肩或飘带，长裙上搭配短裙，玉佩花结点缀，人人胸腰收紧，形体分明。她们拿着各自的道具边跳边唱，人们在欣赏优美的唱腔时，无不为珠光闪闪、令满堂生辉的服饰所吸引。

跳马灯的戏文，是代代传承、口口相传的。戏文内容大量运用抚州三脚班曲目以及本地民间故事，通俗易懂，有鲜明的地方风格和浓厚的生活气息，主要曲目有《山伯送友》《梁山伯与祝英台》《五女拜寿》《西厢记》等。其唱腔大都来自民歌小调，旋律绵柔优美，具有鲜明的地方色彩。如《小十绣》："一绣娘边贞洁女呀，二绣那个白面呀白面书生，三绣桃园来结拜呀，四绣那个鲤鱼呀鲤鱼跳龙门，五绣五男并二女呀，六绣那个童子拜观音，七绣天上七姊妹呀，八绣那个八仙呀八仙过海，九绣月宫桂花树呀，十绣那个娘边呀娘边对嘴亲。绣起龙来龙伸爪呀，绣起那风来呀风会飞哟，绣起画眉两撇须，绣起老鼠呀老鼠会作伪，高山也有横排路呀，水深那个有呀有撑船浪，十样花红都绣呀起，啃断花线哦插起针。"这既唱出了高超的织绣技艺，也唱出了浓郁的生活情趣。

马灯和龙灯同时演出时，按乡俗，龙灯走前，马灯押尾，一般是正月十三和元宵夜同时演出。正月十三跳头灯，所谓头灯，就是村中在过去一年办了喜事的人家，比如建房、结婚、生子、上学、买车等等，全部享受头灯待遇。受头灯要喊诗，喊诗人根据各家各户不同的喜事，喊出与喜事对应的诗文，涨彩功效显著，乐得东家满面春风。

元宵夜，马灯与龙灯按一定的"神路"，挨家挨户玩灯，从傍晚时分一直玩到深夜两三点钟。玩灯的最后一站是张王殿，虽然夜已深，但张王殿里里外外摩肩接踵，跳灯的、观灯的，都沉浸在欢快喜悦的氛围中，久久不愿归去。

舞龙灯　舞龙灯是尧坊一项历史悠久的民俗活动。尧坊老龙灯原名大源老龙灯，因龙灯发祥地位于尧坊大源（现为尧坊三组）而得名。

龙灯到底有多老，谁也说不清。有好奇的孩子问爸爸，爸爸摇摇头；问爷爷，爷爷摇摇手；问太爷，太爷凝神想一想，还是遗憾地笑了笑。也许村庄的岁月有多长，龙灯的年龄就有多大吧，而要问村庄的岁月，则要访问村后那株老樟树。那棵树的主干，10个人手牵手也围不拢，树龄呢，少说也有800年。

龙灯不长，仅8节，1节龙头，1节龙尾，6节龙身，每节用红绸布连起来，总长不过10米；制作灯箱的材料很普通，全是些竹篾和木棍；装饰也很朴素，除了龙唇上飘着一些用苎麻做成的红龙须外，没有别的花边。这样的龙灯，要是在白天舞起来，的确没什么看头。绝妙的是，庄稼人把舞龙灯的时间定在晚间，并将油纸卷作为点灯之物。油纸卷的制作颇费工夫，先用草纸搓成手指粗细的一尺多长的纸卷，再对中折一下，绞成麻花状，然后放到翻滚的菜油中炸。炸的火候须掌握好，嫩了，不耐烧，太浪费；老了，火焰小，易被风吹灭。当然，年年炸，熟了，这不是难事。

舞龙灯是最大众化的活动了，男女老少，人人都有用武之地。"兵马未动，粮草先行"，首先得准备油纸卷，妇女姑娘们理所当然成了先锋。在舞龙灯的前一天，她们就聚在一块，裁纸的裁纸，搓花的搓花，烧火的烧火，炸卷的炸卷，忙得不亦乐乎。由于对质量要求严格，任何一个环节都不能出纰漏，因此平日里嗓门最大、舌头最长的人这会儿也不敢说闲话，都屏声静气地认真干活。挑大梁的还是男人们，年老年幼的送油纸卷，青壮年舞龙灯。一盏灯召集全

尧坊老龙灯

村人，连回老家探亲的人也不例外。一时间，握锄头的手，拉锯的手，操手术刀的手，持笔的手，敲键盘的手，全都齐刷刷地握起了灯箱的把手，一个个精神抖擞，喜不自胜。

去钱塘江观潮，农历八月十八最适宜；到尧坊看龙灯，正月十五最精彩。

龙灯一进堂，龙头龙尾立即聚在主人的房门口，等房中的蜡烛一亮，鞭炮一响，唱诗开始了。诗文集中了群众的智慧，不但押韵，而且能做到有的放矢。譬如有一首祝贺买车的诗是这样唱的："呼嘿——龙灯进门嘀嘀嗒，贺喜东家买小车，车轮滚滚走四方，财源滚滚到东家啊——"更有趣的是，每首诗后面都有拖得长长的"啊"字召唤声，待唱完一首，所有在场者都会异口同声地大声应答："好啊——"声震屋瓦，十里可闻。

诗唱完后，一阵高亢的乐器声爆响，龙灯闻声徐徐而动，手持引珠的领队轻吹哨子，龙灯便疾速翻飞起来，一节起，一节落，一节仰，一节俯，真个如蛟龙出海，摇头摆尾，遨游天空。忽听哨子一声急鸣，这是龙灯变换舞法的信号。领队把扎有引珠的木杆齐腰一横，固定一个地方转起圈来，龙灯便以他为中心旋转起来。引珠越转越快，龙头咬住不放，龙身龙尾紧跟其后，风驰电掣，虎虎生风，直舞得灯箱一节一节地熄灭，转眼间天昏地暗，红龙变成了乌龙。舞龙人个个气喘吁吁，连点油纸卷的气力也好像没有了。舞龙尾的人最苦，他在外围，跑的路程是同伴的几倍，没有百米赛跑的速度是跟不上的，一场下来，"飞毛腿"也要找人替换，逞强不得。

兴致高的时候，大家还要"玩桌子"。把一张结实的八仙桌往屋前的大平地中央一放，舞龙头的人仰面躺在桌上，以桌子为中心，一边盘旋，一边翻飞，两个动作一起上，直到灯火全黑才罢休。这时最累的是舞龙头的人，他在双臂舞灯的同时，还必须凭腰劲挪动臀部打转转，一场下来，鲜有不喊腰酸背痛的。

龙灯年年舞，春节因龙灯而热闹，岁月因龙灯而美好。

喊诗　喊诗是尧坊一种特有的民俗活动和文化现象，起源年代已难考证，但世世代代绵延不断，经久不衰。

喊诗与舞龙灯、跳马灯紧密相连。每年正月十三，是尧坊人家受头灯的日子。所谓受头灯，就是哪家在过去的一年办了喜事，如建房、结婚、生子、上大学、过寿、买车、建果园、办企业等等，凡是沾上"喜"字的，统一安排在这天夜晚喊诗文庆贺。前一天，也就是正月十二，龙灯队、马灯队会联合派出两名队员，一名举着红灯笼，另一名拿着红帖子，挨家挨户散发灯帖，确定东家和晚上行灯路线。有喜事的人家叫作东家，是受灯的主人，可以享受未办喜事的人家不能享受的待遇和荣耀，所以家家户户热情高涨，一见到散灯帖的，连忙恭迎入室，报出自己家办过的喜事，一件也舍不得落下。这些年，有不少人家在城里定居，老家的房子平时上了锁，但是到了正月十三，这些人家都早早开了门，眼巴巴等着受头灯。

夜幕终于降临，龙灯、马灯在万众翘首中闪亮登场。喊诗安排在玩灯之前。东家看到打头的红灯笼举到自家门口，连忙点亮一对红蜡烛，垂手弓背、毕恭毕敬地迎接喊诗人。喊诗人根据各家各户不同的喜事，喊出与喜事对应的诗文，涨彩功效显著，乐得东家满面春风。每喊一首诗，就放一串鞭炮，打一通锣鼓，吹一声唢呐，来一记长号，整个过程中器乐相伴，人声鼎沸，好一番热闹而又虔诚的景象。

东家生了孩子，喊诗："呼嘿——龙灯进门色色新，贺喜东家添人丁。和睦人家好福气嘞，后代个个成龙凤啊——"

东家建了新房，喊诗："呼嘿——龙灯进门闹洋洋，贺喜东家好住堂。勤劳致富好人家嘞，金银财宝堆满房啊——"

东家娶了媳妇，喊诗："呼嘿——龙灯进门贺新婚，海枯石烂不变心。和和气气好家庭嘞，子孙万代享富贵啊——"

东家过寿，喊诗："呼嘿——龙灯进门作个揖，贺喜东家过七十，八十九十跟着来啊，一百二十岁到老啊——"

还有通用诗文："呼嘿——尧坊龙灯代代传，传到今天最辉煌，一人唱诗千人应嘞，锣鼓喧天喜洋洋啊——"

尧坊人把这一活动称为喊诗，而非唱诗、吟诗，实在是准确无比。唯有"喊"，才能体现大家对东家最直接的祝贺，对幸福最直接的感受，对未来最直接的期盼。

三脚班演出　张王殿前有个古戏台，农历二月十六赶集和端午节、中秋节等节假日前后，都会有三脚班演出。这一民俗文化活动是尧坊乃至周边村落最喜爱的农闲娱乐活动，每次一演就是六七天。

尧坊古戏台

（二）掌故逸事

宁文智与龙眠书院

宁文智，字伯彬，宋熙宁五年（1072）生。"尝教授河东，归构庐于毕姑山，率子姓（子弟）读书，自号龙眠居士，时王岩谷（北宋文学家）亲游其门，宋元祐中，岩谷以文学名，上问：'从谁学？'对曰：'臣从河东宁文智先生。'上屡加征聘，称疾不应，特旌'龙眠书院'于讲堂，故毕姑又号'龙眠峰'。"

宁文智去世后葬在黄家源右窠，一直到咸丰元年（1851）都有"醮典"专门作为祭祀文智公之用，不至于湮没于后世。

书院是我国封建社会后期兴起的一种特殊形式的教育机构，在历史上延续了千年之久，为我国古代教育的发展和学术的繁荣作出了重要的贡献。书院一般都是由古代私人讲学之地发展而成的教育场所，其创建者大都为当时的宿学鸿儒。

宁文智是宋代人，尧坊宁氏是清朝才在村里定居的，虽然时隔久远，但作为宁文智后人，尧坊宁氏始终铭记祖先荣光，不但在族谱中加以记载，而且在后辈中口口相传。千百年来，尧坊宁氏对毕姑山的龙眠书院从来不曾忘却，并以此激励后人勤奋读书，学有所长，报效国家。

宁梦泉创办前川书院

为尧坊宁氏家族津津乐道的除了龙眠书院，还有个前川书院，这个书院是其祖先宁梦泉创办的。

宁梦泉是宁氏家族值得纪念的一个人物，他不好功名，安心在家里创办书院教育下一代。门人饶文璧撰写的《有宋宁前川先生墓志铭》曰："公讳梦泉，字晦之，号前川，生于南宋淳熙三年（1176）……虽理家务，手不释书，乡荐选不赴任，乃于居室之侧构一书院，严切训子，稍暇则著诗文，自额书院曰'前川书院'，自名著作曰《前川集》，一时名儒硕彦愿游其门……"

宁梦泉遵照耕读为本、诗礼传家、行仁义事的家训，不图功名，培养下一代。

宁楷写《毕姑山记》

宁楷（1712—1801），字端文，号栎山，世居江西南城，康熙十四年（1675）随父去江宁，乾隆十八年（1753）中举，先后掌教菊江（安徽东至）、敬亭（扬州北桥）、潜川（安徽庐江）、正谊（扬州）、蜀山（宜兴）等书院，乾隆四十九年（1784）进士，未几罢归。著有《修洁堂全集》，主纂《宜兴县志》《荆溪县志》，是《儒林外史》作者吴敬梓的挚友。

《毕姑山记》是宁楷从江宁回到家乡后写的一篇游记。他经南源岗上毕姑山，看见了 600 多年前七世祖宁文智讲学的书院和三清殿外的 10 余间学生宿舍。

北宋时期，这个书院有一定的名声，曾巩兄弟经常光顾这个书院。宁楷来的时候，这里已经没有学子，"学舍仅存其东庑，道士丁子燕居之"。

宁楷面对的毕姑山胜景已经在耿精忠扰乱南城的时候受到了严重破坏，他无限感慨地写道："奈卯辰间（1675—1676）闽耿之变……废铜铸之仙身，埋胜迹于土壤……毕姑竖空名于盱江历有年矣"。可见，毕姑山受到闽耿之变的破坏后就没再进行大规模的修复了。

宁泰贞捐资修桥

在古村尧坊，有一个网红打卡地，那就是位于村前小溪上的石拱桥。石拱桥单孔结构，全用石块建造，因为年代久远，这些石块都有明显的岁月痕迹。它的身旁还有一棵古樟，曲干虬枝，生机盎然。虹桥跨溪，古樟掩映，流水淙淙，好一幅古朴明净的山水画，引得游客纷至沓来，争相拍照留念。

这座石拱桥，已有近 160 年的历史了。这座桥的建造者是谁呢？据《尧坊宁氏族谱》记载，它的建造者是宁氏家族，牵头人叫宁泰贞。

说起宁泰贞，就不得不提一下大家熟悉的尧坊船型古屋。这座船屋规模宏伟、气势非凡，令人啧啧称奇，它的主人，正是宁泰贞。

宁泰贞先后被朝廷封为文林郎、奉直大夫，虽然都是些闲职，仕途并不理想，但宁泰贞没有消沉，而是审时度势转移方向，把才智运用到工商界，从事医药、盐业、造纸等行业，屡屡成功，积攒了大量财富。

宁泰贞致富不忘回报桑梓，不忘造福乡亲，他仗义疏财，乐善好施，经常在家乡做好事。

这年春夏之交，村里突然传出一个噩耗：有个村民用独轮车推着孩子在村前过河，过桥时遇上狂风，车子偏离方向，连同孩子一起掉进了河里，正是涨水时节，河水汹涌，打捞困难，孩子活活淹死了。

听到这个噩耗，宁泰贞心里非常难过。这座桥是通往邻村的交通要道，但造得相当简单，桥面仅由两块长条石拼成，非常狭窄，别说刮风下雨天，就是大晴天，过桥也是忐忑不安。是该把这座桥改造一下了，宁泰贞把自己的想法告诉乡亲们，造桥的钱，他家出。

说干就干，宁泰贞花钱请来了桥梁设计师实地勘察测量，决定建造一座石拱桥，桥中间用坚硬的青条石铺成车道，便于车子通行，两边用红条石砌成台阶，供行人来往。

硬度高的石材本地没有，要到很远的地方进货，造价高，有人提出是否用当地石材代替，省点钱，宁泰贞坚决不肯。他说，造桥就要造百年桥、万年桥，不能为了省钱而影响质量。

在铺砌桥的外侧和桥面时，有人提出，桥是用来过路的，桥的外侧、桥面可以与背面、里面一样，用的石料粗糙一点，不要打磨得太平整，这样能省下大量工钱，宁泰贞坚决不肯。他说，桥要走得安心，也要看得舒心，不能为了省钱而影响美观。

在宁泰贞解囊捐资下，一座进出村子的石拱桥建成了，不但坚固耐用，而且精致美观。乡亲们为了表达对宁泰贞的谢意，在通桥仪式上，要宁泰贞带头走第一步。宁泰贞盛情难却，在众人的欢呼声中，抱着自己的孙子从桥头走到了桥尾。

如果你认为宁泰贞的义举只限于自己村子，那就错了。他在著名的万年桥的修复上，还捐过巨资。

据《南城县志》载，万年桥是明崇祯七年（1634）开始建造的，历时十余载，到清顺治四年（1647）竣工，在漫长的岁月中，有过几次毁坏、几次修复。清光绪十三年（1887），万年桥再次被洪水冲坏，花了五年时间才得以修复。从修复时间来看，当时万年桥毁坏的程度非常严重，用于修复的资金是非常庞大的。宁泰贞得知要修复万年桥的事情后，觉得捐资修桥是自己义不容辞的责任。他不顾年事已高，亲自前往万年桥察看实际情况，约好其他乡贤共商修桥事宜。在捐资仪式上，宁泰贞郑重地捐出了白银2000两。这无疑是一笔巨资了。

正是宁泰贞等乡贤慷慨解囊，万年桥才得以修复，此后经过130多年的风雨洗礼，直到今天，依旧容颜不改、光彩照人。

参考书目：

李人镜《同治南城县志》，清同治十二年（1873）刻本；

《尧坊宁氏族谱》（1937年至1938年修订）。

（龚福祥执笔）

夹溪而宅磁圭村

磁圭，坐落在翠峰之中，罗氏袍公于唐末迁居此地开基，遂为罗氏集居村落，鼎盛时人口近千户，市延四里，屠肆七十二，是典型的江南山区小镇。明代徐霞客游此地后说磁圭人「夹溪而宅，甚富，皆罗氏也」。自古磁圭人乐耕耘，好读书，人才辈出，他们或经商致富，或科考入仕有政声，或著书立说传后世。国内革命战争时期，这里曾驻扎大量红军，军旗招展，至今还保存大量红军标语。2018年，磁圭村被列入第五批中国传统村落名录。

一、古村概况

磁圭位于县城西南 30 千米处，在红米坵村民委员会西部 1.8 千米处，东邻红米坵，南接四竹源，西连戈源，北与上坪为界，面积 4.67 平方千米。明罗玘《磁龟兴复求记状》载："磁龟者，有石伏于溪心，若龟焉，人以其石磁石也，故名。在南城南八十里，重冈复岭盘郁中。北阻芙蓉，西陀连珠，南连军都，接南丰之境，东则灵峰北迤，中通一径达于南城，四达之会也。"磁圭有南城至宜黄的县乡公路通过，其余则为通往红米坵、戈源、上坪、江头埠等村的乡村公路。

在清代及以前，磁圭分上磁圭堡和下磁圭堡，同属南城县第二十五都。1929 年，属南城县第四区。1938 年，在此设磁圭乡，磁圭属磁圭乡所辖。1947 年，磁圭乡并入株良乡，磁圭为株良乡所辖。1949 年，株良乡分出设立圭峰乡，磁圭属圭峰乡所辖，为圭峰乡驻地。1952 年，圭峰乡改名磁圭乡，磁圭属磁圭乡所辖，为磁圭乡驻地。1956 年，撤区并乡，仍保留磁圭乡，磁圭属磁圭乡所辖，为磁圭乡驻地。1961 年，撤销乡建制，设立磁圭公社，磁圭属磁圭公社所辖，为公社驻地。1965 年，撤销磁圭公社，并入睦安公社，磁圭属睦安公社所辖，为磁圭大队驻地。1984 年，睦安改公社设睦安乡，磁圭属睦安

中国传统村落牌

乡所辖，为磁圭村委会驻地。2001年，睦安乡并入株良镇，磁圭村民委员会亦随之并入，称株良镇磁圭村民委员会，磁圭为磁圭村民委员会驻地。2003年9月，磁圭村民委员会并入红米坵村民委员会，磁圭村属株良镇红米坵村民委员会下辖的居民点，今有户籍人口300多人。

村庄四周翠峰环绕，村民依照山势走向、山峰形态，将四周山峰归纳为五景：麒麟狮象、狮子滚球、双龙抱珠、五马归槽、将军插剑。诸峰怀抱着一块平坦的谷地，磁圭河自西向东蜿蜒流过。磁圭河将村子分为南北两部分，房屋或依山而建，或建在溪旁，小溪上横亘着10多座古朴的小石桥，溪水弯曲，两旁是吊脚楼。磁圭开基祖为罗袍（字德称），为避乱世，携妻儿定居于此。其9妻生14子，其子散居于南城、南丰、宜黄、南昌等地，不断繁衍发展，均为当地望族。居磁圭者为幼子汉通，唐宋时繁荣一时，至元遇兵燹而衰落，明代中期罗氏复兴，闻名一方，至清不衰。《罗耕隐公宗谱》载："罗德称于唐光启年间，由临川安宁里迁此建村，'有石伏于溪心，若龟焉，人以其石磁石也'，取名磁龟。后人视'龟'字不雅，改为'圭'，称磁圭，沿用至今。"

据村中封明贤、罗桂贤介绍，古时磁圭有十大景致：

獭岭晨钟——在快到磁圭村的路上，要经过一个名叫獭岭的地方，因山形像獭，故叫獭岭，当时百姓有"獭打鲤鱼形，将军把水口"的说法。獭岭旁边有座寺庙广福院，里面有口钟很有特色，钟声响亮，早上一敲，磁圭村

磁圭村全景

及周边都能听到钟声，这便是獭岭晨钟之说。

龙门阖苑——睦安中学原址是大型罗氏祠堂，据说这座祠堂的门头设计豪华别致，旧时很有名气，是磁圭村标志性建筑。

连塘并蒂——在村子中央，有三口水塘呈"品"字形紧密连在一起，像并蒂开放的莲花。

桥头龟石——村里一座石拱桥的下面，有块形似乌龟的石头，据说是磁石。当时在开挖河道的时候，石面发出一道祥光，石匠们认为这是很吉利的石头，不应破坏它，就保留了下来，村名也由此而来。

村头龟石

官街夜鼓——旧时村子正中央是最繁华的地段，一到晚上一些文人雅士便凑在一起吹拉弹唱，自得其乐，这鼓声就是从官街传出来的，也就是现在磁圭人说的"五甲街"。

花园叠翠——村庄北上角有个小名叫"花园坑"，那里住着几户人家，房子地势逐层而上，而且山清水秀，春天山花烂漫，煞是好看，就是一个山间花园。

石岭樵歌——在村西露出水面的河床上，傍晚那些砍柴回来的樵夫，坐在石岭上一边擦洗汗水，一边唱着心爱的歌谣，忘却了一天的疲劳。

台上做戏——村西北有座小戏院，不做戏的时候，一些文艺爱好者把喜闻乐见的事情编成小戏，吹拉弹唱，谈笑风生，自得其乐。

角上点灯——村南面的大房子被称作"角上"，因为它在整个磁圭村地势最高处，所以夜晚就有人在这里把灯笼点亮，照亮大半个村庄，方便人们晚上出行。

楼前丹桂——村子中央依河而建的"采光楼"也称"跑马楼"，二层楼上四周的阳台相互连通，阳台护栏板可装可拆，以增强阳台的光线。在过去，还未出阁的闺女不能轻易上街抛头露面，只能卸下阳台护栏板看看熙熙攘攘的集市。房屋的后院种了桂花树和芍药、牡丹，到了开花季节，楼上女子梳妆完毕可顺手采摘花枝插于发间。真是近水楼台先得月，不羡神仙羡人间。

二、建筑与遗存

古戏台　磁圭有两个戏台。在古宅"环山草堂"旁边有个小戏台，现已成为畬地，出口和小卖部遗址还在。现存的古戏台，坐落于村子中央，为明代古戏台，分为三个部分，即后台（化妆）、前台（演出）和观众席。整个戏台主要是木瓦结构。

罗氏祠堂　磁圭在明代中期复兴，建有文稠公祠、文和公祠、文穆公祠、文程公祠、新祠堂、大总祠堂等六座祠堂，现已不存。大总祠堂坐落在水口

明代古戏台

殿旁边，它是木石、砖瓦结构，有廊下和正厅，正厅有三层楼。据长者回忆，正厅墙壁上挂有四代一品、十世簪缨、理学世家、大宗伯、翰林院、进士、侍郎、文元、亚元、经元、魁元、敦睦堂等匾额。祠堂前有"五朝门"和"九步金阶"。文稠公祠在原睦安中学校园内；文和公祠在村尾；文穆公祠在村子中央；文程公祠坐落在原睦安中学对面。

接官亭 明清时期建筑。接官亭主要由石、砖、木、瓦等材料建成。接官亭有上下两层楼，是进出磁圭的标志地，是供过往行人休息的地方，也是迎接和送别客人的地方。顶层先倒塌，底层在2000

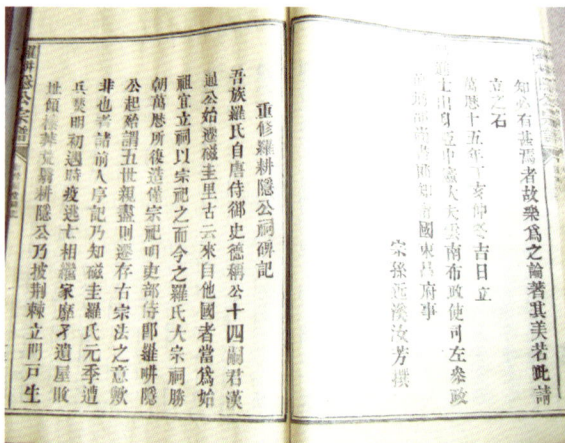

《磁圭罗氏家谱》

年前后倒塌。

水口殿 明清时期建筑。由接官亭进村，下至村口有殿，被称为"水口殿"，门上有联：文章国学无双士，胜字京周第一人。横幅：帝命率育。水口殿是砖木结构，一厅七房。在与水口殿相对的地方，建了一座万寿宫，中间建了一座龙门桥。水口殿后毁，今人在原址建小殿一座。

古桥 磁圭明清时共有 10 多座石拱桥，其中 4 座最为有名，据说是皇帝赐建。桥通体用四方石块砌成，桥面建亭阁，方便行人休息和躲避风雨。现有 4 座桥基本保存完整，但无亭阁。

吊脚楼 明清建筑。磁圭村房屋夹溪而建，其中不少房屋会有一间或半间悬空于溪流之上，仅靠木柱从溪岸边斜着撑起，一面临街，为商铺，一般为上下两层，俗称吊脚楼。吊脚楼一栋接着一栋，栋栋相连，甚是壮观。

古桥

商业街的一角

　　大夫第　明代建筑。坐落在村中的溪流北岸，坐北朝南，已被移建于浙江横店。现存四周砖墙及西侧花楼等辅助设施。

　　环山草堂　在村西边山脚下，清代建筑。门呈八字形，两侧墙上书"龟峰流世泽，龙阁庆家风"对联，门楣上方书黑色大字"环山草堂"，为两进，砖木结构，四周砖砌，厅内穿枋斗拱雕有图案花纹。前有院子，名恬轩。其曾为红三军团指挥部驻地，现为省级文物保护单位。

洋楼下老宅　老宅紧挨着"辑瑞"，为清代民居，两进，砖木结构，雕梁画栋，现保存较好。内有红军标语。

环山草堂院门

旧址标牌

环山草堂

洋楼下老宅房梁

　　辑瑞民居　位于溪流的北岸，清代民居。门楼临水，为镂空木楼，上有康熙年间罗什所书"辑瑞"二字，入门楼为庭院，民宅依山而建，三进，室内为木结构，雕梁画栋，较为精美，保存较好。

辑瑞民居门楼

辑瑞民居厅堂

屋顶风火墙

门额字牌

门额字牌

精美木雕

檐下木雕

门头砖雕

石窗

房顶

穿枋木雕

厅堂门雕

天井侧房

三、人物与科举

（一）清代《南城县志》中人

李人镜纂修的《同治南城县志》记载了许多磁圭罗氏名人，有的记录了生平事迹，有的仅记录了功名，有详有略，足可见罗氏人才辈出，积极有为，为社会作出了应有的贡献。还有一些先贤传记见于《建昌府志》或《江西通志》，甚至外省史志里。现将这些内容原文照录于下：

罗袍　字德称，号慕素，临川安宁里人，汉大农令珠后。黄巢之乱，与柏林学士颖起兵助危全讽，保障乡井。光启中，以辟举授南城尉，友人张全义为河南尹，表荐袍于朝。会田令孜嫉蔽不奏，转余干令、江西司马，并有治声。昭宗天复元年，召为侍御史，随除内史中丞。袍陈治乱成败之由，奸人心害之。时朱温杀戮唐宗室，袍知其将篡，携昭宗一子南归，易姓邓氏，匿宜黄。袍亦迁居南城磁圭，年七十一卒。赠谥文庄，葬宜黄崇贤十一都黄陂水口石桥湾。后邓氏繁衍，今百有余家。岁清明前一日必先祭袍。（录《罗文庄公墓祠志·志补》）

罗玘　字景鸣，南城人。博学，好古文，务为奇奥。年四十困诸生，输

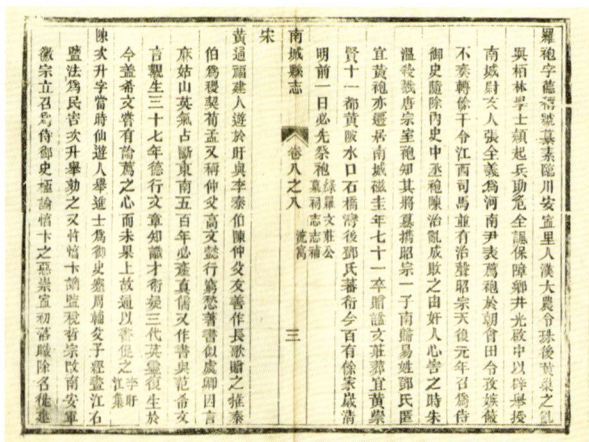

《南城县志·罗袍传》

粟入国学。丘濬为祭酒，议南人不得留北监。玘固请不已，濬骂之曰："若识几字，倔强乃尔！"玘仰对曰："惟中秘书未读耳。"濬姑留之，他日试以文，乃大惊异。成化末，领京闱乡试第一。明年举进士，选庶吉士，授编修。益肆力古文，每有作，或据高树，或闭坐一室，瞑目隐度，形容灰槁。自此文益奇，玘亦厚自负。

尤尚节义。台谏救刘逊尽下狱，玘言当优容以全国体。中官李广死，遗一籍，具识大臣贿交者。帝怒，命言官指名劾奏。玘上言曰："大臣表正百僚，今若此，固宜置重典。然天下及四裔皆仰望之，一旦指名暴其恶，启远人慢朝廷心。言官未见籍记，凭臆而论，安辨玉石？一经攻摘，且玷终身。臣请降敕密谕，使引疾退，或斥以他事，庶不为朝廷羞，而仕路亦清。"李梦阳下狱，玘言："寿宁侯托肺腑，当有以保全之。梦阳不保，为侯累。"帝深纳焉。秩满，进侍读。

正德初，迁南京太常少卿。刘瑾乱政，李东阳依违其间。玘，东阳所举士也，贻书责以大义，且请削门生之籍。寻进本寺卿，擢南京吏部右侍郎。遇事严谨，僚属畏惮。畿辅盗纵横，而皇储未建，玘疏论激切，且侵执政者。七年冬，考绩赴都，遂引疾致仕归。宁王宸濠慕其名，遣使馈，玘避之深山。及叛，玘已病，驰书守臣约讨贼，事未举而卒。嘉靖初，赐谥文肃，学者称圭峰先生。（《明史》人物传）

罗继宗　字思源，号仰峰。玘曾孙。举隆庆庚午乡试，万历中令惠安。内艰服阕，补遂溪。性廉洁，执法不苟，厘剔奸弊，案牍为之一清。复丁粮，均里甲，修城池，缮傅舍，百废具兴，民无所扰，有循良声。调香山去，士民感之，立祠。仕至青州同知。（《广东通志》）

罗俨　字大观，博洽善属文，有诗名。从戎广东阃帅藩长贰多宾师之，往往造其庐，至忘记上下分。有诗行于世，若"黄鹂不管春归去，隔叶数声清昼长"。诵者辄称警句。

罗秉杰　字瑞堂，南城人，生平好行善事，有长者称。康熙丙子，岁大禄。秉杰出谷数千石减价以粜，极贫者贷之不取息。甲申饥亦如之，又尝于里中建义仓，积谷若干石，为青黄不接之备。乾隆五年（1740），举乡饮宾。年九十五卒。进士罗炉立传，时同邑范声夏、李又白、吴汉等三人，与秉杰皆秉性淳厚，好周恤，遇岁饥则出粟助赈减价平粜，人咸颂德。（《建昌府志》）

罗秉杰　字瑞堂。唐侍御十四子裔，家饶于财。丙子岁大禄，杰以粟减息出贷。甲申饥亦如之。而息益减半，两次救荒全活甚众。闻郡守杨公有义仓之令，即慨然曰"此良法也"。乃积谷数千石，自立一仓名曰"留余"，以通乡邻。新旧接续之备，其子江能承父志，至今行之。乾隆五年（1740）举乡宾，年九十五卒。进士罗炉为之立传。

罗铁　字明卫，号愚邱。父增以族人狱连逮，论死。铁七上书以非例格，不行。再诣阙，诉诸宪司，泣不绝声。御史汪铉悯之，为代奏，乃出增。计事始终，凡三十六年，备尝艰苦。嘉靖间，铁由监生官余姚县丞，操守清严，人不敢干以私，蠲费省役，民便之。仕至南京工部营缮所所正，崇祀孝弟祠。

罗铁　字明卫，号愚邱。南城人。南京工部营缮所所正。父增被族人经狱连逮系狱成，铁七上书，以非例格不行，再诣阙，泣不绝声。御史大夫汪铉悯之为代奏，乃出增。计事始终凡三十六年，备尝艰苦，同邑杨谏亦以孝著。（《江西通志》）

罗宽　字栗士，邑廪生，擅文名。崇祯末，弃举子业，隐居山中卒。著有《膺肃楼文集》。

罗铨　字枚功，号立斋。居二十五都磁圭堡。天资超迈，读书过目不忘，为文思沉笔锐，深入显出，与侄炉名重一时。康熙癸巳举于乡，雍正丁未成进士，出入兰枝房（时任兰枝命值南书房兼内阁大学士），大加叹赏，称为老名士。时当道慕其名，欲铨往谒，介然不往，卒以知县即用。改临江教授，随任广东惠州巡学，鉴识多知名士。著有《立斋诗文集》《惠阳课士录》行世。

罗定典　字宏修，幼有至性。家贫，日采薪养母，夜则读书。已而设馆数里外，抵暮归省。历风雨，疾病无间。母卒，结庐墓侧，啜粥数载，族党称之。

罗从绳　字愈振，号癯樵。圭峰十世孙，居二十五都磁圭里。少志学，尚气节，敦性情。广昌魏慎斋少宰见之，目为大器。应童子试，学使某首录之，以县卷笔迹不符黜。或劝赴县禀求可得复录。毅然不屑，束装归。自是授徒教书不复应试。三十年不入城市，益肆力于古诗，宗陶谢，浩然自得。尤工书法，自成一家，所存遗墨人争宝焉。著有《癯樵诗钞》，入《江西诗征》。

罗什　字一因，工诗画，琴棋篆刻各造其妙。家磁圭里。与朱南耕、张周人、朱彰素、朱阁公诗酒往还，风骨古朴。年八十犹喜鼓琴，与客谈论竟日不倦，飘然有尘外之致。家藏一砚，坚润发墨，下镌数字，笔画苍古。语人曰："此先代法物也，后不知所在。"（《吾庐诗话》）

罗炉　字勋公，号耐可，玘后裔。幼读《楞严》三遍成诵，工诗古，善书法，文宗先正，与张百川齐名，人称南城张罗。康熙乙未成进士，授杭州新城令。邑郭外荒田数百顷，岁忧旱，捐俸开濬浚官塘，民赖其利，呼为罗公塘。监生余光仁为人所诬，制府檄炉理，炉廉其状，炉将代白，人以其富难之，炉曰："吾知曲直而已，岂论贫富哉！"遂请诸制府，制府怒曰："吾访缉，何误乃尔。"炉曰："知县亲民之官，岂得更误。"卒得释。未几，竟以抗直忤上官坐事罢。炉自少倜傥，负骨气，遇不可意。虽权贵弗避，然胸无城府，事过辄忘，人以是谅其无他。罢官后，键户读书，研求性命之学，种竹栽花，陶然自得，太守徐天麟时访其庐。著有《耐可堂集》。

罗冠　字弁伯，号雪严。六岁能文，一目五行俱下。十岁就试即冠军，补弟子员，时称神童。顺治甲午魁于乡，康熙庚戌成进士，考授内阁中书舍人。通籍后，恬于仕进，键户著述，有《卜耕堂文集》。

罗华　字太朴，号勉斋。秉隽才，承家学，博览群书，由进士任滇。富民令政，先劝学，添设义塾，一洗荒微朴陋之习。摄禄丰篆，决积年疑狱。浚北乡灌渠二十余里，溉田百余顷，农称为罗公沟。以母老告终养，服阙，补直隶宁津县。邑多盗，有豪绅为盗窟，捕治之。又有依权贵势诈细民金者，按治之，四境萧然。因病乞归，装唯图书数篋而已。著有诗文集若干卷。

罗美才　字仲茂。康熙戊午年，闽地海氛肆志，巡抚简阅六军，选用精锐授随征守备，奋勇先登，遂解泉州、永春、德化之围。叙功升参将。旋平海坛，授左都督，初任粤东，寻升独石署宣府总兵，篆挂镇朔将军印，加荣禄大夫。

罗良　字淑子。顺治丁酉，副贡考，授通判不就。家居，养母晨夕温清自营甘旨。母卒，哀恸袒括，三年如一日。岁时伏腊，必亲诣母茔哭祭，终身不改，里称"纯孝"。

罗灏　由生员荐任南安府教授。

罗桂秋　崇祯十三年庚辰科魏藻德榜，贡生特用，寿张知县。

罗桂春　广东肇庆府守备。

罗星炀　甘肃宁夏守备。

罗国胜　福建邵武营参将。

罗思茂　广东新兴营千总。

罗莘材　长芦盐场大使。

罗克大　永丰教谕。

罗大矩　以孙玘贵，赠吏部侍郎。

罗文程　以子玘贵，封编修，赠吏部侍郎。

罗万益　以子铁贵，赠工部所正。

罗镎　官生，以子继宗贵，赠香山县知县，见《江西诗征》。

罗桂夏　以曾孙美才贵，赠荣禄大夫。

罗星煜　以孙美才贵，赠荣禄大夫。

罗起凤　以子美才贵，赠荣禄大夫。

罗德楚　以孙铨贵，赠文林郎。

罗炳煌　以子铨贵，赠文林郎。

罗楫　举人，以孙华贵，赠文林郎。

罗圹　进士、知县，以子华贵，封文林郎。

（二）《罗耕隐公宗谱》人物简介

县、府志里所载磁圭历史人物，在磁圭《罗耕隐公宗谱》中亦有记载，虽稍详于县、府志，亦不转录。以下只转录县、府志里未载人物，并只按朝代区分，而省去生卒年记载。

唐

罗汉通　讳达。仍居磁圭。萧夫人所生，官御史，迁南雄知府，再迁河南金宪。

罗省邱　字景圣，生于唐天复二年壬戌五月初五辰。由贡举任湖州金判，致政归。

宋

罗世阶　字布，生于绍兴壬子年。庚辰科乡贡进士。

明

罗俊杰　生于元至正丙戌八月，洪武辛未由人才官浙江兰溪税课司。卒于任。

罗大矩　讳中，号耕隐，生于洪武戊午（1378）十月，年七十四。卒于景泰辛未（1451）。……以孙玘贵赠吏部侍郎。自侍郎公十迁以来至公历世十九，年五百余。散者复聚，聚者复散丁。元末大乱，凋敝日甚，居民所宅化为蓁莽。公少孤，倜傥，负大志披荆棘，辟草莱，翳者除之，窪者平之，以贻我子孙，以妥我室庐。迄于今五世子姓。贤者云升，才者霞蔚，皆公一人庇赖之力也。初立祠于东库背祀公。其址湫隘，四世孙钜等偕众改立于济川、龙门二桥之中。左右社学、义仓，有石碑巍焕乎，规模具备。

罗柏　行爵二，原名奋，字文稠，号崧庄。由吏员任福建尤溪县丞。

罗松　行爵六，字文程，号西庄。……以子玘贵赠吏部侍郎，邱文庄公濬作赞，李东阳撰墓志铭。

罗金　字廷宣，号磁溪。由贡生任广西梧州经历，署苍梧知县。

罗鳌　字廷济，号滨川。由贡例任福建泉州府经历。

罗镇　字廷平，号连溪。承祖荫，官生，以子继宗贵，赠文林郎。

罗钜　字廷大，号文溪。由府椽冠带省祭。

罗铵　字廷贵，号莘溪。举党正授冠带推官，署府篆阶，同邑侯将赠以"齿德俱高"匾，时年八十有三。

罗锃　字廷辅，号应川。冠带寿官。

罗泮　字子游，号凤冈。奉例府推官。杨给者民冠带，邑侯胡匾"旌德隐儒"。

罗应宿　号古崖，益府典仪所礼官。

罗应隆　字际时，号位崖。益府冠带。

罗鸿　字子盘，号衍吾，由太学生授浙江都司断事。

罗鸿鸣　字子时，号鹤楼。由布政司椽冠带省祭。

罗鸿渚　字子翔，号海南。由布政司椽冠带省祭。

罗继先　字思进，改抑所，号绍峰，由庠生中万历己卯举人，授广东潮阳知县。事详己丑状元焦竑行状。

罗鸿邦　字子畿，号敬吾。忠厚起家，贷不索券，戊子岁凶，邑侯勤赈，毅然发谷数百赈济，听秋偿有不偿者不征。

罗德楚　字联滨。后以孙铨贵，赠文林郎，广东惠州府教授。

罗桂夏　字德盛，号心宇。由太学生任湖广蕲州卫经历六年，省亲归养。以曾孙美才贵，赠正一品左都督荣禄大夫。

罗桂冬　号攀宇，由邑庠生转例。

罗桂秋　字德成，号九华。邑廪生选拔贡，崇正庚辰科，春诏会试，恩赠进士，授寿张县知县。

罗辅世　字德甫，号仲堪。由太学生任四川重庆府涪州通判。

罗康世　字任甫，号湘琳，邑廪生。万历丁酉拔贡，任福建海澄县知县。

罗桂春　字生甫，中崇正庚午武副榜，任广东肇庆府守备。

罗振世　字铎甫，号结琳，由太学生任福州府闽县丞。

罗模贤　字德彰，号平宇。益府仙源王取考礼生文馆供职。匾旌"贤能给劄"，冠带授兴仪所礼官，掌奏章。

罗嘉彦　字光彬，号元喆。擅岐黄术，尤精小儿科，经其手者生活甚多。生平谨言笑严取与，为族长十余年，遇是非可否未尝阿人意，寿八十七，卒于康熙乙酉十二月。

罗绮　原名星正，字云锦。邑文庠，公资颖才异，为文立就，屡困不易其志，年四十见知于邑侯杜，取冠童子军，补弟子员。生平不蔽于理，遇事能断，不吝于财，遇之则周。府判陈赠以"谊年申渭"匾。康熙壬子见家庙倾颓，捐资三十余两，拉侄梦白集众重修。享年六十有六，入主报功堂。

罗思茂　字秩然。壮年往广东，由人才任新兴县千总。

罗京用　改国胜，字晋卿。万历丙戌由人才授武参将，任清镇关守府。

罗京觐　改灝，字见之，号大可。顺治四年由荐辟授南安府教授，复委广东南雄府清军，未赴任。

罗星炌　原名星烺，号辉斗。中万历辛卯科武举，任浙江宁波府千总，升陕西宁夏守备，卒于任。

罗霖　字慊庵，生于崇祯癸未，少英敏读书，一目十行，下笔数千言顷刻立就，年未冠，榜眼张公永祺兵备建昌，试童子，奇其文，持首拔。会妻黄氏毕婚，未几天。乃厌薄情，缘尘蜕世味，托言山游，遂以禅隐于匡庐五老峰。康熙庚戌，父雪崖公成进士，归省，盘桓家中数月卒，不变其志。著有诗歌古近体行世。

清

罗秉德　改名兴德，字于英。由武庠授守备。

罗秉哲　字性生，号道庵。邑廪生，益府仪宾，授同知职。

罗兆桢　改名良，字淑子。邑庠生，中顺治丁酉副贡，考授通判，不就。家居养母，晨夕温清，自营甘旨。母卒，哀痛袒括，三年如一日，岁时伏腊，必亲诣母茔哭祭，终身不改，里称纯孝。详载邑志。

罗楫　字惕川，号慕劭。郡廪生，中康熙戊子举人，拣选知县。年七十八，卒于雍正庚戌正月十五亥。公幼慧喜读书，长博极典籍，肆力举业，为文博大昌明，直追国初诸大家。困诸生廿余年，晚领乡荐，志尤锐，三试南宫。戊戌荐而不售。同年李公穆堂阅遗卷，辄惜之。子炉为浙新城令，迎养不就，家居自适，乐善不倦，后之接武而起者，公所贻也。乾隆壬申，以孙华任职富民县。

罗庚　字梦白。邑庠生。援例入监，考授州同。公见义必为，每族中有应赈举，辄不惜囊资，以身先之。康熙甲寅从太学归，见耕隐公祠渐就败坏，即捐金集众整理。兵燹后，族中日凋敝，谋于众议举义学、社仓以振兴来者，并出募田捐资若干。事将成，竟以疾终，遂废沮。

罗作梅　字美品，号鹤峰。恩赐登仕郎。公承家产廉薄，食贫敦志节推，好读书，精于凡镌刻博识篆字，古文篆隶三体入目了然，信口直道，虽通儒名士反逊一筹。盖精察者熟也。性好花卉，依山而居，宅后广开二径，几奇花异卉遍植，后园春鸟争鸣，秋香齐放，仿佛陶彭泽家风也。惜数奇乏嗣，淡然不介于怀，知命故也。迹其品行，殆先世遗民与，抑当代逸民与？

罗仁杰　字承六，又字彝山，号厔泉。恩赐冠带。公学而术成，专精书法，字画工整，出入苏米赵董诸家而奥妙神奇。独能超拔于前贤蹊径之外，所著匾联条幅册页诸手笔，得片纸者争宝之。而诘曲径峭，则草书尤其制胜者，士林钦慕，求书几至洛阳纸贵，当挥毫落笔竟比之张颠草圣云。惜后嗣式微，真迹散失，虽存什一于千百不过留，仿佛于几希发潜德之幽光，诚不禁感慨系之矣。

罗焜　字炳南，号星桥。邑文庠，中乾隆乙卯恩科举人，拣选知县。公天资颖异，笃志好学，博览群书，下笔如涌泉，精于制艺，甫弱冠，补弟子员。嗣后岁科历试无不超拔前茅。乙卯科试，刚食廪饩，旋入贤书，体素弱，上公车者仅三次，戊辰会试呈荐。生平设教随材造就艺陶所及各有裁成，一时游其门者登乡榜者数人，入黉宫者数十人，时比之桃李盈门云。盖其善诱后进之为功大也。有文稿、典类若干待梓行世。

罗云鹏　字北海，号适南。府试冠军，邑文庠生。丙午科中定六十三名，仍名落孙山。

罗晋　太学生，貤赠中宪大夫，字锡蕃，号春衢。

罗燨　字焕南，号旭东。县试冠军，郡文庠，寻食廪饩。

罗享祥　名淑彬，号文质，字卓颜，又号松鹤。太学生。保举军功五品，例授武德骑尉。

罗万象　字辉山，号香雪。邑廪生，中乾隆己酉恩科举人，任河南嵩县知县，授武阳知县。

罗滋　原名时保，字润甫，号柳泉。公究心理学，尚论先儒历唐宋元明之克承道统者，无不洞彻原委备悉。指归现复，推求正学、禅学之分，朱陆异同之辨，皆圣贤事功也。为人纯正雅淡，古道照人。勉力刻父手《癯樵诗钞》，以表扬先德。尤复奔走四方，访当代名流以绍道学心源，诚克家之子矣。而一介单寒，萧然韦布，袍道甘穷，以没世不求人知，清风亮节，谓非笃行君子欤。

罗湘　字安邦，号晓峰，太学生，赏戴蓝翎，例授中书科中书同知衔加一级。诰封朝议大夫。公子史精通，书法擅长。睦兄弟，常以友爱。视子侄无分彼此，轻财仗义，恒见笃亲信友，出资修祠乃为尊祖敬宗，遭兵燹而艰辛备历，矢勤俭而家道小康，济饥荒于梓里，造浮梁于铅邑，贸易河石，名扬苏浙。仅一乡之善士耶。

罗元会　字体乾，号慎斋，太学生。同知职衔加一级，晋赠中宪大夫，貤赠朝议大夫。

罗凤来　名暄，字羽阶，号舜臣，太学生，诰授奉直大夫，候选州同知加二级。

罗濬　字奠邦，号洁峰，太学生，赏戴蓝翎，赏换花翎。覃恩授中宪大夫，例授同知职衔加二级。

罗钟　字树本，号又峰，邑文庠，廪光绪壬午贡生。

罗文槐　字蔼然，号壁轩，亦号幼晓，邑文庠。钦加同知衔，赏戴花翎，特授浙江省汤溪县知县。

四、史志与艺文选

（一）史志里的磁圭

明代正德年间《建昌府志》载：

圭峰书院　在磁圭，侍郎罗玘建。

解元坊　在磁圭，为罗玘建。

磁圭市　唐宋元，人烟辏聚，市延四里，屠肆七十二，他称是经燹今复址，延二里有店肆。见《李西涯记》。

云阳墟　在磁圭，东明关外。谚语：未有里塔先有云阳。又云：走了云阳，荡了里塔，是其验也。今有石桥在焉。罗景振建。

鼎新亭　在磁圭,内树涂幾《游磁龟记》。由黎木滩沿小溪入高陂，溪水清激，韵中琴筑，绝可听。人居半山……罗圭峰识：弘治十一年（1498）五月十七日，大风昼晦，西街牌楼覆焉。予时先侍谈礼部侍郎学士程公坐，风甚不可出，因得尽谈，征之险而及吾村，公怪问村何名。予曰：磁龟。公曰：是有记。始得诸姑苏李应祯所藏文集中。明日录以来示，果此记也。异哉。然失之已百七十年矣，故买燕石刻而载之，归树焉。以见斯文显晦不偶。如此云。

复古亭　在磁圭，内树西涯《兴复磁龟记》。（记略）

云楼、迎晖楼　俱在磁圭。

东明楼　在圭峰（指圭峰书院——引者注）右。

清代《江西通志》载：

圭峰书院　在南城县磁圭，明侍郎罗玘建，今为文肃祠。

磁龟石　在府城南七十里，池中有石似龟，或曰磁也。元涂幾、明罗玘皆有游记。

清代《南城县志》载：

磁圭　唐宋元，人烟辏聚，市延四里，屠肆七十二。他称是经燹，成化间始复，止延二里，有店肆，见《李西涯记》内。

云阳墟　在磁龟东明关外。谚云：未有里塔，先有云阳。又云：走了云阳，荡了里塔，是其验也。今有石桥在焉，罗景振建。

庆隆寺　西南七十里二十五都，罗文肃重修，敕建。

圭峰书院　在磁龟，明侍郎罗玘建，今为文肃公祠。

（二）艺文选辑

涂幾

游磁龟记

由黎木滩沿小溪入高陂，溪水清激，韵中琴筑，绝可听。人居半山，曲不井汲，接竹行窦，泉入厨间，至数十丈乃止。每茅茨瞰高，俛入幽缘，鸡豚鱼鸟，隐见云气，使即之者咸以为有异世桃源之想焉。数里入孤川，上缘藤礁，礁下皆冰雪，水流两岩，径其间。予劳行，内热气郁，褰衣濯崖下。纤鱼出游，若与人狎而玩者，紫丝吐沫，动荡晴碧，良久毕。入缘藤礁者，有大石塞道，下坠深壑，镌凿罕试，以大藤缘延而过其侧。

过磔前后,凡六涉溪水,乱石棋跱,急流淙淙然,溅湿上面,至不得足立,力小懈,苔滑几跌人足,涉第五水,深广加前之半。冰骨彻髓,行者愁戚。逮阴山之麓而坐蹲焉,阴山无阳光,崖木槁积,土石硝发,攀琅玕,履琼瑶,被珠玑,披戈剑,逾一时乃出,半山望见有田在前峰之顶。予得大戚。俄然渡水一门岭,至田上益峻,如蛇升木而昂首者再,乃尽岭。又如蛇升木而昂首者,乃见居民焉。时寒冱雪湿路善崩,当绝险,扶服一失尺寸即僵卧崖谷,挂枯枝裂巨石以死,游魂不归,而为世大傻矣。噫!予非有山水之好、名利之役而为此来也。友人邹元方氏之文素所愿读而不可得,故贸然从之以游于盱,孰知是游之乐乃动生平之戚有不为乐乎?噫!予以父母之身,茕茕独立,无支子之助,无旁亲之寄、先祧之续而不畏也。犹动于艰险之试,盖亦知所戒夫,盖亦知所惧夫。

——本文选自《同治南城县志·艺文志》

【注】涂幾字守约,又字孟规,江西宜黄人,明初学者、诗人,约明孝宗弘治中期前后去世。曾以学者李存为师,研究陆九渊心学。洪武初(1488),曾拟就时事策19篇,准备上进,后因病未果。与邹矩(1368—1398,字元方,崇仁人,明初诗人)齐名,人称"邹涂"。文辞高雅,自出机杼。诗写细腻,别具情致。散文写景状物,生动感人,表现了崇高的情趣与为国效力的深切愿望。著有《东游集》、《涂子类稿》10卷。

罗玘

为宗社大计事

臣少实迂愚,漫不谙事,壮而登仕,其愚如初。今已老矣,自分与愚,终焉而已矣。

思天下聪明才辩之士何可胜数,而或沉冥牖下,或困滞下僚,或不沾一命者,在在有之。顾臣之愚,乃获窃禄先朝,备员侍从。又于陛下登极改元之初，自翰林侍读超升南京太常寺少卿，仅逾二年。起升本寺卿，又逾年，转南京吏部右侍郎。臣又思前之任翰林者，虽文华卓越十倍于臣，而犹循资历格，进寸退尺，有白首终身汩没者。臣独何人，六年之间，骤进如此。谓非陛下天地旷荡之恩可乎？臣又思，感恩之极，人虽至愚，苟有一得之见，自畏一身之死，怀而不为明主吐之，及至老衰病笃，而毕竟以死。是畏死而不免于死，徒感恩而不知报其恩，其果得为忠乎？又果得为智乎？使死而有知也，宁不悔于地下乎？

且臣之所谓一得之见，非指四方盗贼众人目前所谓急者也，亦非隐微而潜伏也，左右大臣所共知也，百司庶尹言官所共知也，间阎小人，外至荒服夷狄所共知也。或畏死而不敢以言，或以非其职而不得以言，或卑且远而不获以言，或怀禄保位而不肯以言，甚或乘隙市奸以媒非常之贵富，而幸人之不言为己地者焉，斯亦可为寒心也哉。何也？

陛下受太祖太宗列圣之付托，以天下六年有奇于兹矣，而地久天长，万寿无疆，固将自此始也。然亦必如祖宗有所付托如陛下，陛下乃无负祖宗所付托也。不知陛下今之将所付托者何在耶？前日，贼瑾之谋逐荣王，借使当时顾命大臣以死助陛下诤留荣王。张彩虽狡急于助逆。彼知有天潢血属之在肘腋，其敢萌是心乎？是无血属之在肘腋，足以召乱明矣。幸天启圣衷，卒殄灭之。瑾灭之后，可保决无瑾乎？若彩，则今班行中，未必无彩也。何以明之？凡以公呼瑾者，起此辈保能不以事瑾者事之乎？彩独恶着而先发焉耳，赖列圣神灵，俾瑾、彩识肤虑浅，其迹易见。万一有操、莽者出于其间，不知何以殄之。自古人主之孤立，其危若是哉。宋之司马光、娄寅亮，其岂非忠于社稷，其卒有赖，其言不可用欤？伏望陛下蚤坚宸断，为宗社计之，以系海宇臣民之望，以绝奸雄睥睨之心。然后螽斯衍庆，麟趾肇祥，举先王归藩之义，正元良主鬯之规，斯万世之长策也。亦愚臣垂死图报万分之一也。臣言至此，惟知宗社，不恤其他，故不文。不文故不讳，不讳故伤触权奸多，伤触多故中伤。啖致罪辟以至于死，臣亦甘心，分内事也。臣瞻望阙廷，不胜激切屏营之至。为此，具本专差义男某赍捧谨具奏闻。

西溪渔乐说

渔与樵牧耕，均以业为食者也。其食之隆杀，惟视其身之勤惰，亦无以异也。然天下有佣樵有佣牧有佣耕，而独无佣渔。惟其无佣于人，则可以自有其身。作吾作也，息吾息也，饮吾饮而食吾食也，不亦乐乎！盖乐生于自有其身故也。若夫佣，则身非其身矣。吾休矣。人曰"作之"，吾作矣。人曰"休之"，不敢不听命焉。虽有甘食美饮，又焉足乐乎？岂惟佣哉！食人之禄，犹佣也。

故夫择业莫若渔，渔诚足乐也。而前世淡薄之士托而逃焉者，亦往往于渔。舜于雷泽，尚父于渭滨，然皆为世而起，从其大也，而乐不终。至于终其身乐之不厌，且以殉者，古今一人而已，严陵是也。

义兴吴心远先生渔于西溪，亦乐之老已矣，无它心也。宁庵编修请曰"仲父得无踵严之为乎？"先生曰："吾何敢望古人哉！顾吾乡邻之渔于利者乐方酣，吾愚不能效也，聊以是相配然耳。"有闻而善之、为之说其事以传者，罗玘也，南城人。

罗汝芳

磁龟游记

南城之罗，皆出磁龟。袍公娶九妻，生子十有四人，各择胜地以居，而萧夫人所生五公居嘉津，余祖六公居泗石溪，磁龟则十四公所定宅也。

磁龟子姓鼎建大祠，请彩联于余，以增盛举。余因语曰："海内名山胜境，涉历颇多，磁龟未履，非所以展孝思也。"对曰："得师贲临，合族光宠多矣。"余因命驾而往。出南关，其程途半与嘉禾相共。越四十里，逾鲤湖，逶迤盘曲，历山冈、循云窑，几里，为白云山。一望城廓渺然矣。再进而崇蹬峻岭渐次耸矗，虽有小村，鸡犬不鸣，半似仙家境界。且行且登，而羊肠屈曲，役夫告惫。余车中展目，止见左右环护，尽皆松竹杉山，修枝长干，掩荫舆扉，山峰隐现。间有小溪，声闻远近，其流有洙者、潺者、潆回者，与鸟声、风声唱和，恍有清冷之韵，沁人肺腑。再抵白灵峰。山峙立在前，上有小庵，侧闻钟磬声。询之，从者云："此磁龟之捍门水口山也。"至此，则磁龟渐近矣。再行五里，寺在路左。扁曰："庆隆。"因少憩焉。步入方丈，而罗族携盒载酒相迎者沓至矣，各序少长坐。众僧侍立，余询其衣钵，云："寺原闽僧所建。"询其香供，云："各施主所捐，特多寡先后不同耳。"顷至佛殿，见省丘公文肃公施田二碑，读其文词，考其谱系，则省丘公又余祖六公之祖，是余祖、余族大有造于兹寺，而余亦当称檀越矣。众僧唯唯。随登舆，行数里，稍平坦而至塔顶，顶径颇长，崎岖逼窄。少下，则为磁龟堡。

堡有上、中、下，问其取名，则以溪内有石，其状如龟；塘内有石，其圆如磁，详载文肃公《记》中。少选，至堡中，纵目环视，四山周拱，秀爽郁葱，一溪涓涓似红泉，迂回绕抱，冬夏不竭流。家与家隔岸环对，中有翰林、解元二坊，敕书高阁，则孝廉仰峰、绍峰之祖文肃公故址也。族分五房：恭、宽、信、敏、惠。为郎官者五人，为文学者十余人，各以冠裳就见，雍雍礼让，秩然有先辈风度，与市井相去远矣。

次日，展祭祖考毕，侄德津、凤岗、正斋，侄孙佳秋、希圣等请余会讲。余为详演圣谕六条。再日，余发明乾坤生生之仁。时有问太极者，余曰："太极生两仪，而四象，而演诸卦，乃原本于无极。是即袍公生十四支，每支不下数百人，而原根于省丘公也。"众皆跃然。早起，祭扫附近各祖墓。归，遍至各宅，乃知堡东为连珠山，西为芙蓉山，南为南湖山，北为圭峰，则属宜黄界矣。群山耸护，峰峦员秀，菁葱掩映，鸣吠相闻，诵读之声与纺织之声而夜发。余喟然叹曰："余祖积德深厚故垂裕若是。然非有清山秀水毓灵于人，亦安能诞生文肃、孝廉、文学也哉？"语曰："深山大泽，必产龙蛇。"厥明，余过神冈，德津辈秉烛请记，以识不忘。

——本文选自《罗汝芳集》（凤凰出版社2007年版）

徐霞客

游磁龟

［崇祯九年（1636）十一月］十四日，平明饭，行，即从小桥循小溪北上。盖枫林大溪西下宜黄，而小溪则北自南源分水而来者也。溯北上五里，入南湾坳，上分水岭，南为宜黄，北为南城，西南境逾岭为南源。五里至八角庄，为洪氏山庄。有水东下，舍之。北上黄沙岭，二里逾岭，下巾儿漈，水亦东下，又舍之。北溯一小水，三里，上栏寨门，平行岭上，为李家岭。又一里，始下，下一里，则磁龟在焉。磁龟者，罗圭峰玘之所居也，在南城西南九十里，据李文正《东阳记》，北阻芙蓉，西厄连珠峰，南望军峰，东则灵峰迤逦。有石在溪桥之下，而不甚肖；其溪亦不甚大；自西而东，夹溪而宅，甚富，皆罗氏也。问有花园坑，景亦没，无可观。遂东北逾岭而下，溪自东南下坑中，路不能从也。东下三里，山峡少开。又循一水，有桥跨之，曰云阳桥，水亦东南下，又舍之。东逾一岭，又二里，曰乘龙坳，水亦南下。复东上二里，曰鹅腰岭。平行岭上又二里，而下一里，曰钽源，其水始东行。始至磁龟，以为平地，至此历级而降，共十里而至歪排，皆循东下，始知磁龟犹在众山之心，众山之顶也。歪排以上多坠峡奔崖之流，但为居民造粗纸，濯水如滓，失飞练悬珠之胜。然钽源小水已如此，不知磁龟以东诸东

南注壑者，其必有垂虹界瀑之奇，恨路不能从何。出歪排，其南山坞始开，水亦南去。又东逾黄土岭，共三里，则下岐东行平畴中。五里，一溪自西北东去，有桥架其上，曰游真观前桥。又东五里，则盱江自东南而北。是时日才下午，不得舟，宿于溪西之路东，其溪之东即新丰大市也。

——本文选自《徐霞客游记》

【注】

1. 题目为引者所加。

2. 徐霞客（1587—1641），名弘祖，字振之，号霞客，江苏江阴人，是明代地理学家、旅行家和文学家。他经 30 年考察撰成的 60 万字地理学名著《徐霞客游记》，开辟了地理学系统观察自然、描述自然的新方向。

李东阳

罗氏兴复磁龟旧业记

翰林侍读南城罗君景鸣，既兴复磁龟旧业，乃自叙其事，请记于予。其略曰："磁龟者，有石蹲于溪心，若龟然。其石，磁石也，在南城南八十里。其地多重冈复岭，北阻芙蓉峰，又北为临川；西厄连珠峰，右西为宜黄；南连军都，届于南丰之境；东则灵峰北迤，中通一径，以达于南城。实四达之会也。其产多谷，间出为赭垩，为石脂、云母，为矿，为蜂，或孕而为珠，故其民有以自食，且能食四方之来往者。唐、宋以来，户至千四百，屠肆至七十，楼观相望，弦诵之声不绝。元季毁于兵，灌莽蒙翳，鬼啸于木，虎兕豺豕交于野，过者恻然伤之。国朝永乐间，吾祖耕隐府君，始披荆棘立门户，招集逋徒。吾父封编修公益勤安辑。于是土著者、侨寓者、贩者、游者，日源源相续，而旧基遗迹犹漫然莫之省也。玘既有名籍，大夫士道吾地者，去郡邑甚远，案牍胥隶不可不为之所。于是为馆于衢之北，曰驻骖；其南曰寅宾。堂室庖湢，寝食之具，供给之役，若驿舍然。寅宾之北百十武，折而西，为御书楼。楼之西二百武，为聚奎桥。桥之上为望远楼，楼之南为坊于门曰翰林者、吾先世之所居也。登于斯楼，则连珠诸峰之属于芙蓉者，举目而尽。下极苍翠为石岭，峡水东流，其中旧凿壁为磴，缘而为径。又跨峡为逍遥楼，楼下为门，西出五里之委巷。驻骖之西，筑土为堂，隍上为迎晖楼，当里之会。其东为解元坊，坊左右为鼎新、复古二亭。又前为市区，区之外为桥。南折并山而东三百武，登坂之上为义仓，为圭峰书院。又东二百武，跨溪为龙门桥，桥之上为屋十七楹，中为济川楼。又折而北二百武，两山复合，于是为迎恩亭。亭之西迤于逍遥之东，为门六，皆跨于溪，为楼五，跨衢及桥者各二。凡衢皆甃以砖石，凡坊与楼皆涂以丹艧。虽稍复其旧，而实有旧所未备者焉。"既又曰："此吾祖若父之志也，而玘也继为之，玘也之子孙又继为之，则前日之盛可复也。然其盛而衰，衰而复至于盛者，不可以不记。而记之者非可以信天下及后世之言，犹不记也。吾之里其亦有遭乎！"

予听其言，察其意，若将以属予者，因为之叹曰：天下之盛衰，相寻于无穷，此理与数有不得不然者，而亦存乎其人。故屯与蛊皆有亨之道，而非道焉则莫之亨也。昔人以洛阳名园系天下之盛衰，然则一乡一邑，亦有关于世运者。国家一统百有余年，休养涵育至深至厚，故凡遐陬僻壤，往往与都邑相类。建昌，东南文献地，其关于天下也固宜。若磁龟所自为盛，则处士之孝友，封君之勤俭，然非刻志砺操以文学鸣世如吾景鸣者，亦恶能善继而肯构之其盛如此哉！且蔡邕作《鲁灵光赋》，十年不成，见王延寿所作，而为之辍翰；苏子瞻欲述钱塘风物，见晁补之所作，而为之搁笔。予何以加于景鸣哉！然则景鸣之言，虽谓其自信于天下可也。罗氏之子孙，睹今日之盛，而思累世兴复之劳且难者，未必无感于斯焉。因略为诠次，俾刻之贞石，以建于所谓磁龟者。

——本文选自《李东阳集》

【注】

1.《同治南城县志》亦收录该文，名为《复古亭记》，内容稍有出入。

2. 李东阳（1447—1516），字宾之，号西涯，谥文正，明朝中叶重臣、文学家、书法家，茶陵诗派的核心人物，湖广长沙府茶陵州（今湖南茶陵）人。天顺八年（1464）进士，授编修，累迁侍讲学士，充东宫讲官，弘治八年（1495）以礼部侍郎兼文渊阁大学士，直内阁，预机务。其立朝50年，其中执掌朝政18年，清节不渝。文章典雅流丽，工篆隶书，有《怀麓堂集》《怀麓堂诗话》《燕对录》等传世。

罗玘

送周主簿任南城

连山抱如环，过水萦城脚。军州自古置，小邑旧附郭。

烝黎恋门阀，不厌土地薄。神泉粗可酿，出境配灵药。

门无催租吏，家有属地镬。市女面无脂，野老巾不着。

圄囹寂生蓬，谯门可罗雀。谬当封藩图，一变百病作。

黑夜骑屋山，白昼面相缚。窃虞钻泥鲇，化作掉尾鳄。

观君饶道气，秋汉横一鹗。老夫频搔首，仰面望寥廓。

红梅图为肇和题

西湖残雪候多时，却恨前年被雪欺。

且学杏花红似锦，暂招鸣鸟到南枝。

寿乐堂

团团椿树影，细细藕华香。

天上神仙府，人间寿乐堂。

无时不歌舞，此日且笙簧。

便是长生术，何须却老方。

感皇恩

江上漾金波，波光渺渺。红日初升万方晓。驿前杨柳，尽系金鞍腰褭。骊歌唱发得，雕梁绕。　　天上麒麟，人间凤鸟。万口欢声使君少。此行去也，留作中朝仪表。甘棠在岁长，青青杪。

罗锌

桃花祠

石梯雨过绿苔斑，竹洞云深白昼闲。

长恨桃花太薄情，误随流水到人间。

罗炉

除夕饮梅慕堂官署

去我之年何笃速，鬓已霜华发将秃。

平生万事不如人，一官未成徒碌碌。

负郭从无二顷田，居家只有三间屋。

当日元龙颇自豪，豪来痛饮嫌拘束。

即今老大心情减，往往深藏□畏缩。

取道中州达蓟门，风雪长途嗟踯躅。

知交作令旧河阳，一见欢然同骨肉。

饮我醇醪坐夜阑，往事深谈纷在目。

旅思羁情百感生，是用作歌当恸哭。

相如何事客临邛，绿绮犹能制新曲。

罗从绳

过逸龙庵采椿叶

夕照敛春山，众鸟啼春暮。散襟步清溪，幽思将谁诉。

溪曲出钟声，行到鸣钟处。钟静佛无言，清香在高树。

攀条采其荣，氤氲满归路。此日良已足，春风任来去。

溪游

孟冬刈稻了，原野尚幽清。偶然成独往，遂惬山水情。

行行不觉远，隐隐闻溪声。石发拖秀蕡，潭影涵空明。

爱憩石磴上，於以濯尘缨。逝水去不返，岁暮将何成。

拜祖茔

冲泥寻古道，披草拜先坟。

古木飞晴雨，层岩宿烂云。

独愁群自弃，多病老无闻。

听到猿啼处，重泉泪亦纷。

磁溪竹十四首

溪回嶂复深复深，片石艍拿踞溪心。

山外嚣风吹不到，东户把锄卤户吟。

天地精英何处结，半在山川半在人。
石不变色人挺出，石兮人兮共嶙峋。

山高水深人性刚，言无枝叶身昂藏。
野老牧竖多傲兀，大人先生尽崛强。

自古山深少见闻，此村见闻甚缤纷。
老子传与小儿道，诗书之外不足云。

磁溪地僻亦都会，居人好义多良才。
私有金钱公有粟，荒岁之民杂沓来。

上坊急难下坊排，父老子弟欢一杯。
二十季来无讼狱，不知县门何处开。

四百人家半冠裳，仰食先得乐且康。
曳裾拱手时代惯，山村小户走且僵。

咚咚山鼓闹山街，了队烟火趁一牌。
太平盛事山村见，妇女熙熙鸟喈喈。

一溪首尾列神祠，中有真人乐鼓吹。
高栅幽厂歌声细，烈火炎炎众不知。

恭逢神诞神愉愉，斋坛胜会月不虚。

旨酒佳肴神醉饱，富家大户乐神余。

环溪相见辄一家，往来人士好品茶。
纸里方物才极尽，咄嗟酒食交惊夸。

良田一拓屋崔嵬，朝抄白饭暮衔杯。
不商不农何所事，子母纷纷暗飞来。

深山无事戏樗蒲，学士村夫共一卢。
莫道光阴无用处，阿姑阿嫂较赢输。

我作此词乐又悲，分付儿童莫嘻嘻。
歌罢朝夕勤耕读，行看龟石益奇离。

谢士元

同张内翰访罗景明过磁溪偶成一律

肩舆追逐过磁溪，山犬无声野鸟啼。
冒雨每防苔径滑，穿林偏觉暮云低。
人家引水春云碓，野圃编荆护药畦。
喜有瀛洲文伯在，试将诗句共留题。

【注】谢士元，字仲仁，一字约庵，福建长乐人。明景泰五年（1454）进士，授户部主事，督通州（今属江苏南通）仓。天顺七年（1463）升建昌知府。时建昌多盗，他查办庇盗军士并禁盗，后城内外路不拾遗。他大兴教化，建新学宫，藏书万卷，扩建射圃。他亲自督课，学风大振。又逢饥荒，他发粟救荒，粟尽自捐俸禄，并倡富民捐献，共度荒年。任满，因民众请求，朝廷以从三品俸禄让其留任。后因回乡守孝去职。此后还任广信（今江西上饶）知府、四川左参政、四川右布政使、四川右副都御史等职，后辞官回乡。

古联、古匾选

（1）遐瞻舜日，长乐尧天。

（2）龟峰流世泽，龙阁庆家风。

（3）溪水环如带，云山屹作屏。

（4）忠孝一门吾族有，理学世家天下少。

（5）克绍箕裘世泽，长传诗礼家风。

孝友联

绍箕联

尚书匾

侍御史匾

五、往事与传说

（一）往事追忆

湘军攻占磁圭

　　清咸丰五年（1855）十一月，太平天国翼王石达开率军自湖北进攻江西，于次年攻克建昌府，留军驻守。咸丰八年（1858）四月，清军再攻抚州，攻陷宜黄、崇仁。五月四日，磁圭被湘军道员张运兰、知府王开化部攻陷，翼王旗下的指挥苏祝增被击毙。同月，府城东南的黎川、南面的南丰均陷湘军之手，建昌府陷于孤势。月底，守军至云窖（今株良镇云市村）和双油（今株良镇泷油村）构筑堡垒，阻其攻城，为湘军所败，营垒被毁。六月三日，守军再出兵至南城新丰，欲攻磁圭，打通突围西走之路。次日复为湘军所败，被迫退回府城。四日夜半，张运兰、王开化乘势督军攻城，守军力御不支，退往黎川，建昌府遂陷。

左宗棠在给咸丰皇帝的奏章（详见《左宗棠全集·奏稿》）里向皇帝详细地描述这次与太平军在磁圭的战斗。他说："王开化由桃阳前进，亦于初六日会同萧启江、刘坤一克复崇仁。于是各县败窜之贼均聚抚、建，而宜黄、崇仁既复，抚、建藩篱尽撤，建昌贼首复令其死党屯踞磁圭墟以相掎角。十一日，江军宝勇营都司刘光明出队君山（在磁圭西，今属宜黄县——编者注），适与贼遇，毙贼数十。嗣楚军三路继进，贼望旗而靡，官军逐北十余里，均少有斩擒，遇雨收队而还。张运兰、王开化会商建贼之踞磁圭墟者，日聚日众，将伺隙复犯崇仁、宜黄，以断抚州大军后路，而牵制建昌大军，不可不并力剿之。二十一日，张运兰率师由永兴桥、温坊（在磁圭西，今属宜黄县——编者注）进，王开化率师由余家山、石榴尖（在磁圭西，今属宜黄县——编者注）进，约午刻齐至磁圭。比近磁圭二三里许，皆卷旗潜行，而以团勇数十人诱贼。贼见两路官军甚少，而前行者均系团勇，易之，遽出贼五六千分途拒战。张运兰、王开化俟其近前，各分三路抄之，皆吹号扬旗而进，贼惊而走，官军三面包抄已到。枪炮之后，继以刀矛，毙贼无算，余贼奔回磁圭墟。张运兰、王开化麾所部蹑踪追杀，立将贼巢攻破。贼由街后纷窜，官军紧追，前路山岭壁立，贼众拥挤颠坠，积尸累累。黄衣骑马贼目勒马回拒，勇丁陈隆升擒而斩之，余匪弃城窜回建昌。官军复追杀十余里，日暮收队而还，盖往返已一百四十里矣。是役计毙贼一千六七百，坠岩死者无算，阵斩伪指挥苏祝增、伪将军麦姓、伪监军胡姓等贼目十数名，夺获贼马十余匹，旗帜器械山积。据生贼供称，此股贼匪多石达开所属，故旗帜多用'翼府'等字，将由磁圭潜攻宜黄，不料官军忽至，遂为所败。而是日另股贼之潜窜龙骨渡（今临川区境内——编者注）图犯崇仁者，次晨复为刘坤一所败，斩获亦多。始知建昌贼目诡谋，以一股袭宜黄，一股袭崇仁，约期并进，将为援抚固建之计。张运兰等与刘坤一两军相距百数十里，彼此相机速剿，先后不过数时，竟不约而同，亦非意料所及也。

张运兰、王开化既破磁圭之后，本拟拔营进攻建昌，探报南丰屯贼甚多，而零都窜出之贼亦潜来会合，人数约近二万，将乘官军攻建，仍取宜黄、崇仁，以断官军饷道，蔓延厚坪、水南、里塔墟、鱼梁、陈家、下白沙、丁坊、厚源、新兴堡（今均属里塔镇——编者注）一带，巢穴甚多。非速与剿除，则官军攻建，后顾堪虞，在在棘手。……"

曾经军旗飘扬

"打倒国民党政府""医治白军伤病兵""打倒屠杀工农的国民党""争取江西首先胜利""扩红"……墙壁上、横梁上、卧室里、过道中，甚至粮仓上都是红军标语。

在磁圭的街巷，那些遗留下来的老宅子上随处可见浸染了红色历史的标语和口号。只要适合书写的地方就有标语。字迹有大有小，有工整的，也有较潦草的；有用石灰写的，也有用墨汁写的。

现该村留存许多革命遗址，特别是有许多有红军标语的房子，是南城县红军标语保存数量最多的村，据专业人士不完全统计，达180余条，在现存八九十年的房屋上几乎都能见到红军标语。这些字迹或深或浅的标语是磁圭的一张红色名片，把人引入那战火纷飞的年代，眼前似乎出现猎猎飘扬的红旗，看到威武的红军战士走过，耳畔响起嘹亮的号角声。

时间进入20世纪30年代。在反"围剿"期间，英勇的工农红军曾驻扎于此。在现存的磁圭老宅里几乎都能找到当年的红军标语，然而当年磁圭是一个人口以千计的大古村，据村中老人回忆，仅罗氏祠堂就有六栋，还有胥、符等其他姓氏。由此可推知，当年红军有一支大部队驻扎于此。从当年的标语落款看，有"十二军""红三四宣""红进宣""红进卫四宣""红进甲机青宣"等，而大部分没有落款。标语内容丰富，有发动群众的，有鼓舞士气的，有批判国民党的，有鼓舞抗日的，有宣扬红军的……如："土地解除一切困苦，苏区青年工农参加红军！""青年工农起来为政权而斗争！""白军士兵是工农出身，不要来打红军。""拥护苏维埃政权，反对国民党出卖中国。""不能让中国变成殖民地国家。""彻底平分土地。""打倒不去抗日却来屠杀中国工农的国民党。""工农兵团结起来打倒卖国的国民党。""要打倒帝国主义首先要打倒国民党。""武装维护苏联。""中国共产党万岁。""扩大百万铁的红军。""工农暴动起来打土豪分田地。""苏维埃政府万岁。""粉碎敌人四次'围剿'。""实行土地革命。"据党史专家考证，红军先后两次驻扎于此，并开展革命活动。

1932年8月29日上午10时，红军总司令朱德与总政委毛泽东签发的《打击陈诚部队的训令》指出："我方面军应于八月三十日起，开始集中到适当位置，须于三天之内（九月一日）全部集中完毕。其集中计划如下：第一军团，经过路线一由新丰街、上游、子规、永兴桥、二都之线。二由里塔、永兴桥、二都之线前进集中。集中地为二都、杏坊一带。"这里的"子规"即"磁圭"。此次红军驻于磁圭，是为了巩固前期的战果。此时国民党军陈诚部向赣东地区开进，红军准备在宜黄县城附近消灭来犯之敌，于是在宜黄县城周边布军扎营。据史家考证，1932 年 8 月下旬，乐宜战役结束后，红一方面军进行休整，红三军团驻扎在磁圭，直到 10 月红一方面军发起建黎泰战役，才离开此地。此时，第一军团团长是林彪，第三军团团长是彭德怀。路线一与今天从新丰街到磁圭的路线相似，经新丰街过盱江，经路东、上游（即沈油，今天口头语还叫上游）、中云等地沿磁溪往西逆行而上，即可到达磁圭，磁圭与宜黄县的南源、棠阴交界，越过磁圭即可到达集中地点。路线二则在磁圭以南。磁圭经南源、棠阴即可到达宜黄县城。根据这份训令可知，乐宜战役前红三军团驻在宜黄县城。

　　第二次驻军则是在 1933 年。2 月 25 日，总指挥林彪、政治委员聂荣臻在官家寨签署了《江西南丰战役后第一军团作战计划》，对兵力进行了部署，其中第二条如是说："如敌分两路由南城、宜黄来口时，本军团及十一军、二十二军为右翼军，协同友军消灭由宜黄来犯之敌，其余战地为永新桥附近，如敌由宜黄出发经棠阴向永兴桥前进时，我二十二军则亦由里塔圩经下白沙、石坪、东坑到达子规（磁圭）附近待命，一军团则亦由现在地带内出发，经杨坊、坤坊、江口、百家坊到达（子规）磁圭、翁坊岭之线，十一军团除留一团兵士在新丰市之南岸尽力阻滞由南城沿马路来犯之敌外，其余均上扰外白徐原洒木岭北山到达南元之线待命。"这次驻军是为了消灭宜黄县黄陂一带的敌人，支援黄陂战役。时第一军团团长是林彪，第二十二军军长是罗炳辉。第二十二军是从里塔出发向西北走，到达磁圭；第一军团的行军方向也大致是从南往西北走，到达磁圭、翁坊岭。翁坊岭在磁圭西面，虽属宜黄县所辖，但距磁圭不过几里路程。而其余兵力则是在磁圭北面仅数里处，即外白、徐原、洒木岭、北山、南元。外白、徐原等在磁圭东北，其余兵力也是由新丰街经外白、徐原，再往前两千米可到庆隆寺，往西南行三千米可达磁圭，从庆隆寺后山经洒木岭，可到达北山、南元，此二地在磁圭西北附近，属宜黄辖地。磁圭村较大，四面皆山，山高林密，适合驻扎大部队。驻扎于此的部队是黄陂的外防线，对于黄陂大捷作出了贡献。三月，陈毅在宜黄、乐安道中，听到黄陂大捷之后，欣然赋诗《乐安宜黄道中闻捷》，其中云："工农儿子惯征战，四破铁围奇中奇。"这次红军可能在这里驻扎了较长一段时间，从一些红军标语的时间来看，6月红军还驻在磁圭。如有标语"打倒出卖华北的国民党"，5月25日中共中央发表《为反对国民党出卖华北平津告民众书》，该标语当属那个时间所写。

九十余年过去了，这些红军标语仍在无声地讲述着过往的烽火故事。今天磁圭村的老人还会时常念叨从父辈那儿听来的红军故事，面对这些标语，回忆起他们所见到的那些不复存在的老屋上的标语口号，有时他们还会带着你走进一两栋老屋去看看。村民说，村子后山上还有当年的战壕，虽然上面已长满树木，但长长的壕沟还能看得真切。

现存红军标语

村中古建筑保留了大量的红军标语，磁圭是南城县红军标语保存数量最多的村，据不完全统计，达180余条，现存的20世纪20年代的房屋上就有红军标语。现保存标语较为集中的建筑有7栋。这些红军标语均收录在罗建华、丁潮康主编的《红旗漫卷烽火路——见证历史的抚州红军标语》（江西教育出版社2017年版）一书中。

环山草堂红军标语：

打倒国民党政府！

打倒出卖华北的国民党！红军进三五宣

医治白军俘虏兵！红军三宣

辑瑞民居红军标语：

反对国民党对苏区的大杀大抢政策。打倒抽收苛捐杂税造成农村破产□□民政策。

打倒投降帝国主义的国民党！扩大一百万红军。反对白军拉伕。卫生（宣）

反对帝国主义瓜分中国！

红军是工人农民自己的武装！

反对帝国主义□□□！

勇敢坚决的青年来当红军！

□□□□慰问红军自动当红军替红军送消息！

帮助红军买粮食！

帮助红军运输！

帮助红军家属耕田！

努力耕种红军公田！

实行优待红军条例！

输送工人干部到红军中去！

实行政治委员条例！红军进特队（宣）

工人组织工会

实行八小时工作制加工资

拥护苏维埃

工人有病老板发给□□□

反对老板工头打骂工人

□□□加入工会

保护女工□□利益

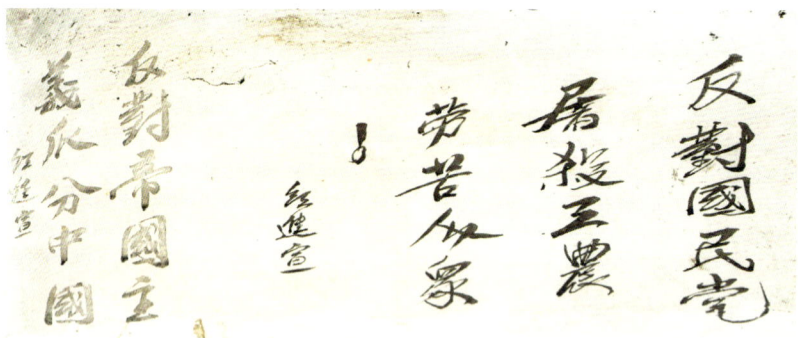

辑瑞民居红军标语

活捉蒋介石

农民起来打土豪分田地！红进宣

打倒屠杀工农国民匪党。进卫担四（宣）

打土豪分田地。进卫担四（宣）

欢迎资楼农民打土豪分田地。进卫担四（宣）

欢迎白军弟兄拖枪来当红军。进卫担四（宣）

反对国民党屠杀工农劳苦大众！红进宣

反对帝国主义瓜分中国！红进宣

消灭豪绅地主财物！红进宣

罗赵云民居红军标语：

打倒屠杀工农的国民党，争取江西首先胜利！红军

工农专政！

要想救国必须打倒卖国的国民党！红进甲机青（宣）

　白军士兵是工农出身，不要来打红军。消灭地主武装，实行土地革命。红进甲机青（宣）

罗赵云民居红军标语

反对帝国主义瓜分中国。为了政权而斗争！

土地解除一切□□□□，苏区青年工农□□□政权而斗争！青年工农起□□□□。

反对国民党抽丁拉伕。打倒不去抗日却来屠杀中国工农的国民党。工农兵团结起来打倒卖国的国民党。

白军士兵要求出路只有来当红军！反对国民党禁止士兵抗日。红军□□机进宣

青工与成工童工同酬，实行青工六小时童工四小时□□。

实行土地革命！红军、进甲机青（宣）

（彻）底平分土地　红军、进甲机青（宣）

杨新华民居红军标语：

欢迎白军弟兄拖枪来当红军。武装收回东北失地。打倒不准说抗日的国民党。反对帝国主义瓜分中国。打倒出卖华北的国民党！

红军士兵是工农出身。白军士兵拖枪过来当红军。土豪的谷子分给群众不要钱。国民党官长打骂士兵。欢迎白军士兵来当红军。青年扩大红军。粉碎敌人四次"围剿"。红三四宣

消灭地主阶级，反对富农剥削。欢迎白军士兵拖枪过来当红军。打倒国民政府。共产党是无产阶级的先锋队。国民党是军阀的军队。中国共产党万岁。

反对帝国主义瓜分中国。工农暴动起来打土豪分田地。武装拥护苏联。打倒国民党出卖中国。粉碎敌人四次"围剿"。打倒国民党政府。扩大百万铁的红军。实行土地革命。苏维埃政府万岁。红军宣

纪念"六二三"每个红色战士要和两个群众谈话。纪念"六二三"反对帝国主义进攻平津！纪念"六二三"消灭目前敌人夺取中心城市。

打倒屠杀工农的国民党。打倒国民党。

青年领导青年来（当）红军。打倒国民党勾结帝国主义进攻中国。打倒出卖华北的国民党。打倒出卖民族利益的国民党。反对帝国主义瓜分中国。红三四宣

欢迎白军士兵拖枪过来当红军。农民起来打土豪分田地。实行土地革命。红军是无产阶级的先锋队。共产党是无产阶级的政党。扩大一百万铁的红军。粉碎敌人四次"围剿"。勇敢青年工农自动来当红军。土豪的谷子不要钱分给群众。农民组

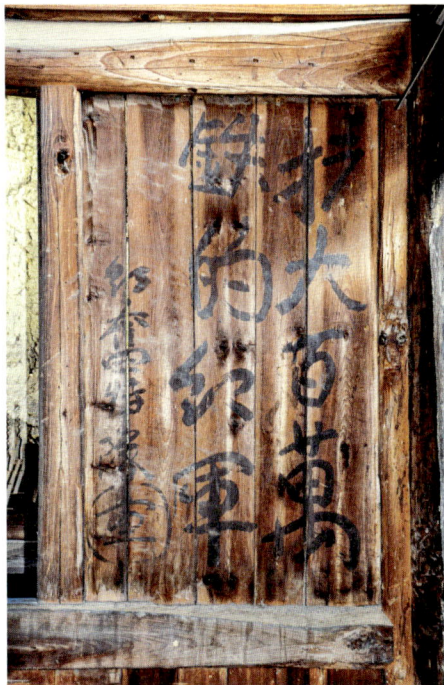

杨新华民居红军标语

织赤色农会。工人组织赤色工会。替红军送消息。帮助红军带路。

扩大百万铁的红军。红奋特队（宣）

反对国民党出卖华北。只有苏维埃才能救中国。国民党不消灭，中国将完全变成殖民地。打倒不准说抗日的国民党。

反对国民党出卖华北！反对国民党把士兵调来打苏维埃与红军！红奋特队（宣）

村南某民居红军标语：

医治白军伤病兵！红进七宣

反对国民党抽丁拉伕！红军

（二）传说故事

自讨苦吃

明朝年间，建昌的谢翰林与磁圭的罗圭峰是同科兄弟，他们在青年时代有这样一个故事。

一年冬天，谢叫佣人送信给罗，邀罗一同进京赴考。佣人拿着信火速赶到磁圭，问到了罗家地址，佣人进门大声叫道："罗玘在家吗？我家相公有信给他。"

罗圭峰接信后，随手回信一封，并叫那个佣人挑着一个大石磨连夜赶回家。佣人惊讶地说："老天爷，从建昌到磁圭往返足足有一百六十里，都是崇山峻岭，我怎么还能挑一个大石磨走路呢？"

罗圭峰板起脸说："这是你家相公说的。"

这个佣人听说是自家相公说的，以为真有用途，只得挑磨下山。他累得腰酸背疼，肩压肿了，脚磨出了血泡，回到谢家，坐在地上直叫苦。

谢翰林见佣人挑着一个石磨回来，也很奇怪，便问："你担这石磨归来何用？"

佣人反问："这难道不是你自己跟罗玘说的吗？"佣人把罗圭峰的回信给了主人。

谢翰林展开信一看："来人无礼，直呼罗玘；付之以磨，磨之以礼。"谢翰林看完信，不禁哈哈大笑道："谁叫你对人不礼貌，你这是自讨苦吃！"（罗六仿讲述　谢学渊记录）

——选自《中国民间故事全书·江西抚州·南城卷》，有改动

罗玘应对

罗玘是磁圭人，明朝进士。他赴京应试，一天路过一个村舍，只见夕阳西坠，时近黄昏。

正在投宿无门之际，忽见一位须发皆白的老翁，手扶藜杖安闲地走了过来。罗玘连忙上前，稽首问安道："请问老丈，此处有借宿的地方吗？"

老丈问明了情况，知他是前往京城应试的生员，便让他在自己府中借住一宿。老丈吩咐家人，收拾上等客房招待，又对罗玘说："素仰才名，今有一联，明日请属对。"说毕，老丈取出一张花笺，写上：寄寓客官，定守寒窗空寂寂。这十一个字尽是宝盖头的字。写毕，老丈交与罗玘。

老丈走后，罗玘将此联高声朗诵，一连读了好几遍，怎么也对不出来。

对面厢房就是三小姐的住房。时已深夜，红烛高烧。三小姐闻读此联，不觉启窗探视，见这位书生如此憨相，不禁嫣然一笑，旋即将窗户关闭了。罗玘得到启示，立即构思停当，并把它写到花笺上，对曰："闭门闽闻，闪闻闲阔问阁阑。"这十一个字都是门字框的字。罗玘写毕，吟咏数遍，心中万分高兴。

第二天，罗玘梳洗完毕，便将这张花笺面呈老丈。老丈看了，满心欢喜："让我修书一封，你带到京城，呈送礼部尚书，今科你定然能高中。"应试后，罗玘果然金榜题名，进士及第。

中试后，礼部尚书为媒，将老丈之三小姐与罗玘配为夫妇，罗玘自然感激不尽。

原来这位老丈，就是告老还乡的前任礼部侍郎，后升为户部尚书的吴太公。（罗埃仔讲述　傅学说记录）

　　　　——选自《中国民间故事全书·江西抚州·南城卷》，有改动参考书目：

李人镜《同治南城县志》，清同治十二年（1873）刻本；

夏良胜《正德建昌府志》，明正德十二年（1517）刻本；

邵子彝《同治建昌府志》，清同治十一年（1872）刻本；

刘坤一《光绪江西通志》，清光绪六年（1880）刻本；

罗玘《圭峰集》，清代钦定四库全书本；

徐霞客《徐霞客游记》，中华书局 2015 年版；

罗汝芳《罗汝芳集》，凤凰出版社 2007 年版；

《罗耕隐公宗谱》，磁圭罗氏后人所藏民国本；

《中国民间故事全书·江西抚州·南城卷》，知识产权出版社 2013 年版。

（罗建华摄影　罗伽禄执笔）

千秋窑火云市村

云市村是一个因瓷而兴的村庄，从唐宋开始，就是一个发达的瓷窑基地，迄今已有一千多年的历史。村以市名，云市村旧时还称为『窑上村』，自古拥有优质的制瓷原料，因而成就了『云市窑』的美名。村中有一条青石板老街，两边瓷器店铺林立，南北商贾多会于此，云市因烧窑成了热闹的圩镇，发达的商业与便利的交通促进了云市村的繁荣。九十九座瓷窑，一派兴旺景象，故有『先有云市窑，后有景德镇窑』之说，云市村因而成为瓷器之路上的千年古村。

一、古村概况

云市村坐落于南城县西南部，离县城有 15 千米，是一个千年古村，村委会驻地为云市组。该村东以尧村为界，南与中云毗邻，西接城上，北邻株良村。全村地域面积 1176 公顷，耕地面积约为 150.67 公顷，农业以种植水稻、蜜橘为主；拥有户籍人口 1510 人，共 398 户；经济来源以务工为主。

云市村鸟瞰图

中华人民共和国成立前云市村属四区株良乡，中华人民共和国成立初期属三区泷油乡，1956年属泷油乡，称金星高级社，1958年属株良公社泷油管理区，称云市大队，1968年并入金星（泷油）大队，1972年从泷油分出，仍称云市大队。1984年撤销人民公社制，称株良乡云市村民委员会。1994年株良乡撤乡设镇，称株良镇云市村民委员会，沿用至今。

云市村地处南城县南部丘陵中，北距县城15千米，西离株良镇5千米，依山而建，因窑而兴。村内地势西北略高，且离山近，南边较低。云市村皆有道路与外相通，东通路东，南达泷油、新丰，西抵高桥水库，北至南城县城。

云市村开基于唐代，迄今已有一千多年的历史。这是一个因窑而兴的村庄，因而有窑俚、云窑等名。在唐代，这里就有人建窑，生产瓷器。随着时代的发展，窑业越来越发达，在民间有"先有云市窑，后有景德镇窑"之说，印证着该村璀璨的瓷窑文化。2018年，云市村被列入第五批中国传统村落名录。

云市村位于南城至南丰、广昌的官道上，是南城古县手工加工业和商业发达的一座名村。据记载，云市从唐宋开始，就是一个发达的瓷窑基地，因烧窑成了热闹的圩镇，九十九座瓷窑，一派兴旺景象。旧时原料从骆家塘的泥坑挑到云市做成胚，再到泷油上釉，最后到云市烧制，至今仍流传着"泥坑的泥，云市的窑，泷油的釉"的说法。可见，这三个村落都是和窑息息相关的。村中有一条青石板老街，是通往南丰的大路，古时街两边都是瓷器店铺，南北商贾多会于此。旧时许多人还需从云市老街经中云、茅店、里塔去福建建宁做生意，因此村以市名。

云市村具有鲜明的文化代表性，反映了瓷窑兴村的聚落历史。云市村因窑而兴，自古拥有优质的制瓷原料，因而成就了"云市窑"的美名。云市村成为瓷器之路上的千年古村，促进了建昌文化的繁荣，传承了手工业村落的聚落形态。云市村的村落形态和文化，代表了宋代以来江西瓷器手工业文化的发展与村落生成演变之间的密切关联，其现存的陶瓷器物、瓷窑遗址等，是建昌文化不可或缺的实物支撑。

云市村的建筑格局总体特色为："云市窑火旺，商铺连村坊，神殿守村口，古街穿渠塘。"云市村因烧窑旧时被称为"窑上"，主要有傅氏、杨氏、邱氏、吴氏四大家族。云市村处于丘陵地带，村西为虎形山、猪头山，村北为吴家山、杨家山、乌龟山，点状式水塘环绕村庄。建筑由北向南、由西向东地势逐渐降低，呈"人"字形布局，布局紧凑，肌理清晰。

老街分上、中、下三段，巷道纵横其中，店铺连着宅邸、祠堂等，类型丰富，是云市主要的视觉轴线。

云市村格局特色具体表现为窑、街、村三位一体的多元功能结构。云市村因窑而兴、依官道兴起的老街穿村而过，村庄现仍以"市"为名。村中分布着商业街道、居住组团、古窑口，承载着手工业、商业、居住等多种功能空间。

云市村形成街渠相伴、村街合一的形态布局。村落以街渠为轴，以街沟通，以渠贯穿，组团分明，交通通达，生活便利，千年沿袭，至今具有借鉴价值。

云市村原邱氏祠堂旧址后有一棵巨大的古樟树，村中还有古井4处、古塘5处、古河道1处、古桥1处、古沟渠3处，利用圆形和方形水池形成的传统公共空间2处，整体格局完整。

因瓷而兴的老街

二、建筑与遗存

（一）古代建筑

云市村以老街为纽带，周围建造商铺、宅邸，集中紧凑，布局相对自由。旧时人们必须通过云市村的这条老街，或通往相邻南丰县，或经过中云、茅店、里塔等去福建建宁做生意。许多店铺如瓷器店、南杂店、布匹店、药店、豆腐店都建在这条老街上，呈现出一片繁荣的景象。

明清两代是云市村发展最快、最繁荣兴旺的时期，究其原因，发达的商业与便利的交通促进了云市村的繁荣。清代中期，云市商人日益发展壮大，在闽、鄂等地均有商店且生意兴隆、日进斗金。他们用赚回来的钱建造众多高大的砖瓦房，定下了今日云市村的格局和规模。现在村中保存较好的古宅，大都是清代所建。

这些商人财主衣锦还乡后，建祠堂、立庙宇、修住宅，为云市村带来空前的繁荣。杨氏民居、徐道师民居、邱氏民居等高大住宅以及庆云神殿和古戏台，几乎都是明清时期修建的，建造精良，在南城具有一定的代表性。

瓷业的发展，带动了村庄的兴旺，如今走在云市村，还能见到一栋栋旧时的深宅大院，尽管大多是清代建筑，但繁华依稀可见。

云市村的传统建筑主要以姓氏组团分布，祠堂穿插其中，主要姓氏为傅氏、杨氏、邱氏、吴氏。调研发现，杨氏、傅氏均有两个祠堂旧址，傅氏其中一个祠堂现改为村小组仓库，村委会建在邱氏祠堂旧址，祠堂建筑年代不可考。庙宇建筑主要是清代建造的庆云神殿。

庆云神殿　位于村委会东向 100 米处，坐东朝西，面向郁郁葱葱的虎形山，后靠后龙山。其正对面即为古色古香、飞檐翘角、雕梁画栋、色彩鲜艳的大戏台。神殿始建于宋代，重建于清乾隆四年（1739），分上、中、下三层。整个殿宇宽 26.7 米，长 25.3 米，占地面积 676 平方米。

庆云神殿

正殿宽 8.2 米，长 7.2 米，呈长方形。殿门雕有信徒求神拜佛图。门头挂匾，上书"变通书"，右边亦刻有一行小字："光绪元年冬月　报旦"。殿内矗立硕大的抱鼓形石柱，柱径达 40 厘米。正殿为抬梁式结构，梁上挂匾"慧光普照"，右边小字有明确纪年，为"光绪二年"。中间 7 座神像位于神龛上，其上挂匾"时措感宜"，右边小字有明确纪年，为"光绪元年"。同时，内部梁上还挂有一口古钟。正殿左为

庆云神殿八角亭

庆云神殿八角亭藻井

庆云神殿八角亭外景

庆云神殿正门

张王宫,后梁上挂匾"德溥乾坤",表明皇帝的恩德如乾坤一样广大。右边小字有明确纪年,为"光绪己亥年"。

正殿右为文昌宫,抬梁式结构,后梁上挂匾"般若慈航",右边小字有明确纪年,为"光绪二年"。正殿天井中心,建有一座八角亭,名魁星阁,鹅卵石铺地,亭顶为圆形葫芦,形似舍利塔,檐下雕刻"走马""书楼"图案。红漆栏杆围绕八角亭柱,八根红漆木柱穿枋上雕有麒麟狮象图案。侧边有扶梯可以到达二层阁楼,内部置神龛,木雕精美,彩绘考究。八角亭两侧为对称敞殿,置神龛、神像。

正殿两侧宫殿各保留两块石碑,上面记有相应的历史、碑序等内容。

杨氏民居 距今已有两百年左右的历史,先辈做过官。杨氏民居坐北朝南,大门为八字门楼,屋檐凸出,砖雕精美,红石成框,彩绘镶嵌其中,有

杨氏民居

梅花、菊花等样式，梁架采用月梁形式。门头置梅花、莲花两门簪，门头上书"绿绕青来"，楹联上书"长乐尧天，遐瞻舜日"。红石墙裙，红石窗雕刻精美，人物栩栩如生。整体格局为三进二天井，天井内铺砌条石。榫头和窗扇都雕刻精美的花纹，脊檩涂红漆，施以彩绘，神龛保存较为完好，雕刻生动。入口正对天井，马头墙与人字形山墙相结合，造型丰富。

徐道师民居　坐北朝南，整体格局为二进一天井，门头上书"毛主席万岁"。两侧高峻的马头墙，仰天昂起。贴面式五滴水门楼，砖雕精美，屋檐上的花瓶、人物等浮雕生动逼真，屋檐砖雕样式多变，墨绘保存完整，门头置两门簪，红石墙裙，红石窗雕刻精美。整个门楼高大雄伟，别具一格，表现出明代高

徐道师民居

超的建筑艺术。内部梁架结构保存完好，后厅已毁，穿斗式梁架。撑拱有鲤鱼跳跃式，形象逼真生动，寓意吉祥。挑手木卷草纹雕刻精美，木窗雕刻保存较为完好。

邱氏民居　坐北朝南，入口前有一个小池塘和一棵古樟树，沿小石板路上坡进入民居，环境宜人，风水较好。入口为跌落式门楼，屋檐下门楣上书"五峰毓秀"，置两个门簪。整体格局为三进二天井。梁托、凤头撑拱和倒鹿撑拱等雕刻精美，保存完好。木质窗扇样式多变，多呈螺旋纹，镶嵌花朵。内部梁架结构保存完好，厢房有部分已毁，穿斗式梁架。月梁上施以红漆，雕刻生动，保存完好。

邱氏民居

恩荣第

古建筑马头墙

（二）遗存遗迹

古瓷窑　云市村四周古窑遗址堆积物连绵不断，瓷片、匣钵、垫饼等烧窑遗弃物俯拾皆是。偶尔开渠过岭，挖至一人深，仍不见土，可见当年烧窑之盛。云市窑分布很广，东北至路东、宏富，西南至泷油、中云，方圆达三四千米，为江西省古代大窑场之一。

云市窑遗址的窑具和瓷片

相传在北宋年间，云市有九十九座瓷窑，两里多长的街圩，瓷器店占了一大半。由于朝代更易，战乱频繁，瓷业逐渐衰败，窑工也逃往他乡。

云市窑产品以影青瓷为主，它制作精细，色泽如玉，可同景德镇瓷媲美。由于多种原因，云市窑中途辍业，而景德镇窑坚持烧造，更有发展，因而名满天下。过去许多人把云市窑的产品列为景德镇瓷，谈及影青瓷，无不称颂景德镇，忽视了云市窑，有关云市窑的一些问题没有引起应有的关注。云市窑的文献资料缺乏，出土实物资料又少见报道，因此，对云市窑的生产年代、制瓷技艺和衰落原因等问题都不甚详明。近年来，随着国内外古陶瓷研究的深入发展，云市窑愈益引起重视。

陶瓷器是我国古代劳动人民的伟大创造，它与人类的生活有着密切的关联。至于云市窑的制瓷情况，因该窑衰败较早，历经沧桑，方志所载不多，偶有一鳞半爪的记述。根据文物部门多次挖掘所采集的大量标本来看，所产器物在形制上具有明显的时代性。从各具时代特征的器物看，云市窑最早的产品产自唐代，宋代产品较多，至南宋时制瓷技术更趋成熟，元代制作粗糙，并有少量的明代青花瓷出现。地表堆积物较丰富。所采集的标本年代主要为宋元时期。产品以青釉、青白釉、褐釉、黑釉瓷器为主。常见的器类有碗、盘、壶、魂瓶、炉、粉盒、砚滴、塑像等。装饰技法有刻划花、印花、堆塑等。窑具有垫饼、组合支圈等。由此可以推断，唐代为云市窑的初创时期，北宋为云市窑的发展时期，南宋为云市窑的繁荣时期，元代为云市窑的衰落时期，明代为云市窑的复兴时期。云市窑的产品以多样的釉色、丰富的装饰、优美的造型和独特的工艺，在我国陶瓷发展史上占有重要的地位。云市窑的工匠能有意识地配制釉料，掌握火候，利用釉面与瓷胎之间热胀冷缩的关系，烧成出色的开片瓷。其产品绝大多数为民间日用器皿，并且有自己独特的风格。它的艺术特色是质朴自然，具有浓郁的地域风格。工匠设计出纤细工整的图案纹样，隽永雅丽，饶有意趣，产品纹样组合主次分明、层次清晰、疏密有致，无不具有非常感人的艺术效果。由于它是一处民窑，能避免官窑必须遵循的呆板繁杂的程式约束，所以民间象征着幸福、吉祥的自然景物能出现在装饰图案里，提高了产品的亲民度。云市窑在装饰艺术上大胆革新，采用丰富多彩的装饰技法，这在瓷器烧造史上是划时代的创造。

尽管云市窑有过辉煌时期，但时至元代瓷业衰落也是客观事实。后期制瓷工艺守旧，不能应时之变，加上瓷土资源枯竭，是其衰落的主要原因。云市窑在特定的时期与环境中，终止了它的瓷业生命。关于云市窑制瓷

匣钵

黄褐釉印花方口瓶

黄褐釉印花福寿纹壶

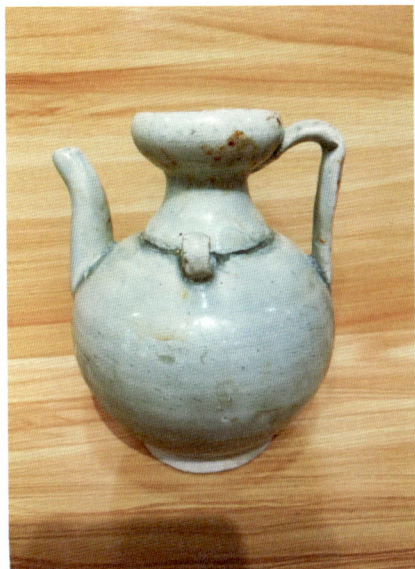

青白釉壶

青白釉刻花花口瓶

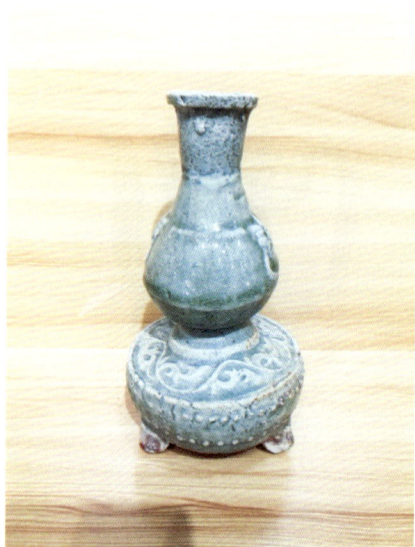

青白釉刻花葫芦瓶

青白釉弦纹长颈瓶

褐釉人像

云市窑碎瓷片夯土墙

业，无过多的历史记载，但当你走进云市村，就能看到瓷器碎片堆成的一个连着一个的小山包，这些瓷片在诉说着云市古村过去的兴衰。2017年12月10日至17日，故宫博物院中国古代窑址调查小组对江西省抚州市内白浒窑、里窑、小陂窑、塘尾窑、白舍窑和云市窑遗址进行了考察。该次调查涉及景德镇市、宜春市、萍乡市、吉安市和抚州市共33处古代窑址。调查所获得的资料对研究江西地区各个时期陶瓷器的生产面貌、同一时期不同地点的生产特点及技术水平有较为重要的参考价值，该次考察采集的标本也极大丰富了故宫博物院院藏江西地区的古代窑址标本。调查组呼吁有关部门对南城县云市窑、南丰县白舍窑适时采取计划性发掘和保护，以获得该窑更全面的发展概貌，同时也有利于充实地方博物馆的藏品，提升区域文化内涵。

故宫博物院专家考察云市窑窑址

三、著名人物

吴耀泉（1914—1992） 又名吴禾尚。1930 年，青年时期的他在赣南于都县银坑村参加陈毅领导的红二十二军独立团，先后参加过多次反"围剿"战斗，在火线上入党并担任连长一职。他在战斗期间认识了叶剑英、谭震林等多位中共高级将领。由于他有一定的文化知识，加上有勇有谋，被调到福建省保卫局工作。1935 年，在安远县龙口村附近与敌人的一次战斗中，他身负重伤，养好伤后与组织失去了联系。后来战争形势日趋恶化，他暗中在一家商号当伙计，打听党组织消息，但一直未果。

1936 年，银坑村驻扎了国民党别动队，叛变士兵告密，但国民党抓捕未遂。1938 年，他不得已逃回老家避难，却被伪保长抓去做壮丁。1939 年，他被送入国民党杜聿明的第五军新编二十二军当兵，在多次对日作战中立下战功，被授予青天白日勋章，后被提拔为国民党军中尉军官。

1941 年，他参加了第二批远征军，入缅甸参战，多次立功受奖，1943 年回国参加了沈阳保卫战。他在战场上被解放军俘虏，便自愿加入了中国人民解放军，实现了自己的夙愿。1951 年，他光荣退伍，返乡务农，1992 年病逝。他曾经是英勇的红军连长，也是奋勇抗击日寇的战士，还是顽强的解放军战士，最后成为一名平凡朴素的农民。

四、风俗、故事及其他

（一）风俗人情

庙会请神 每年的庙会（农历三月十二）都会举办抬神活动，在活动正式开始前，放鞭炮，敲锣鼓，众人举着龙旗沿着老街到庆云神殿请出各路神仙，祈祷平安祥和。第二天，在老街赶集，老街呈现出一派热闹景象，同时请抚州或者外地戏班来唱采茶戏。

　　滚龙灯　龙是中华民族的精神象征，每年春节期间或庙会期间，云市村都有滚龙灯的习俗。龙灯分龙头、龙尾和若干段龙身，用竹篾、火麻扎制成龙骨架，外面用五彩绸缎制成的龙衣连成一条长龙，龙身内点灯，全长约二十五米。舞龙时一般两条或四条对舞，有时是六条或更多。每条龙由十二人舞动。表演时，龙头前有一个舞龙珠的人引导，各条龙都随龙珠而舞动，犹如蛟龙出海，时而翻滚扭摆，时而凌空腾飞，技巧变化多端，气势磅礴，场面壮观。滚龙灯的习俗已传承了一百多年，滚龙灯是男女老少都乐于参与的活动，大家都希望讨个好运气、好兆头。随着时间的推移，滚龙灯的技巧、变化形式也开始多样化，如云海盘龙、龙脱皮、蛟龙出水、盘花等。

　　滚龙灯一开始，村里就热闹了起来，爆竹声、锣鼓声响成一片。龙头对着彩球张牙舞爪地起伏扑腾，时而腾起，时而俯冲。有时"龙"肚子几乎都贴到地面了，却又矫健地一跃而起，向上蹿去，不断上下翻滚，姿态万千。滚龙灯时，一个青年手里拿着一个彩球逗引巨龙，而龙在十几个年轻小伙子的舞动下，追逐着彩球，龙要咬到彩球的一刹那，彩球一下子掉转了方向，龙也来了个急转身，紧追着彩球，颇具观赏性。

（二）传说故事

"欢庆丰收、坛醮斋戒"的庆云神殿

　　《左传·成公十三年》曰"国之大事，在祀与戎"，意思是说祭祀和战争一样，都是国家的头等大事。人们聚集在一起，开展一些活动，如进献供品、演奏音乐、举行仪式等，庆云神殿就是欢庆丰收、祭祀神灵、万民祈福的地方。庆云神殿位于云市村村口，正殿的主要支柱是八根高大的石柱，石柱上穿插木梁，这种石木结构在周边地区很难见到。殿中有一座八角亭，八角亭分上下两层，上层是魁星阁，四周八仙塑像栩栩如生。

神殿的门口是一座戏台，奇怪的是戏台与神殿竟然相隔不过十米。据传，当神殿建造完工后，全村的人非常喜悦，在大殿前舂年糕、开斋饭庆祝，并请来戏班子唱大戏，但关于戏台的位置争论不休。村中一位德高望重的老者，指着神殿门口舂米的石臼说，选出一位大力士，将石臼搬到哪，戏台就建在哪。石臼重达千斤，村中的大力士只将它搬出不到十步远就倒在地，于是后来的戏台就和神殿连成了一体，并与神殿正门相距不过十米。

这里也发生过一件不愉快的事情，大殿里的一口古钟曾经被人盗窃过，弄得村里的人很懊恼，不管出了什么事情，都将原因归结到失去这口钟上。由于古钟太重，终究没被盗出村子，而是被投进了池塘。古钟被一个在池塘捞螺蛳的人发现了，村民们立即把古钟捞了起来，还举行了隆重的挂钟仪式。

庆云神殿是云市人祭祀的庙宇，也是来往商客求财祈福的地方，神殿中供奉了观世音菩萨，每年农历二月十九（观世音菩萨的圣诞日）、六月十九（观世音菩萨的成道日）、九月十九（观世音菩萨的出家日），这三日神殿都有大型的法会。

每年农历三月十二，村中家家户户放鞭炮、舞龙旗，来到庆云神殿，开启云市一年一度的大型庙会。第二天，即三月十三，从外地请来戏班唱采茶戏。周边的村民、各地的商客云聚于老街，云市呈现出热闹和繁华的景象。

古神殿与古戏台

相传在南宋中期，南城县株良镇云市村有古瓷窑九十九座，在窑师徐二与夫人太明珠的指点、经营下，大量优质瓷器远销海内外，生意十分兴隆。

发了财的徐二夫妇不仅修桥补路，还顺应乡亲们的呼声，在本村着手兴建庆云神殿与戏台，以此护佑百姓吉祥顺意，瓷窑生意兴隆。徐二花重金聘请江南最有名的风水大师徐锦元相地，并花120两黄金买下了章家嵊一块地皮，用来兴建庆云神殿与戏台。随后，徐二又出面聘请江南最为杰出的古建大师马良毛掌墨，绘制设计图纸。最后，他还举办比武擂台赛，由冠军担任庆云神殿与戏台的总监工。

农历三月十三是云市古庙会，在比武擂台赛上，能将500斤重的青麻石举过头顶，并抛出50步以外者为冠军，奖白银300两；抛出20步以外者为亚军，奖白银150两。擂台上放着一块500斤重的青麻石，200余名参赛者跃跃欲试，然而两个时辰过去了，200多人无一人能将青麻石举起，或抛出20步外。

快到正午时，众人正要散场回家，突然一声锣响，只见一人飞身跃上擂台，此人乃是本村武举人邱匹公。仔细打量，来人不到三十岁，身高八尺，虎背熊腰，古铜色的大脸上长满胡须，一身短打，一根红腰带格外显眼。这时的邱匹公正在向台下观众打躬作揖："在下不才，献丑了。"随后台下鸦雀无声，邱匹公屏息静气，运功发力，突然"嗨"了一声，叫声"起"，竟将500斤重的青麻石高高举过头顶，并绕擂台走了一圈，只听"砰"的一声响，500斤的青麻石竟被抛出60步开外……

3年后，庆云神殿与戏台竣工。庆云神殿规模宏伟，分上、中、下三层，塑有十八罗汉等佛像108尊，还建有拜相亭、魁星阁等，晨钟暮鼓，一应俱全。正对面30步远便是古色古香、飞檐翘角、雕梁画栋的大戏台。当时有歌谣唱道："泷油戏台云市殿，古垄荷塘孤老院。云市三师名气响，古窑瓷器天下传。"

古窑与金龙瓷牙床

相传在南宋中期，南城县株良镇云市村有一个穷后生，名叫徐二，刀笔皆通，人品极佳，全村与周边的百姓都喜欢他。有一天早上，他去离家不远的水井挑水，突然被一只大白虎叼走。但这只大白虎不是害人的猛兽，而是太白金星的独生女太明珠，她奉父命变成大白虎去人间招贤纳士。这对父女早就相中了徐二这位青年才俊，故有心栽培，传授烧窑仙技，普救贫苦众生。徐二被大白虎驮到天庭后，与太明珠一同习文学艺，并结为夫妻。三年师满后，两人便双双返回家乡云市村，由于仙技在身，他们所建的瓷窑、所制的瓷坯、所点的窑火与众不同，出窑的瓷器有碗、碟、罐、壶、鼎、瓶等，胎薄质美，件件都是精品，上面的图画有人物山水、飞禽走兽，形象逼真，栩栩如生，供不应求。几年后，徐二夫妇为了扩大生产，便广收门徒，传授仙技。云市村先后建有九十九座瓷窑，瓷器生意十分红火，名扬天下，成为江南一带最有名的瓷器交易集市。说来奇怪的是，那些瓷窑白天去数就是九十九座，但到晚上按窑顶上挂着的红灯笼数，便是一百座，其中有一座是神窑，数年来就是无法找到。

一天晚上，徐二夫妇与往常一样，将一座已熄火七日的窑门拆开一看，顿时大吃一惊，一窑烧好的瓷器不见了，在一堆灰烬中，露出了一张金光闪闪、镶嵌九条形态各异的彩龙的金龙瓷牙床，映得满窑熠熠生辉。徐二随即发出紧急信号，召集九十九座窑的窑主，前来秘密议事。众人惊奇万分，他们终于找到了传说中的神窑和金龙瓷牙床。随后大家又十分担忧，如何才能保住这稀世珍宝呢？大家商议后一致认为应赶快封闭窑门，用土掩埋瓷窑，封锁消息，并在旁边另建一座新窑作为掩护。可是，还是有人泄露了秘密。于是京城和地方官府以及各路歹人蜂拥而至，明面上是来购买瓷器，暗地里却企图盗宝。但这一切都是徒劳的，因为徐二夫妇有道法护宝，他们找来找去，就是找不到金龙瓷牙床的具体位置。为了保护这一镇村之宝，烧窑师傅和窑主背井离乡，逃到景德镇，故后来有"先有云市窑，后有景德镇窑"之说。从此，金龙瓷牙床这一稀世珍宝也就成了千古之谜。

医师罗华文

医师罗华文，绰号罗仙，年过半百，已是家族第六代名医。他不但继承了祖传的中医药业，还大胆创新疗法，医术超群，擅治疑难杂症，认为治病先治心。其医德十分高尚，悬壶济世、仗义疏财、不畏强暴、匡扶正义，热心为穷人治病，不知挽救了多少生命。他行医最大的特点是，凡穷苦百姓前来求医买药，只随意收一点成本费，为此深受广大百姓的爱戴和颂扬。

有一年，本村陈员外带夫人马氏来看病，罗仙按照传统中医的惯例，对马氏进行望闻问切等，确诊其已病入膏肓。陈员外跪地作揖，希望罗仙救救自己的夫人。罗仙沉思后提出三个条件：①马氏属危重病人，包医治，不包治愈，如有不测，不得追究医者责任。②必须向本村同兴堂（孤儿院、收容所）捐白银一百两以示虔诚。③马氏如实讲出身世及发病的原因和过程，好对症下药，治病先治好心，解开心结。陈员外立马答应，马氏讲完身世，得到罗仙的谅解同情。陈员外也当即表态，今后要重新做人，散尽家财，大行善事，将功补过。罗仙使出浑身解数，竭尽平生所学医道，潜心钻研，创新疗法，确诊马氏患的是肺痨，经过其悉心治疗，马氏终于痊愈。

同时，陈员外夫妻俩兑现承诺，建造陈氏祠堂，为同兴堂捐资，先后修建三座凉亭，即虎形山亭、窑背斜亭、官田半山亭，以及四座拱桥，即亦新桥、来新桥、田心桥、悟元桥。这些亭桥，极大地方便了本村与周边百姓的生产生活，也成为一道迷人的风景线。

武师邓发祥

邓发祥武功高强，有着一段传奇故事。

清朝末年，临川某个小山村，曾经出了一个名震江南的武术大师，名叫黄金达。他娶安徽凤阳女子谢氏为妻，其妻貌似天仙，武功非凡。黄金达的功夫是其岳父所传，加上岳父精心指点，其武功达到了"擒拿封闭，麻、昏、死"的最高境界。黄金达夫妇的女儿黄彩云继承了父母的衣钵，不但天生丽质，而且武功上乘，14岁便浪迹江湖，难逢敌手。那时黄金达门下有一个得意弟子，名叫邓发祥，是株良镇云市村人。他自小父母双亡，无依无靠，16岁那年经人引见，拜在黄金达门下为徒。当时黄金达见他斯文本分，人又长得高大，天资聪明，吃苦耐劳，是块习武的好料子，便收为弟子，悉心栽培，几年后邓发祥的武功便大有长进。

一日，师父将邓发祥叫到跟前，吩咐他速去凤阳县谢家村，即女儿的外婆家，将女儿黄彩云接回家中，说有要事相商。由于他与师妹从未谋面，师父修书一封，并让他带上信物。师父告诉他此信物是祖传金神标，此标原本是雌雄一对，雌金神标在女儿身上，女儿若见到这个雄金神标，一定会与他相认。师父还特意告诉他，若不幸与女儿交上手，打斗过程中，她杏眼一瞪，大叫一声"何方孽种，想占本姑娘的便宜吗？"并运用上乘的轻功登上高处，抬起左脚时，务必立即倒身下跪，并自报家门，方可保命。因为她左脚鞋内藏有本门绝命暗器，小飞刀疾出，百发百中。

邓发祥遵照师嘱，晓行夜宿，一个月后的一天傍晚，便来到了凤阳县城，当晚住在一家小客店内。他从店小二那里打听到一个消息，说第二天上午有一个江湖卖艺女子在县城东门外摆擂，以武会友。邓发祥出于职业习惯，加之年轻气盛，跃跃欲试。

第二天清早，邓发祥便匆匆赶到县城东门外，只见大草坪上早已围满了人群，一杆杏黄旗插在草坪中央，旗子上书"以武会友"四个大字，落款是凤阳武馆。一名少女正如师父描述的那样：杏眼，鹅蛋脸上嵌着两个深深的酒窝。只见她一身短打，上身穿水红短衫，外套一件九扣马甲，下着绿色灯笼裤，腰扎一条黄色腰带。比武开始后，几个小伙子先后与少女比试武功，只三五个回合便一一被打翻在地，灰溜溜地走了，随后响起阵阵热烈的掌声和喝彩声。

随着一声吼叫，只见邓发祥纵身跃到少女跟前，抱拳鞠躬，并行江湖大礼，自报家门，说明来意。那少女也慌忙回礼，但见邓发祥气宇非凡，双眼炯炯有神，长得人高马大，充满青春活力。少女顿生爱慕之心，于是俊脸绯红，甜甜地答道："只要大哥肯赏脸献艺，小女子定当领教，哪有不奉陪之理？"

这时的邓发祥已在闭息静气，默背本门临战心诀："逢敌不卑又不亢，前后左右仔细看。上打头下打阴，左右两肋并中心。远则手脚用，近则肩背肘。手是两扇护身门，全凭飞脚去伤人……"

两个人抱拳施礼后便对打起来，只见那少女先来个泰山压顶，先发制人，邓发祥挺身相迎，使出拨开乌云见青天拆了此招；少女黑虎掏心，邓发祥猫儿洗脸，使对方招式落空，又拆了此招；少女鸳鸯连环腿，邓发祥燕子穿林功……双方虚虚实实、拳来脚往，打得难解难分，数十个回合还是不分高低。这时群情激昂，喝彩阵阵。那少女不敢恋战，竟然使出本门绝招，邓发祥格外小心。他也使出了自己苦练多年独创的"恶、毒、狠、快、怪"等招，此招妙处在于不硬接招，以静制动，闪躲为主，用投石问路之法，专攻对手下三路，将对方撂倒在地，使其防不胜防。此招今朝一用果然奏效，邓发祥应付自如。再说那少女用了本门绝招还是不能占上风，且险些受挫，心中无心再战。只见她突然跳出二丈开外，并大叫一声："何方孬种，想占本姑娘的便宜吗？"随即运用上乘轻功跃上身旁的一堵高墙，欲抬起左脚，邓发祥早有防备，遵照师父嘱咐，立即跪倒在地，双手抱拳道："彩云妹妹，脚下留情。"那少女一愣，果然立即停下，并扶起邓发祥。说明来意后，邓发祥将信与雄金神标一并交给师妹……

那少女看完信与信物后，与邓发祥一同向观众抱拳作揖，解释刚才是一场误会，大水冲倒龙王庙——自家人不认自家人，真是不打不相识，比武遇知音。

话说师兄妹决定当天夜宿凤阳，第二天赶到谢家村外婆家。邓发祥要店小二订两间客房，师妹却认真地说只订一间，邓发祥说男女有别，师妹却笑着说无妨……邓发祥拗不过师妹，晚上只好与师妹同住一房，同睡一床。两人有说不完的话，熄灯后继续谈笑。但怪事发生了，邓发祥只能听到师妹的声音，除此之外，感受不到师妹的存在。第二天他悄悄地问师妹，师妹却笑道："你真傻，那是外婆教我的隐身法。"

一个月后，外婆高兴地应允了他俩的婚事，从此师兄妹恩恩爱爱，形影不离。师妹为了报答外婆的养育之恩，便留在外婆身边，一面赡养外婆，一面在凤阳开设武馆，将本门武学发扬光大。

一天，师妹含着眼泪向邓发祥讲述了自己悲惨的家事。那已是18年前的事情，那年她父亲在凤阳县开设镖局，生意十分好。有一次，在押送十万两黄金去北京城的途中，他们遇到了一伙江洋大盗的埋伏、袭击。百余名盗贼杀人不眨眼，且个个武功了得。经过浴血奋战，外公砍倒30余名盗贼后不幸身亡。舅舅、舅母舍命相救，先后点燃捆在自己身上的炸药，与匪首许折波等10多名杀红了眼的江洋大盗同归于尽，方才保全了她父亲和母亲的性命，十万两黄金最后也平安送达北京城，父母一时名声大振。父亲怕树大招风，从此关闭了镖局，带着母亲等人回到临川老家，开设武馆传艺授徒。

几年过去，外婆仙逝了，师妹从此了无牵挂，她与邓发祥变卖了外婆的家产，带着外婆的灵位牌，和儿子邓雅仁回到了阔别28载的故乡云市村。邓发祥重操旧业，大办武馆，广收门徒，传授武功，成为远近闻名的武师。

（三）传统技艺与美食

云市窑陶瓷制作技艺　主要以烧影青瓷为主，兼烧黑、青、褐色等颜色釉，釉面多为裂纹釉，俗称"开片"。器型以碗、盘、碟、杯、瓶、盒等民用器物为主。成型以拉坯、印坯、捏塑为主。

云市窑陶瓷制作技艺主要特征有：①以模印技艺最为精湛，其印坯产品器形与纹饰之丰富，在众多窑口中当居首位。印坯产品即俗称的"沙包胎"。②影青龙虎瓶为云市窑特有的产品，其产品高大威猛，贴塑精美的朱雀、玄武、青龙、白虎、十二方位神和鸡、犬、飞鸟、日、月等，是研究本地道教文化的重要素材。③制花工艺主要有刻花、划花、剔花、印花等。其产品绝大多数为民间日用器皿，并且有自己独特的风格。它的艺术特色是质朴自然，具有浓郁的地域风格。工匠设计出纤细工整的图案纹样，隽永雅丽，饶有意趣，产品纹样组合主次分明、层次清晰、疏密有致，具有惊人的艺术效果。由于它是一处民窑，能避免官窑必须遵循的呆板繁杂的程式约束，所以民间象征幸福、吉祥的自然景物能出现在装饰图案里，提高了产品的亲民度。

云市窑陶瓷制作技艺主要工艺流程包括：

1. 泥料配制

（1）骆家塘附近盛产瓷石，多为露天矿床，工人顺着露头挖掘运至山下。

沿溪设水碓，将瓷石敲成鸡蛋大小的块状，放入水碓坑中日夜舂成泥。水淘去其粗渣，淘得的细泥沉淀浓缩。

（2）泷油附近产一种粉状含沙白土，用水淘洗制成泥浆。两种泥以 7:3 或 8:2 比例混合，滤水浓缩后即成瓷泥。

2. 釉料配制

炼灰：取块状生石灰自然放置，潮化成粉，将石灰粉混合两倍体积的谷壳堆叠于地煨烧。如此反复煨烧两三次，炼成之釉灰以入口无涩味即成。

3. 制模

（1）碗、盘等圆器手工拉坯难免大小曲线不一，需用阳模定型。所用模具以瓷土旋削而成，再刻画花纹，入窑素烧即成坚固耐用的模具。

云市窑陶瓷制作技艺传承人工作场景

（2）瓶类模具先以细泥分段合制一个瓶子原模，原模上雕刻花纹，然后原模各段分别用软泥包裹按实，稍后取出原模即成阴模，阴干之后入窑素烧即成。

模具素烧温度大约为 1000℃左右，这样做成的模具既坚固又吸水性强，方便做坯时坯体脱模。

云市窑陶瓷产品制作精细，色泽如玉，可同景德镇瓷媲美。它釉色多样，装饰丰富，造型优美，工艺独特，在制瓷艺术上大胆革新，是瓷器烧造史上划时代的创造，在我国陶瓷发展史上占有重要的地位。

2019 年 9 月，云市窑陶瓷制作技艺被列入抚州市第五批非物质文化遗产名录。

云市窑陶瓷产品

酒缸

　　邓谨波为云市窑陶瓷制作技艺传承人，1976年出生，江西省南城县人。他自幼喜爱陶瓷艺术，高中毕业后随父学习云市窑陶瓷制作技艺，对此十分精通。2019年，第十五届中国（深圳）国际文化产业博览交易会上，他创作的陶瓷作品"麻姑献寿"荣获"中国工艺美术文化创意奖"。2020年12月，邓谨波成为抚州市第四批非物质文化遗产代表性传承人。

　　红薯美食制作技艺　云市村许多百姓都有一手做红薯美食的传统技艺。红薯粉丝属于江西老字号特色食品，云市村百姓制作红薯粉丝有以下步骤：

　　（1）制作红薯粉芡——用红薯粉淀粉量一半的热水将淀粉调成稀糊状，然后用沸水向调好的淀粉稀糊猛冲，迅速搅拌，约10分钟后，粉糊即呈透明状，成为粉芡。

　　（2）制作红薯粉条——漏勺距沸水水面的距离可根据粉所需要的细度而定，一般约55厘米至65厘米。选择合适的距离，粉条落到锅中待要浮起时，用竿挑起放入冷水缸中冷却，冷却后绕成捆再入酸浆中浸泡三四分钟，捞起用清水漂洗。酸浆浸泡可增加粉条的光滑度。

（3）晾晒红薯粉条——清洗后的粉条须在晒场挂绳晾晒，晾晒时要随晒随抖开，力求干燥均匀。制作红薯粉条一般在秋冬季节。

打麻糍

同时，红薯粉肉丸也是当地美食，将猪肉切碎成泥，加入红薯粉，揉成团状，或蒸熟或放入开水中慢煮，与排骨、土鸡或香菇熬成汤，口感清新而细腻，象征团圆。这道特色美食，从明清时期一直流传至今，深受村民喜爱。

麦芽糖制作技艺　云市村麦芽糖制作技艺传承已久，是大米、大麦、粟等粮食经发酵制成的糖类食品。其甜度不高，约为蔗糖的三分之一，甜味清爽，不似蔗糖般腻人，常作为零食或与鸡蛋蒸煮后食用。

水酒酿制技艺　云市村有传承良好的水酒制作工艺。水酒，又称糯米酒、甜酒、酒酿、醪糟，主要原料是糯米，酿制工艺简单，口味香甜醇美，乙醇含量极少，具有舒筋活血之功效，是节日期间村民饭桌上的常用饮品。在菜肴的制作上，水酒还常被用作重要的调味料。

打麻糍　云市村传统习俗，每到农历年底，村内都有打麻糍、吃麻糍的习惯。每家每户都会把糯米蒸熟，打成麻糍，并作为新年走亲串户的传统礼物。其制作流程主要有：掺米、蒸米、打糕、成型。

鱼脯、鱼丝制作技艺　云市村有着许多特色食品，如鱼脯、鱼丝等，这些食物都是村民们长久以来的智慧结晶，从明清时期一直流传至今，深受村民喜爱。鱼脯是将鱼肉切碎揉成团，加上鸡蛋、淀粉等调料，放入锅中油炸，待其变成金黄色便盛出食用，口感酥脆，逢年过节用来宴请宾客，象征团圆。鱼丝是取鱼肉剁碎成泥，加入少许调料，加上红薯粉和面粉揉成团，压成饼状后放入开水中煮熟，然后拿出来切成丝，再放入水中慢煮数分钟即可捞出食用，亦可爆炒后食用，口感清新而细腻。

参考书目：

江西省政协《文史资料》，2016 年版；

李任华、金会林《古韵南城》，中国致公出版社 2018 年版。

（金会林执笔）

十记十号上唐村

上唐古村，以池塘而得名，以古建而得貌，以商闻名，是交界于南城、南丰、黎川三县，纵贯千年的上唐古镇核心区域。『十记十号』闻名遐迩，见证了巨贾富商的财富传奇；十大姓氏名人辈出，开启了千年古村的不朽传奇。丰富多彩的民俗文化流传至今，历经沧桑的红色印迹历历在目，让上唐古村历久弥新，展现出新时代的夺目光彩。

一、古村概况

上唐村位于南城县上唐镇西部，距镇人民政府 0.8 千米，村委会驻地为上唐组。《刘氏宗谱》载：刘氏由田东刘源迁此建村，当时此地为芦茅窠，有一小池，在池边建屋成村民委员会，名上池。后池塘逐渐扩大，称上塘。因池塘为刘姓所有，故曾称刘家塘。后衍为十姓（刘、李、何、杨、鄢、崔、雷、温、廖、揭），复称上塘，现称上唐。中华人民共和国成立前上唐村属三区上唐镇，中华人民共和国成立初期属四区上唐镇，1956 年属上唐高级社，1958 年属上唐人民公社上唐管理区上唐大队，1966 年属上游人民公社上游大队，1972 年属上唐人民公社上唐大队。1984 年撤销人民公社制，称上唐乡上唐村民委员会，上唐村为其所辖。1985 年上唐乡撤乡设镇，称上唐镇上唐村民委员会，上唐村为其所辖。彭武水（上唐河）贯穿全村。村北面建有福银高速上唐出口，交通便利。每晨当墟，有定期庙会。镇中心小学、镇卫生院、镇派出所驻在该村民委员会，其为上唐镇的集镇中心。开基祖从田东刘源迁至此处建屋居住。唐后期，上唐汇集了刘、李、何、杨、鄢、崔、雷、温、廖、揭等十姓，其中李氏最为兴旺。根据《李嘉献公支谱》记载，上唐李氏家族始祖为唐代尚书威公，乃皇族后裔，由宜黄大富冈迁南城麻畲里（今属株良镇长安村）。后

上唐村全景

威公八代孙继一公迁往上唐。2018 年,上唐村被列入第五批中国传统村落名录。

上唐村属典型丘陵地貌,辖黄家坪、刘家塘、上唐、圩背山、杨家坪等自然村,面积为 7.55 平方千米,户籍人口 2540 人。农业以种植水稻、蜜橘为主,经济来源以务工和务农为主。

上唐村沿活水呈带状布局,由西至东分为三片,分别为老居民区、古商业街片区、新居民区,两个居民区之间通过商业街相互联系,整体呈现出“活水串三片,一街连两庄”的村落布局。上唐村建村已有 1000 多年历史,最早为刘氏开基。据《刘氏族谱》记载,上唐最早为芦茅窠,周围山势如“五马归槽”。上唐村古建筑群以刘家塘为中心,环塘而建,随后逐渐向北发展,以同姓家族宅院为组团,围绕以刘家塘为中心的四口古塘建屋,并逐步向外围扩展。清朝时期,随着李氏商宅“十记十号”的建设和围绕它增建的房舍越来越多,

上唐古建筑群逐步形成纵横交错的街巷，成为南城独具特色的村落格局。

其特色主要体现为以下几个方面：一是伴塘而居的自然格局。村落东靠群山，西面盱江，山与水将古村环抱其中。十余口古塘零星散落于村中，具有防火功能，成为一个个理想的消防池。二是高墙窄巷的防御格局。由于上唐的房屋主人多为经商的大户，最怕的便是自己的财产被外人觊觎，所以建筑用高墙围合，宅与宅之间形成无数蜿蜒幽深的巷道，外人进入很容易迷路。古人云，财不露富，村中宅院一般在侧面开一个不起眼的小门，由此进入内院方可见到高大精美的门头，以及琉璃花窗等。三是因商而兴的财富格局。明清时期，随着江右商帮文化的发展，上唐成为商贾去往广东、福建等地的必经之道和区域内重要的货物集散地，逐渐发展繁荣。村中李氏靠着商贸聚集财富，大兴土木，建成许多体量庞大、装饰精美的建筑。村中著名的"十

上唐古塘

记十号"便是典型的高门大户的商宅代表。

上唐村名也有由来。上唐最初建设时，就只是刘家塘附近这一小块地盘，大多是刘姓人，可上唐为什么没有叫成刘家塘呢？这里面，还有一个故事呢。

说是刘氏来得最早，在芦茅窠落脚，也就是现在的刘家塘上面一带。后来李氏也来了，就在刘家塘下面一带开基。古代这里叫上池，因为有两口塘，后来又分别叫上塘、下塘。刘家开基，自然就把这里叫成刘家塘，据说还办了"塘契"。

后来，刘家的女儿嫁到了李家，刘母不识字，居然莫名其妙地把"塘契"包上干腌菜送给女儿，这样一来，李家就有了"塘契"，硬说这口塘是李家的。事情闹大了，请官府裁决。刘、李二姓各持己见，一说是刘家塘，一说是李家塘，官府采取折中办法，叫他们都不要

巷道

木窗雕花

门头

古井

　　争执了，就叫上塘。当时官府拿出一双烧红的铁鞋，说他们谁敢穿进去，池塘就是谁家的。李家叫来一个傻子，这人居然穿了进去，人是死是活就没下文了，池塘也就判给了李家，当然也没叫李家塘，还是叫了上塘。

　　上塘后来怎么变成了上唐？大家推测，可能是地名讹写了。虽然地名普查时规定上唐是标准地名，但是现在上塘与上唐还在混用。"上唐"多用于官方文件，"上塘"多用于民间往来。

　　刘家塘一带古建筑多，高大典雅，是赣东地区的古建筑精品。特别是清代以后，这些古建筑逐步扩展，形成了气势不凡的古建筑群，虽然在不同的历史阶段受到不同程度的破坏，但至今仍保留了大大小小100多处古建筑。

这些古建筑基本按照同一结构和风格，有的独立门户，有的相通相连，蔚为大观。

在刘家塘附近，有幢老宅子靠西边的一面墙上，弹坑密布。当地人说，那是 20 世纪三四十年代，日军飞机轰炸上唐时，航空炸弹的弹片留下的痕迹。土地革命时期，上唐也是红军活动的重要地方。1933 年 6 月，红一方面军占领新丰街镇后，红军到上唐刘家塘一带发动群众支援红军、参加红军。他们在这里的活动虽无更多的史料记载，但今天仍保留在那些建筑物上的红军标语就是见证，至今还在向人们讲述那战争年代的熊熊烽火。

二、建筑与遗存

上唐是一个因商而繁荣的古圩。古代村落以刘家塘为中心环塘而建，不断地向外围扩展。宅名多为商号，著名的有"十记十号"。清末民初，围绕"十记十号"增建的房舍形成错综复杂的街巷，成为上唐特有的圩镇格局。较大的民宅一般有三进、四进或五进，砖墙，整石门头镶嵌各式各样的砖雕、石雕，富丽堂皇。古时人们出于"风水"考虑，几乎所有的屋宅大门都不直接对外，除有"照壁"外，还增建"勒马"门头，显得宅高院深，形成了特有的赣东古建筑风格。

上唐民宅当以李家"十记十号"最为有名，十记有祥记、和记、瑞记、义记、景记、观记、詹记、九记、垂记、建记。现保存得一般的有义记、景记、垂记三栋。建设最好的是祥记，至于垂记，五十年前就名存实亡了。十号中现保存下来的只有五号了，为长春号、佑发号、济发号、广丰号和元发号。佑发号最大，为并列的两栋，保存较完整的一栋有厅堂五进。此外，还有继一公祠、德民公祠、蔡氏享祠、大夫第、吴家厅、儒林郎宅、石灰仓、金源第、春官第、养性山庄、黄氏古宅、栈房厅、夹弄古宅、青云古宅、燕子古宅等传统建筑，共计 40 余栋。

祥记 建设最好，规模也最大。总门用琉璃瓦镶嵌，进去便是大门，大门是用广西运来的石料雕刻而成。大门横额为"李梧冈祠"，有石刻门联一副，上联是"启后有基，仓庾书楼环左右"，下联是"承先不远，龙门鹿洞溯芳徽"。大门进去是四根大石柱支撑的接官亭，两边是花厅，镶嵌名人字画。大门对面的墙是用四幅青砖雕组成。大门左边是李氏书楼，书楼名叫"棣华书屋"，藏书数万册。清朝大臣曾国藩到上唐，曾到过祥记棣华书屋。《曾国藩日记》载："清咸丰八年（1858）十二月初四日，早饭毕，至南城东乡上唐圩地李家，观所藏书籍。李氏兄弟四人。长名甲芸，号翰苓。三甲英，号佩香。次已死，四外出（注：四已死，次外出，家谱载）。其父白手起家，富甲通邑，甲芸买

室内雕刻

天井

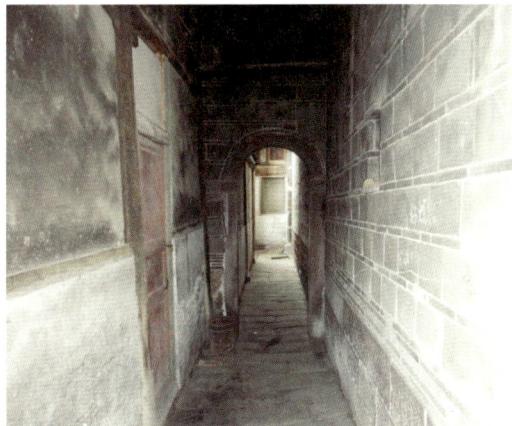
室内横巷

书数万卷，乱后不毁于贼，亦可喜也！登其楼，观所藏书，吾邑尚无此巨室耳。"当晚曾国藩住在李家，第二天一早他继续浏览李家藏书，对棣华书屋赞不绝口，并书写两副对联送给李氏兄弟。

李氏大宅和李氏书楼的主人叫李祥辉，在广东做茶叶生意，发达后建造了这栋上唐最富丽堂皇的祥记屋宅。在抗日战争时期，闻名全省的江西心远中学由南昌迁移到上唐，校本部的办公室、图书馆就设在古雅宽敞的祥记大屋内。身兼国民党中央监察委员的熊育锡校长就住在祥记。心远中学有高中、初中二十几个班，许多著名的学者、教师都来心远中学任教。心远中学在上唐办了 6 年，培养了一大批人才。

可惜的是，祥记盛况现在已不可见了。

上和记　　总占地面积 400 平方米。为清代李氏家族所建，"十记十号"之和记的北部。因和记中部年久失修而坍塌，被分为两部分，村民分别称作上和记与下和记。建筑为二进院，房前有前院，门头有彩画，书香气息浓厚。内堂保存着完整的木雕和石雕，以及精美的窗扇花纹。

下和记　　总占地面积 1200 平方米。为清代李氏家族所建，"十记十号"之和记的南部。建筑为三进院，房前有前院，外门从侧面开门，面对巷道处刻有"泰山石敢当"字样。内堂保存着完整的木雕屋架和石雕柱础，以及精美的窗扇花纹。

建记　　总占地面积 2000 平方米。为清代李氏家族所建，"十记十号"之一。建筑现存四座联排屋，主屋为三进院，房前有前院，外门从侧面开门。内堂保存着完整的木雕屋架和石雕柱础，以及精美的窗扇花纹。侧面有排屋、花园、厨房及菜园。现被私人购买，重新修缮。

景记　　原为"十记十号"中最大的建筑，但大半已被大火烧毁，现存 700余平方米的"问桃别墅"，原为侧房夫人居所。现被私人收购，曾改为特色饭馆。门楣题刻"问桃别墅"，传为李氏旧宅。唐朝刘禹锡《再游玄都观》一诗曰："种桃道士今何处，前度刘郎今又来。"

九记古井厅 为280平方米二进院，与上厅共用一个前院，门头高大华美。内部部分坍塌，目前闲置。

九记上厅 为310平方米三进院，为九记主屋，有一个较大前院，门头高大华美。院门侧开，低调通向一条绿竹环绕的优美小径。内堂保存着完整的木雕屋架和石雕柱础，以及精美的窗扇花纹。

九记上厅

观记 总占地面积2300平方米。为清代李氏家族所建，"十记十号"之一，为上唐现存最大单体古建筑。建筑有四座联排屋，两座形制完全一样的主屋并列，两翼各一侧屋。内堂保存着完整的木雕屋架和石雕柱础，以及精美的窗扇花纹。

　　义记　总占地面积 1800 平方米。为清代李氏家族所建，"十记十号"之一。正屋为三进院，正立面外窗为琉璃窗，内堂保存着完整的木雕屋架和石雕柱础，以及精美的窗扇花纹，由厢廊通向侧面会客的偏厅。

　　垂记　总占地面积 500 平方米。为清代李氏家族所建，"十记十号"之一。正屋为二进院，沿街的一面外墙上有诸多雕刻着精美的凤凰蝙蝠等图案的窗扇，内堂保存着完整的木雕屋架和石雕柱础，以及精美的窗扇花纹。

　　瑞记　总占地面积 930 平方米。为清代李氏家族所建，"十记十号"之一。正屋为三进院，坐北朝南，内堂保存着完整的木雕屋架和石雕柱础，以及精美的窗扇花纹。

　　济发号　总占地面积 550 平方米。为清代李氏家族所建，"十记十号"之一。正屋为三进院，坐北朝南，内堂保存着完整的木雕屋架和石雕柱础，以及精

义记　　　　　　　　　　　　　　　　　瑞记

美的窗扇花纹。门头石雕清晰刻有"琴棋书画""鲤鱼跃龙门""仙鹤莲花""富贵牡丹"等吉祥图案。相传，济发号主人远下南洋，经营建昌药业发家，赚得大量钱财，回乡置田建宅。济发号砖雕、木雕、石雕的精美程度在上唐村数一数二，可见当时主人的财力雄厚、审美高雅。

元发号　总占地面积650平方米。为清代李氏家族所建，"十记十号"之一。正屋为三进院，坐北朝南，内堂保存着完整的木雕屋架和石雕柱础，以及精美的窗扇花纹。

佑发号　总占地面积650平方米。为清代李氏家族所建，"十记十号"之一。原为独特的五进院，逐级抬升，坐北朝南。屋内雕刻精美，遍布彩画。2016年底前面三进院不幸被大火烧毁，留下华丽的外院门头和最后二进院。

老长春号　总占地面积590平方米。为清代李氏家族所建，"十记十号"之一。正屋为二进院，坐北朝南，内堂保存着完整的木雕屋架和石雕柱础，以及精美的窗扇花纹。前院内设假山、花圃和金鱼池等，侧面向街巷开有商铺样式的木板门。它原本是上唐数一数二的大宅，据传因为兄弟不和而分家，于是有了现在的老长春号与长春号。

长春号　总占地面积700平方米。为清代李氏家族所建，"十记十号"之一。正屋为三进院，坐北朝南，内堂保存着完整的木雕屋架和石雕柱础，以及精美的窗扇花纹。

继一公祠　总占地面积750平方米，是上唐最大的祠堂，始建于宋代，清代重修，有1000多年历史，为祭祀上唐李氏开基祖继一公所建。保存在祠堂内的《李氏嘉献公支谱》详细记载了宋代建造继一公祠的地基及效果图。其形制为上唐典型的祠堂建筑，规整的长方形三进院，一二进之间屋顶设有藻井，第二进地基较第一进有半米抬升，最后一进因年久失修坍塌。

解放战争时期其曾作为战略指挥部，门头被改，现作为村委老年活动中心，外立面已被改造。作为老年活动中心，平时村民都会在此休闲娱乐。上唐特

继一公祠

色节日"水粉节",戏曲、祈福等表演也会在此举行。

德民公祠 总占地面积 600 平方米,为纪念上唐李氏家族第八代祖先德明公而建。德明公仕途顺遂,官至抚州巡抚,造福一方百姓,后又回乡建宅、建书楼。后人为纪念德明公建了德民公祠。其为三开间三进院,设有大小两个藻井,是典型的上唐式宗祠布局。建筑通体刷红色漆,门口两面墙上写有"古为今用、百花齐放、百家争鸣、推陈出新"四行大字。解放战争时期其曾作为共产党办事处。内部格局略有改动,侧屋内墙上刻有大量红色标语和五角星。

蔡氏享祠 总占地面积 400 平方米。始建于明代,为侍奉上唐蔡氏先祖所建。其为三进院,门头保存完好,堂内侧壁设有神龛,墙上刻有铭文,中间一进屋顶设有藻井。上唐蔡氏由福建建阳迁入此地,保存在祠堂内的《蔡氏九儒书》记录的是建阳蔡氏九儒,包括南宋蔡元定一门四代九人。《上唐蔡氏宗谱》也记载了蔡氏享祠的地基平面及立面效果图。

大夫第 总占地面积 1700 平方米，为上唐李氏子孙所建。主人南下去闽粤一带经商，发家后回乡捐官，建造大夫第。一说此宅本是书香门第蔡家的宅院，后被做生意发了大财的李家买下，成为李家宅院，现在里面住的都还是李家的后人。大夫第在当地久负盛名，是当地相对完整、保存最好的一座古宅。通过其建筑形制和一些细节特点，基本可以确认它是清代的建筑，但具体建造时间已无从考证。建筑设有内外两处门头，入口有前院。正屋为四进，两边有侧屋，有较大花园。

大夫第各类雕刻随处可见。其内梁柱上雕满了各种戏文，门窗上有精美的图案，梁椽处处有浮雕，形态各异，栩栩如生。在其正厅对面，有一个巨大的用木板雕刻的"福"字。而其前院东侧走廊上方，有一组生动形象的"麒麟莲子"木雕。古宅内的砖雕作品，内容以故事类题材居多，描绘了众多历史典故和传说故事，如"草船借箭""空城计"等。在特殊的年代，为了保护这些砖雕作品，居住在古宅里的村民用石灰、黄泥将其覆盖。如今，去除这些覆盖物后，精美的绘画雕刻得以重见天日。

在古宅所有的雕刻作品中，有一幅精美的"八仙过海"显得格外瞩目。这幅作品镶嵌在大夫第的第二道门楼上。站在门楼下抬头看，八块方砖上刻着八位神仙，每位神仙的神态都细腻传神。八仙各持不同法器，姿态各异，活灵活现。历史上关于八仙的艺术作品比比皆是，但鲜有关于八仙的砖雕石刻，大夫第的这幅八仙砖雕可谓我省遗存下来的古建砖雕中难得一见的精品。

"大夫第"是对古代官吏宅邸的一种通称，多指中下级文职官员的私宅。如同"进士第"一样，它是一种身份的象征、地位的标榜。此大夫第至少有350 年的历史，其整体建筑风格古朴庄重。建筑内挂满了楹联匾额，雕梁画栋，独具匠心的设计显示出当年屋主的富贵和高雅品位。

精美的建筑细节之外，更有匠心独运的设计。古宅正门前有一面巨大的

　　青砖照壁,高约 4 米,上有青砖覆瓦,古朴典雅。照壁之后便是大门,抬头仰视,高大突出的"八"字形门头凸显宅高。据了解,这种门头在这座古村落中十分常见,看到这种门头就知道来到了这一带,给人一种较为鲜明的地域印象。

　　当地的民居建筑大多都设有这样的"八"字形门头,并且多将其设计成内凹的形状。这是因为南方多雨,这种造型的门头便于盖瓦,以起到挡雨作用。此外,古宅门楣上的招牌也保存得较为完好,虽然历经数百年沧桑,但依稀

大夫第

还能辨认字迹。

　　大夫第的大门不仅设计独到，用料也十分讲究，所用的石料大多是从广西运过来的。其门框、门楣、门槛、墙裙使用的是当地特有的一种红砂石，这种石料中因为含有丰富的氧化物，所以呈现红色。

　　穿过大门进入大夫第可以看到，这座三进厅的大屋给人庭院深深的感觉，内设20余个房间。几乎所有屋室的正厅都不直接对外，而是从旁边开门。据说这样的设计既有风水学方面的讲究，又有实用性的考虑。古宅的院门一般不正开，而是稍微侧一点，一是为了保护隐私，使外面的人不能一眼就看见屋内，二是出于风水学中"挡煞"的考虑。如果要正着开，就要在门前增设一面照壁。

　　大夫第的一些天井上设有排水孔，这些排水孔连通着青砖砌成的下水道，一直通向村中的水塘。即使在多雨的季节，宅院也能避免内涝的风险。此外，古宅周围还分布着不少古井，它们也有和池塘一样的功能，既方便了屋主取水，又有消防、聚财的作用。

　　吴家厅　总占地面积200平方米。始建于清代，坐北朝南。内堂保存着完整的木雕屋架和石雕柱础，以及精美的窗扇花纹。屋内各处装饰花纹文雅别致，显露了主人的品位。后作为上唐公社办公处，前院入口有公社公告栏，门头右边墙面书有毛泽东语录。

　　石灰仓　总占地面积350平方米。始建于清代，正屋为二进院，坐北朝南。拱形门洞上有红石匾额，写有"石灰仓"字样，内是一个狭小夹院，内堂保存着完整的木雕屋架和石雕柱础，以及精美的窗扇花纹。因上唐周边有大量石灰矿，清代上唐一些人家也做石灰生意，石灰仓就是旧时堆放石灰的地方。据说，石灰仓边有一口古井，看起来其貌不扬，但井口下面十分宽阔，呈倒漏斗状，到达水面处有一间房大小，十分稀奇。

　　儒林郎宅　总占地面积500平方米。由三间联排二进院正屋组成，门头

儒林郎宅

气派精细，由此得名。中间门头匾
额上题有"儒林郎"字样，内堂保
存着完整的木雕屋架和石雕柱础，
以及精美的窗扇花纹。原为蔡氏一
房的三兄弟而建，三个门头并排。
中间一栋的主人考中了进士后挂牌
"儒林郎"。后来，住在此处的蔡氏
子孙又出了湖北大学教授蔡树立，
当地村民说，此宅算得上是文曲星
显灵的"书香门第"了。

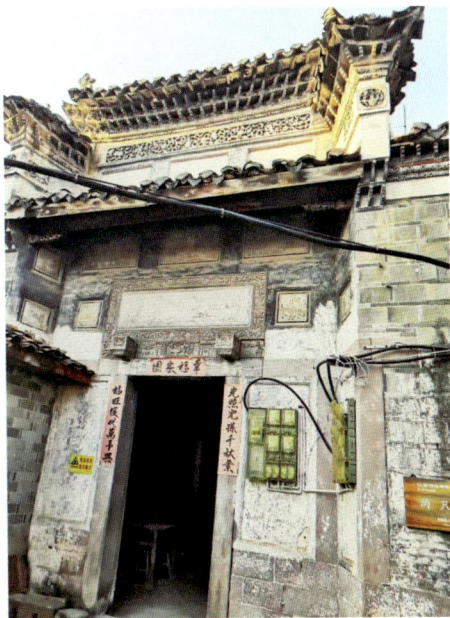

两只门头

两只门头　总占地面积300平
方米。始建于清代，由两间联排二
进院正屋组成，门头气派精细，由
此得名。内堂保存着完整的木雕屋架和石雕柱础，以及精美的窗扇花纹。两
只门头也是蔡氏的房屋，门头屋内雕刻都十分精美。

金源第　总占地面积330平方米。始建于清代，正屋为二进院，门头庞大。
内堂保存着完整的木雕屋架和石雕柱础，以及精美的窗扇花纹。正面的屋檐
瓦片每一片都刻有不同的花卉，称之"百花瓦"。

春官第　总占地面积800平方米。始建于清代，正屋为二进院，坐北朝南。
内堂保存着完整的木雕屋架和石雕柱础，以及精美的窗扇花纹。春官为古官
名，颛顼氏时五官之一。《周礼》分设天、地、春、夏、秋、冬六官，春官以
大宗伯卿为长官，掌理礼制、祭祀、历法等事，所属有肆师、大司乐、大祝、
大史等官。北周依《周礼》置六官，设春官府，以大宗伯卿为主官，正七命，
所属有司宗、守庙、典祀、太史、乐部五中大夫，内史上大夫及礼部等下大夫，
及诸大夫的属官。而在唐光宅元年（684），曾改礼部为春官，改礼部尚书为

春官第

养性山庄

春官尚书。神龙元年（705），唐中宗复位后，复原名。后世以春官为礼部的通称。后世也以"春官"为自己的住宅命名，寓意为科考及第。

养性山庄   总占地面积800平方米。始建于清代，正屋为二进院，坐北朝南。门头匾额写有"养性山庄"字样，内堂保存着完整的木雕屋架和石雕柱础，以及精美的窗扇花纹。

黄氏古宅　总占地面积300平方米。始建于清代，正屋为二进院，坐北朝南。

栈房厅　总占地面积500平方米。始建于清代，位于蔡家田东侧，与两只门头毗邻。三进天井院，有侧屋。

夹弄古宅　总占地面积380平方米。始建于清代，内堂保存着完整的木雕屋架和石雕柱础，以及精美的窗扇花纹。

青云古宅　总占地面积200平方米。始建于清代，二进院正屋，面向刘家塘。内堂保存着完整的木雕屋架和石雕柱础，以及精美的窗扇花纹。

燕子古宅　总占地面积340平方米。始建于清代，两座二进院正屋并排，有精致的前院。内堂保存着完整的木雕屋架和石雕柱础，以及精美的窗扇花纹。古色古香的燕子巷穿前院而过，别有一番韵味。

李家五号宅　总占地面积100平方米。始建于清代，二进院正屋，面向刘家塘。内堂保存着完整的木雕屋架和石雕柱础，以及精美的窗扇花纹。

刘家塘古宅　总占地面积300平方米。始建于清代，二进院正屋，面向刘家塘。内堂保存着完整的木雕屋架和石雕柱础，以及精美的窗扇花纹。

吴家厅　总占地面积600平方米。始建于清代，坐北朝南，前后皆有院落。内堂保存着完整的木雕屋架和石雕柱础，以及精美的窗扇花纹。

黄家坪1号宅　总占地面积540平方米。始建于清代，坐北朝南。内堂保存着完整的木雕屋架和石雕柱础，以及精美的窗扇花纹。年久失修，部分坍塌。

黄家坪2号宅　总占地面积200平方米。始建于清代，坐北朝南。内堂保存着完整的木雕屋架和石雕柱础，以及精美的窗扇花纹。年久失修，部分坍塌。

三、著名人物

李祥辉　清代人物，上唐"十记十号"中祥记的主人。白手起家，在广东做茶叶生意，乃至上唐首富。清朝大臣曾国藩途经上唐，曾到过他家藏书万卷的棣华书屋读书，受到其子李甲芸的接待。"登其楼，观所藏书，吾邑尚无此巨室耳。"当晚曾国藩住在李家，第二天一早他继续浏览李家藏书，对棣华书屋赞不绝口，并书写两副对联送给李氏兄弟。

蔡延世、蔡延昭兄弟　蔡延世，字永叔。靖康中，以太学生中文武全才科。建炎三年（1129），金兵侵犯建昌，而守城官兵都逃跑了。蔡延世召集乡勇环建昌城固守，斩杀金使，金人大怒。蔡延世率城中军士与他们交战，以一当百，以少胜多，大败金兵，朝廷下诏授他兵马监押权知军事。次年，改授建昌军通判，时虔寇李敦仁又来围攻建昌城，蔡延世且战且守，李敦仁不能取胜。李敦仁于是入侵建昌之邻境，尚书吕颐浩命蔡延世将他们全部击退，擒拿了他的弟弟李世雄、李世臣。那个时候，盗贼纷起，洪州、吉州、虔州、抚州等州相继沦陷，生灵涂炭，唯独建昌因蔡延世坚守得以保全，安然无恙。不久，他辞去通判之职，请任奉祠官，居于里中。他善赈贫困，乐于施与。绍兴四年（1134），南城县初建县学，准备不充分，蔡延世捐资帮忙建成。绍兴二十四年（1154），蔡延世捐资建大成殿，后又捐田百亩，解决县学诸生廪禄不足问题。蔡延世去世后，士民感念他的恩泽，哀思不已，将他列入名宦、乡贤祠，以供祭祀。其弟蔡延昭，字永明，南宋建炎三年（1129）与兄永叔守御建昌城，率前锋与金兵交战，奋勇御敌，金兵因伤亡过多潜遁，蔡延昭竟因昏暮追敌阵亡。

又据《上唐蔡氏宗谱》介绍，蔡延世为上唐蔡氏第十世，谱名国宾。"国宾公讳延世，字永叔。北宋靖康中以文武全才举任建昌军兵马监押。建炎三年（1129），为金骑猝作乱攻建，公纠集士卒击而却之。遂领军事，公备文武才，全城活众，绥安郡邑，调守濠梁边郡，威名益著，主哀贫困而乐施与，捐资财以广学宫，又出己田百亩使诸生廪有继。"蔡延世弟弟蔡延昭，谱名国珍，字永明，"南宋建炎三年（1129），与兄永叔守御盱城，率前锋与金骑战，奋勇御敌"，"竟以昏暮，追敌阵亡，事闻，敕封史君"。

李熙龄 字来泰，号芸渠。嘉庆二十一年（1816）举人，道光九年（1829）己丑科李振钧榜二甲第八十二名进士。改翰林院庶吉士，授职编修。道光十四年（1834）任贵州副考官，道光十八年（1838）掌管礼部考试。稽查国库，除却陋规。后出任陕西榆林府，云南澄江府、普洱府，山东武定府等知府，有清廉声誉。在所到之处兴办学校，修志书，开垦荒田，疏通河道，深受百姓爱戴。主持河南、山东两省书院。咸丰九年（1859）纂修《武定府志》，咸丰十年（1860）纂修《滨州志》，主纂陕西《榆林府志》50 卷，道光二十八年（1848）续纂《广南府志》4 卷，道光三十年（1850）又续纂《普洱府志》20 卷。

李从图 字宾我，号戌庄，李均权子。道光二年（1822）中顺天举人，与堂兄李熙龄于道光九年（1829）考中进士，为二甲第六十八名，授予翰林院庶吉士，三年后被任命为甘肃文县知县。后历任绥来、镇原、皋兰等县知县及静宁州（今甘肃省静宁县）知州，六十五岁去世。

蔡学苏 字少泉，副贡，主事签分广东司行走。蔡学苏创办了石经山房、三余书屋，不仅编校图书，还出版图书。如清同治二年（1863），石经山房出版了明代徐炖所辑《蔡福州外纪》十卷。洪承畴所撰《洪经略

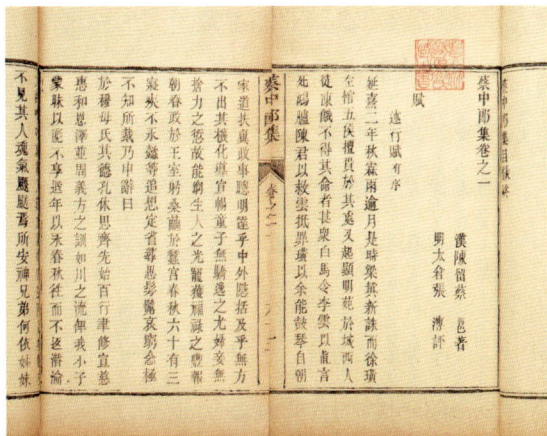

蔡学苏出版的古籍

奏对笔记》二卷、明俞大猷所撰《镇闽议稿》和蔡学苏所编《裴氏历代文钞》一卷等均为三余书屋刊刻。特别是他辑刊的《三余书屋丛书》，至今仍被国家图书馆、北京大学图书馆、湖南图书馆、上海图书馆、中山大学图书馆等 10 余家图书馆收藏，其中北京大学图书馆所藏多达 27 种。

又《上唐蔡氏宗谱》载："学苏字载洵，号少泉，县试冠军，附贡生，户部主政签分广东清吏司行走。敕授承德郎，钦定员外郎，例授奉直大夫，覃恩荣封一代，以本身封典。""光绪壬辰十一月十六日巳时终于北京差次，享寿七十有七。"

四、史志与艺文选

（一）史志摘录

蔡延世，字永叔。靖康中，以太学生中文武全才科。建炎三年（1129），金兵犯建昌，守卒遁。延世集乡勇撄城固守，斩金使，金人怒。延世率城中军士与战，一以当百大战之，诏授兵马监押权知军事。明年，改通判，会虔寇李敦仁复围城，延世且战且守，寇不能克。敦仁犯邻境，尚书吕颐浩命延世悉击之，擒其弟世雄、世臣。当是时，盗贼纷起，洪、吉、虔、抚诸州相继破陷，生灵涂炭，独建昌以延世保障，得无恙。未几，请奉祠，居里衔中。赈贫困，乐施与。绍兴四年，初建县学制未备，延世捐资成之。二十四年，复捐创大成殿，又捐田百亩，继诸生廪禄之不给者。郡守陆时雍纪其事，延世卒。士民感其泽，哀思不已，以其功在捍御而福及乡间也。名宦、乡贤两祀之。

——出自《同治南城县志》

李培，字因之，上唐墟人。丙午副贡，候选教谕。读书沉毅有深智。发逆踞旴横扰村落。培貌为坦易，严密经营，所居墟赖以全。贼虐民亦甚，畏民故深嫉，团练震慑之，阻抑之，使不得行。培念欲制贼莫如乡团，然恐民慑逆威不敢从，且虑事未集而娥觉必罹其害，乃假备土匪为词密遣所识，设法诱贼，伪示令上唐招勇团练，民不知培计。咸附之。四乡以上唐练勇无害，故联甲自保者多。乡团既成，民气日振，自是贼不敢入乡肆扰，培之力也，官军由宜黄入击，贼走。培督勇追剿至南丰界颇有斩馘。贼忿甚，竭力反拒，又值吉安溃围股匪由上路冲下，培势不支，力尽战死。事闻，赐恤入祠，给世袭如例。先是咸丰四年，培随延平道何公桂珍办皖省军务叠立功效，故团练有法号"能军"。

李濂，上唐墟人。性孝友，涉贾闽中。母疾笃，濂自步数百，冒风雪，足冻裂，奔至家。卒得视殓。母枢在堂中，将循里中风俗以期年后卜葬。濂忽心动，亟择地克期营葬。甫数日，山水骤涨，弥漫村落间，庭中水溢数尺。是年，濂子熙龄举于乡，人以为诚孝之报，与兄弟同居公中事，须费用者独任之不以均摊也。弟以孝廉留郡中。濂为理其家计，十余年金无少，靳力无少倦，乡里称之。

李熙章，上唐人。贫未读书而孝友，根于天性。乡里贤之。

——出自《同治南城县志》

（二）艺文选辑

吴文纬

上唐蔡氏义仓碑记

人生斯世，纵不能轰轰烈烈为世界上少不得之人，然尊祖敬宗实为子孙者应尽之天职。创祠广醮应兴者兴之，应改革者改革之，是尊祖也。对于族人时时以睦字存心，遇有缓急量力援手；同姓中或偶有是非曲直之争，出为解释，忠告善道，不背礼而徇私，不乘族而立异，是敬宗也。吾族立功兄以寒素勤俭起家，颇知大义，族人因辛酉荒歉，特劝其捐谷为储备救荒之举。彼虽素重金钱，独于此事能徇众志，于辛酉秋起存簞谷一百二十担，永为上唐蔡氏义仓。族人嘉之，欲为序言表扬其慷慨。而立功兄竟不肯自居其功，谓谷已捐出，何序之为？《太上感应篇》所谓"施惠毋念者"，吾于立功兄见之矣。故特为之记，以资后人观感云。

民国甲子十三年三月，族弟文纬槐庭谨记。

五、传统技艺、民俗文化及其他

（一）中药业及传统技艺

建昌帮药业　为我国南方古药帮和中药炮制的重要流派之一，与樟树帮合称为江西帮，为全国13个大药帮之一。医药界至今流传着这样一种说法："药不到樟树不齐，药不过建昌不灵。"建昌帮发祥于南城县，上唐村为其繁盛之地，上唐圩药店比其他村镇多。

根据20世纪50年代初南城县商业登记申请书中商户登记情况来看，上唐主要有：

再生堂，私营独资，实有资本人民币80万元。经理吴结应，主营中医，次营国药。地址上唐。1930年创设。学徒1人，吴结应为商人。商品来源：本县。销售地区或对象：各乡村。

厚治，私营独资，实有资本人民币30万元。经理蔡秀翘，主营国药。地址上唐。1948年创设。商品来源：本县。销售地区或对象：各乡村。

泰生堂，私营独资，实有资本人民币80万元。经理杨宾，主营中药。地址上唐。1946年创设。杨宾为商人。商品来源：本县。销售地区或对象：各乡村。

泰立，私营独资，实有资本人民币50万元。经理吴立阶，主营国药，次营油盐杂货。地址上唐。1947年创设。学徒1人，吴立阶为医生。商品来源：县城、新丰。销售地区或对象：各乡村。

益顺生，私营独资，实有资本人民币80万元。经理王印娣，主营中药。

地址上唐。1946 年创设。职员 2 人。商品来源：本县。销售地区或对象：各乡村。

上唐还有陈启明开办的发龄祥、李家璘开办的延寿堂等药店。

灌芯糖制作技艺　　将馅芯（如炒熟的芝麻或炒熟的黄豆磨成的粉末，或炒熟的面粉）灌入用麦芽发酵熬成的糯米糖（即麦芽糖）中，手工反复拉制成长约 1.5 寸的小圆条管状的白色糖果，即为"灌芯糖"，俗称"灌熟糖"。上唐村的灌芯糖至今已有 800 多年的制作历史，是元旦和春节期间招待客人、馈赠亲友的上佳礼品。每年立冬过后，村民便纷纷开始制糖，一直要忙到春节后。

长寿米粉制作技艺　　长寿米粉是上唐民间的传统食品，历史悠久。当地长寿米粉多在村内小作坊里制作，有一定规模，制作的米粉不仅满足本村食用，也可外销至其他村庄。上唐村长寿米粉的制作流程如下：先用石磨将泡好的陈年早稻米磨成浆，用纱布把浆滤干，待成块后放入蒸箱里蒸熟，蒸熟后用模具压成米粉。米粉入锅煮熟后加入肉类、青菜等配菜，即可食用。

民间银器制作技艺　　南城民间银器制作技艺主要集中在上唐村等地，大约产生于明末清初，距今有 400 多年的历史了。银器制作加工主要有化银水、铸毛坯、打叶出条、压大形、上胶版、錾花、焊接、抛光、美货、上翠蓝等 10 多道工序。民间银器制作技艺是传统的手工艺，饱含了银匠的思想感情和丰富的想象力，蕴藏了丰富的民间文化和民间习俗。上唐村的民间银器以质地纯正、做工精细、图案优美、色泽明亮而闻名，柔软性好，越用越亮。

竹篾编织技艺　　上唐村竹篾编织以竹子为材料，先将竹子劈成薄片或细条，用篾片或篾条巧妙穿插交织构架，编制成各种生活用具。砍、锯、切、剖、拉、撬、编、织、削、磨是基本工序。篾匠使用的工具主要有锯子、弯刀、度篾齿等。

（二）节庆活动

舞龙灯　　用竹篾分节扎制骨架，用夏布或者纱布连接，形成长龙，龙身

7 至 9 节，多的有 10 余节。每节内燃蜡烛或油捻。表演时，一人持龙珠逗引，各节随龙头翻腾，配以吹打乐，十分热闹。常在春节或者元宵节前后表演。表演节目有《单龙戏珠》和《双龙戏珠》，流行县内各地。

跳蚌壳灯　篾扎布蒙，外形如蚌。表演时少女扮蚌，身居蚌壳内，一张一闭，逗引老渔翁。老渔翁步履蹒跚，张网捕捉，双方配合默契，诙谐有趣。三人表演时，一人扮鹬，故名蚌鹬舞。

丰收祭礼　村民会在每年七夕水粉节选两名男童，在继一公祠穿上红色绿色的礼服，手上拿着特殊祈祷道具，扮演"合和二仙"跳祭祀舞蹈，祈求一年风调雨顺，庄稼丰收。

七夕水粉节　每年农历七月初六就开始舞龙灯，表演歌舞，庆贺丰收。然后全村都会把桌椅搬到屋子外，坐在街道上吃水粉，从七月初六吃到七月初七凌晨。其中，村里的年轻小伙子舞着龙灯穿梭于每家每户，场面热闹隆重。2017 年，上唐镇政府更是把上唐水粉节办成了特色旅游节，吸引了大量外地游客参与其中，反响极佳。

六、红色印记

土地革命时期，上唐也是红军活动的重要地方。1933 年 6 月，红一方面军占领新丰街镇后，红军到上唐刘家塘一带发动群众支援红军、参加红军。他们在这里的活动虽无更多的史料记载，但今天仍保留在那些建筑物上的红军标语就是见证，它们至今还在向人们讲述着战争年代的熊熊烽火。这些红军标语多为：

白军士兵过来当红军打土豪分田地！

白军士兵都是工农出身，不要去军阀当白军！

白军是军阀豪绅的军队！

欢迎白军士兵拖枪过来当红军！

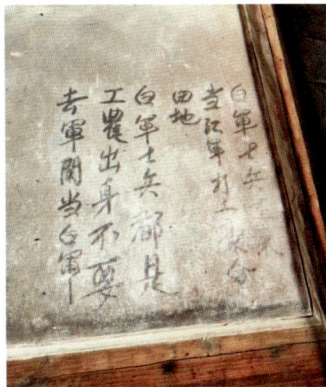

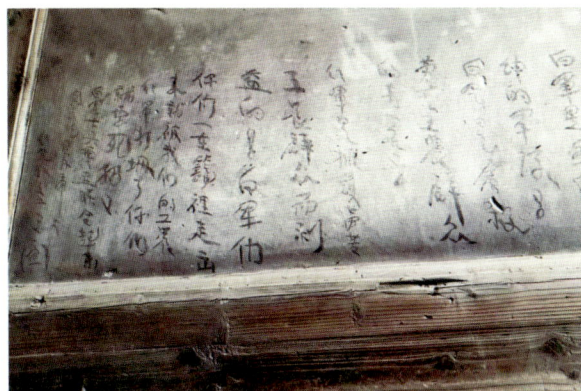

上唐村红色标语

红军是工人农民自己的军队！

苏区青年工农分得了土地！

打倒国民党政府！

推翻帝国主义！

红军是工人农民自己的武装！

白军是枪杀劳苦工农群众的第一名！

红军是拥护劳苦工农群众们利益的！

　　白军伍（们），你们在笼里走出来就被我们的工农红军打垮了，你们就要死吧！

　　白军士兵与红军联合起来同去抗日反帝！

　　白军弟兄和下□□长来当红军打土豪分田地！

　　士兵不打士兵，穷人不打穷人！

参考书目：

李人镜《同治南城县志》，清同治十二年（1873）刻本；

《上唐蔡氏宗谱》，上唐蔡氏所藏民国版本；

《李嘉献公支谱》，上唐李氏所藏民国版本；

2017 年南城县住建局"南城县中国传统村落"申报材料。

（罗伽禄、揭方晓执笔）

九子勃兴上舍村

上舍古村，拆字而成『人上千口』之村。极目之余，『洄澜八景』，言尽村落周边极致之山川地貌，留下数不尽的诗情画意；回首而顾，九子勃兴，笑看家庭兴衰无常之历史规律，留下一片唏嘘、几声叹息。如今的上舍，有古樟林立，有活水蜿蜒，有爬满苔藓的厚重建筑，有令人回味的精彩人文，有与时俱进的时代风貌，流连其间，必定让人生发忘返之意。

一、古村概况

上舍村位于南城县上唐镇西南部，距镇人民政府 7.2 千米，村委会驻地为上舍组。上舍村因传说和拆字而得名。《吴氏宗谱》载：宋淳熙年间，吴大本由南丰洽湾金斗寨迁此建村。传说当时有一个放鸭人搭了一间破瓦屋居于此，屋旁有棵樟树，六月挂饭，数日不馊，吴认为这里有灵气，便迁此建村，希望这里日后能大繁衍，人上千。上为"至"意，拆"舍"为人千口，乃取名上舍。中华人民共和国成立前上舍村属三区活水乡，中华人民共和国成立初期属四区胜利乡，1955 年属上舍初级社，1956 年属上舍高级社，1958 年属上唐人民公社源头管理区，1961 年属源头人民公社上舍大队，1964 年属上唐人民公社上舍大队，1966 年属上游人民公社上舍大队，1972 年属上唐人民公社上舍大队。1984 年撤销人民公社制，属上唐乡上舍村民委员会。1985 年上唐乡撤乡设镇，属上唐镇上舍村民委员会。上舍村汇集了吴、刘、李、何、杨、鄢、崔、雷、温、王等十姓家族，其中吴氏最为兴旺。2018 年，上舍村被列入第五批中国传统村落名录。

上舍村属典型丘陵地貌，辖白石岭、菖蒲塘、陈家、坊湖、胡家边、蛟湖塘、上舍、石塘中、田心塅、瑶前等自然村，面积为 8.97 平方千米，户籍人口 2392 人。

上舍村全景

农业以种植水稻、蜜橘为主，经济来源以务工和务农为主。

　　上舍村采用一街双组团形式布局，以古塘为隔，以旗杆石前古民居为中心向四周发展。村北以旗杆石为中心，四周街道与古塘呈环绕包围之势，内部五条街巷将村北分割为四个部分。村南组团以吴秀峰大夫祠为中心向四周发散。

　　上舍村初期以旗杆石为中心，向古塘水边舒展形成第一个组团，康熙年间兴建洄澜亭，"洄澜八景"大多围绕古塘。清晚期，吴氏九兄弟兴建私宅，上舍村北高南低，故沿街由古塘向南舒展，形成第二个组团。选址之处风光秀丽，枕山面水，溪水绕村而过，是择址建村的不二场所。建筑虽然密集，但是大都近水而建，围绕街道形成组团，消除了取水不便之害。这些都充分体现了上舍村"抱阴负阳""枕山环水面屏""高毋近旱而用水足，下毋近水而沟防省"的建村智慧。

上舍村风光旖旎，据考证，古有"洄澜八景"，分别为"云楼望稼""澜亭晚眺""军峰峙笔""磐石耸奇""松涛夜月""长冈夕照""大塘春浪""雨溪西流"。当地诗人还为这些景点配有诗文，写尽了这里的山美、水美。如《云楼望稼·其二》："云楼危立趁晴晖，无数农人过翠微。早稻晚禾收拾罢，家家荷得夕阳归。"《雨溪西流·其二》："小桥疏雨柳丝斜，亭水洄澜漾碧花。无限风光何处着，一溪绿树锁烟霞。"《澜亭晚眺·其三》："四面云山暮霭苍，一溪流水动天光。村烟合处钟声静，留得青松挂夕阳。"

村内古塘、古井、古巷道保存完好，其中洄澜亭边的古塘和大本公祠边的古塘别具古韵。洄澜亭边的古樟树已有 500 年树龄，树茎粗

村中古樟树

大，树冠优美，树茎下部呈卧姿。而古井现在仍可供村民使用，井水清澈甘甜。古巷道保留了明清时期的古韵，青石板、卵石等呈现出昔日的繁华和鼎盛。古村内有排列整齐的四对旗杆石，足以印证当时上舍村祖辈努力进取，人才辈出。

二、建筑与遗存

（一）古代建筑

上舍村古建筑众多，其中较有代表性的有大本公祠、吴秀峰大夫祠、桂林裔秀宅、吴颐林宅、吴近居宅等，这些建筑多为清代建筑。吴氏祖辈吴秀峰财力雄厚，生育了九个儿子，依次为吴槐树、吴树馨、吴紫芝、吴香圃、吴蓉圃、吴莲圃、吴阑圃、吴鹤圃、吴艺圃，并为他们建立各自的宅邸，村民俗称"九大房"，其中大房、四房、五房、六房有两间。随着时间的流逝，二房、三房、九房已经坍塌，原地基已经新建了现代建筑。目前保存较好的有吴槐树宅、吴香圃宅、吴莲圃宅、吴蓉圃1号故居、吴阑圃宅。保存较好的还有节孝牌坊、门楼下牌坊等。节孝牌坊是清乾隆年间所立，为表彰上舍吴氏忠孝节义的牌坊。其位于上舍的古驿道上，不仅是进入上舍村的标志，而且能为赶路的人提供歇脚避雨的场所，不仅具有历史纪念意义，还具有很强的现实使用价值。门楼下牌坊位于上舍的"老区"塘前。上舍村先有塘前，后有塘背，塘前是老祖开基之地。塘前有一座小牌楼，就是早期进入上舍的门楼下牌坊了。这座小牌楼并不高大，仅仅是一个村门的标示。

大本公祠　位于上舍村西侧，占地面积700平方米左右。内部空间开阔，柱子和石础保存完好，石础雕刻精美。建筑内南部为一个古戏台，是上舍人农闲时精神生活的体现。大本公祠东北侧为清澈的古塘，古塘边的橘树郁郁葱葱，古建、古塘、绿树相得益彰，颇具古韵。而古塘在古时除了观赏、日常生活用水、夏天解酷暑的作用之外，还有防火作用。民国初年上舍吴氏族

大本公祠

人集资重新修缮了大本公祠，其基本形制延续至今。中华人民共和国成立后，大本公祠的保护得到了南城县政府的大力支持，保存较为完整。

吴氏子孙以上舍为基业，经商致富，到吴秀峰时已然成为富甲一方的名门望族，遂决定出资修建祠堂，用以纪念开基祖吴中（字大本）。屋中月梁上的木雕形象生动，龙凤的寓意是龙凤呈祥，三只羊的寓意是三阳开泰，雕刻之精细、技艺之复杂颇见功力。

吴秀峰大夫祠　为了纪念吴秀峰而建，位于上舍村东南侧，占地面积650平方米左右。正门有三扇两开的大门，中间最大，门为方形，两侧上部为拱形，均为红色石头砌筑，门头上部红色石条雕刻精美，两侧的木雕和石雕精雕细琢。推开门别有洞天，梁和斗拱的设计匠心独运，柱子下的石础雕刻栩栩如生，而建筑内有两处正八边形的藻井，既有装饰的作用，也有扩音效果，是古时匠人们智慧的结晶。第一个藻井下两侧木板上刻有"忠""孝""廉""节"，两侧为小的阁楼样式，木雕和低矮的围栏十分别致，保存较为完整。而第二

吴秀峰大夫祠

个藻井下是祭祀的地方，依稀可见鼎盛时期的光景。神位后为弧形的墙体，形式也颇具特色。民国初年上舍吴氏族人集资重新修缮了吴秀峰大夫祠，其基本形制延续至今。门楣题刻"吴秀峰大夫祠"。吴氏祖辈吴秀峰财力雄厚，生育了九个儿子，他们或入仕为官、光宗耀祖，或子承父业、驰骋商海。这九子皆是忠孝节义之人，各自发达之后共同出资修建了吴秀峰大夫祠。

　　吴槐树宅　　占地面积 1200 平方米左右。内部空间开阔，柱子和石础保存完好，石础雕刻精美。红石墙裙，红石窗雕刻精美，人物栩栩如生。整体格局两进两天井，入口为跌落式门楼，以砖砌叠涩出挑。天井内条石铺砌。榫头和窗扇都雕刻有精美的花纹，雕刻生动。入口正对天井，以侧面山墙形成正面形象，马头墙与人字形山墙相结合，造型丰富。内部梁架结构保存完好，穿斗式梁架。撑拱为鲤鱼跳跃式，形象逼真生动，寓意吉祥。挑手木卷草纹雕刻精美，木窗雕刻保存较为完好。

　　吴槐树宅就是大房的宅子。宅中主屋门板上有朱漆鎏金镂空木雕，雕刻形象极其生动。工艺之复杂，形态之优美，在民居中实属罕见。其一边门板雕刻有"百忍堂"的故事，一边门板雕刻有"容膝之安"的故事。"百忍堂"，张姓堂，唐代时号。据史书记载，当时郓州有人说张公艺九代同居，竟和和睦睦、相安无事，唐高宗甚是好奇，便问其故，张公取出一张纸写下了一百个"忍"字，唐高宗十分赞赏，便赐号"百忍堂"，从此各地张姓大都以"百忍"为堂号，并列为祖训，其后人以此为堂号。"容膝之安"则是对自己居所的一种谦虚的说法，意为仅能容纳双膝，多形容容身之地狭小。该故事出自《高士传》卷中《陈仲子》。陈仲子为齐国人，他的哥哥戴为齐国的国卿，食禄万钟，陈仲子以为不义，带着妻儿去了楚国，居于陵，自谓陵仲子。他穷不苟求，不义之食不食。楚王闻其贤，欲以为相，遣使者持重金礼请。其妻不赞同其出相，其妻说："夫子左琴右书，乐在其中矣。结驷连骑，所安不过容膝；食方丈于前，所甘不过一肉。今以容膝之安，一肉之味，而怀楚国之忧，乱世多害，恐先生不保命也。"于是陈仲子谢绝了使者，并离开楚国，为人灌园。

　　吴香圃宅　占地面积460平方米左右。大门为八字门楼，屋檐凸出，砖雕精美，红石成框。内部空间开阔，柱子和石础保

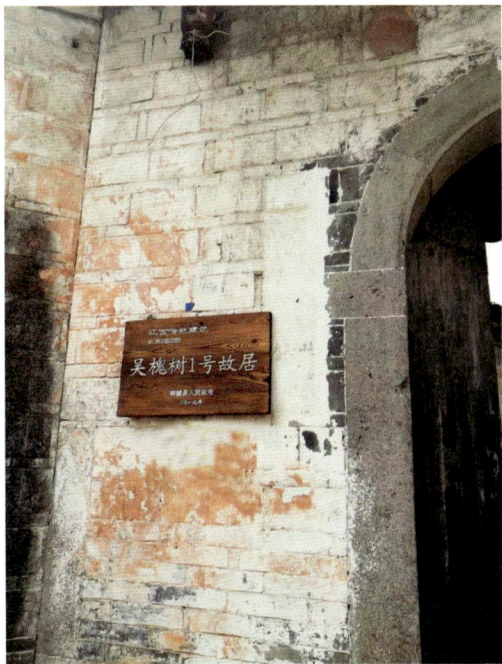

吴槐树宅

存完好,石础雕刻精美。红石墙裙,红石窗雕刻精美。整体格局为两进两天井,天井内条石铺砌。榫头和窗扇都雕刻有精美的花纹,寓意丰富。入口正对天井,以侧面山墙形成正面形象,马头墙与人字形山墙相结合,造型丰富。内部梁架结构保存完好,穿斗式梁架,月梁造型独特优美,颇具特色。挑手木卷草纹雕刻精美,木窗雕刻保存较为完好。

吴香圃宅为"九大房"中的四房。宅中有雕刻精美的渔樵耕读的窗花。渔樵耕读即渔夫、樵夫、农夫与书生,是中国农耕社会四个比较重要的职业,代表了中国古代劳动人民的基本生活方式。因此,中国的传统民俗画常以渔樵耕读为题材,很多古典家具也常以渔樵耕读为雕刻图案,寓意是生意红红火火。屋主之所以雕刻渔樵耕读,与其说是对这种田园生活的向往,不如说是内心深处对入朝为官、得到统治者赏识的一种心理寄托或向往。

吴莲圃宅 占地面积450平方米左右。大门为一字门,屋檐凸出,红石成框。内部空间开阔,柱子和石础保存完好,石础雕刻精美。红石墙裙,红石窗雕刻精美,人物栩栩如生。整体格局为一进一天井,天井内条石铺砌,杂草丛生。

吴莲圃1号故居

榫头和窗扇都雕刻有精美的花纹。入口正对天井，以侧面山墙形成正面形象，马头墙与人字形山墙相结合，造型丰富。内部梁架结构保存完好，穿斗式梁架。其月梁上有精美的木雕，造型丰富，形象生动。

吴莲圃1号故居为"九大房"中的六房。吴莲圃1号故居中，月梁上有寓意为"琴棋书画"的木雕，造型生动形象，雕刻精美。在古代，弹琴（多指弹奏古琴）、弈棋（大多指中国象棋和围棋）、

吴莲圃2号故居

书法、绘画是文人骚客（包括一些名门闺秀）必须掌握的技能，故合称琴棋书画，即"文人四友"。这些木雕无不在深刻表达着屋主作为一个文人的修养与风骨。

吴蓉圃1号故居　占地面积510平方米左右。入口为一字门，门楣上有两个雕刻精美且颇具特色的柱头。由入口进入有照壁，正对一个较大的天井，天井内条石铺砌。山墙面为红石墙裙，青砖砌筑，山墙造型优美，变化丰富。主屋梁架结构保存较为完整，穿斗式梁架。柱础雕刻精美，保存完好。建筑内门窗大都装饰繁复，大都有精美的木雕，造型丰富，生动形象。

吴蓉圃1号故居为"九大房"中的五房。吴蓉圃宅入口处柱头雕刻精美，喜鹊的寓意是喜上眉梢的期许。柱头中间夹着三块雕刻有羊的形象的砖雕，寓意为三阳开泰。柱础为莲花纹龙柱础，等级较高，可见屋主身份尊贵，曾

吴蓉圃1号故居

入朝为官。这里曾经是家族书院。

吴颐林宅　占地面积 270 平方米左右。内部空间开阔，柱子和石础保存完好，石础雕刻精美。整体格局为一进一天井，天井内条石铺砌，杂草丛生。榫头和窗扇都雕刻有精美的花纹。入口正对天井，内部梁架结构保存完好，穿斗式梁架。挑手木卷草纹雕刻精美，木窗雕刻保存较为完好。

上舍吴氏在吴秀峰时代达到鼎盛，明末家道中落，至清康熙年间又因为经商开始兴盛起来，吴颐林就是此时期上舍吴氏的代表。其宅邸入口处有两块雕刻精美的牡丹花门头，寓意为花开富贵。中间夹着雕刻有羊的形象的砖雕，寓意为三阳开泰。高窗上蝙蝠纹饰的精美砖雕，造型优美，栩栩如生。蝙蝠中的"蝠"与"福"谐音，蝙蝠飞临的寓意是"进福"，取"幸福吉祥"之意，可见屋主身份尊贵，修养颇高。

吴鹤圃故居

　　吴鹤圃故居　占地面积 400 平方米左右，建于清嘉庆至道光年间。大门为一字门，屋檐凸出。门楣为红石，门两侧为青石。内部空间开阔，柱子和石础保存完好，石础雕刻精美。红石墙裙，红石窗雕刻精美，人物栩栩如生。整体格局为一进一天井，榫头和窗扇都雕刻有精美的花纹。目前只剩下正厅和少许附房。吴鹤圃故居为"九大房"中的八房。

　　吴阑圃宅　占地面积 250 平方米左右。入口为八字门楼，屋檐凸出，砖雕精美，红石成框。内部空间开阔，柱子和石础保存完好，石础雕刻精美。整体格局为一进一天井，天井内条石铺砌，杂草丛生。榫头和窗扇都雕刻有精美的花纹。入口正对天井，侧面山墙未开门窗，马头墙与人字形山墙相结合，造型丰富。内部梁架结构保存完好，穿斗式梁架，梁上有精美的木雕。

　　吴阑圃宅为"九大房"中的七房，宅中主屋月梁上雕刻有诗仙李白《将进酒》

吴阑圃故居

的图画，雕刻颇见功力，人物栩栩如生，一幅诗仙沉醉饮酒的图景跃然梁上，可见屋主的身份地位尊贵，学识修养颇高。

桂林裔秀宅　占地面积310平方米左右。大门为贴面式五滴水门楼，砖雕精美，屋檐上的花瓶、人物等浮雕生动逼真，屋檐砖雕样式多变，墨绘保存完整，门头置两门簪，红石墙裙，红石窗雕刻精美。整个门楼高大雄伟，别具一格。内部空间开阔，柱子和石础保存完好，石础雕刻精美。整体格局为一进一天井，天井内条石铺砌，杂草丛生。榫头和窗扇都雕刻有精美的花纹。

入口正对天井，以侧面山墙形成正面形象，马头墙与人字形山墙相结合，造型丰富。内部梁架结构保存完好，穿斗式梁架。撑拱为鲤鱼跳跃式，形象逼真生动，寓意吉祥。挑手木卷草纹雕刻精美，木窗雕刻保存较为完好。

门楣题刻"桂林裔秀"，典出上舍村宋代进士、左丞相吴坚（号桂林）。门楣题刻四周有精美砖雕环绕，雕刻有寿星、财神以及祥云、貔貅、羊、喜鹊等，形象之生动、工艺之精美在上舍砖雕中实属罕见，这不仅反映了屋主对吉祥如意、健康长寿、财源广进的期许，也体现了屋主的修养和地位。

吴近居宅　　占地面积 170 平方米左右，大门为贴面式五滴水门楼，砖雕精美，屋檐上的花瓶、人物等浮雕生动逼真，屋檐砖雕样式多变，墨绘保存完整，门头置两门簪，红石墙裙，红石窗雕刻精美。整个门楼高大雄伟，别具一格。内部空间开阔，柱子和石础保存完好，石础雕刻精美。整体格局为一进一天井，天井内条石铺砌，杂草丛生。榫头和窗扇都雕刻有精美的花纹。入口正对天井，内部梁架结构保存完好，穿斗式梁架。挑手木卷草纹雕刻精美，木窗雕刻保存较为完好。

吴近居宅是上舍吴氏保存较为完好的民居之一，入宅大门处有用龙纹雕刻的"福""禄""寿"三个字，不仅砖雕造型生动，而且形象巧妙、工艺精美，实是难得的砖雕精品。主屋门上贴有"神荼郁垒"的门画，神荼郁垒是中国民间信奉的两位门神。神荼一般位于左边门扇上，身着斑斓战甲，面容威严，姿态神武，手执金色战戟；而郁垒则位于右边门扇上，一袭黑色战袍，神情闲适自得，两手并无神兵或利器，只是探出一掌轻抚着坐立在他身旁的巨大金眼白虎，寄托了屋主消灾免祸、趋吉避凶的美好愿望。吴近居曾在清代入朝为官，出仕数十载衣锦还乡，吴近居宅充分体现了屋主的品位、修养以及生前的显赫地位。

（二）遗迹遗存

节孝牌坊　两座四柱三间三楼式石牌坊作为出入口的砖木结构穿过式单体建筑。一面入口的牌坊从上至下的字板分别刻有"圣旨""节孝"和"旌表赐赠中议大夫吴庭兰妻张淑人坊"，另一面入口的牌坊从上至下的字板分别刻有"敕建""节孝"和"旌表中宪大夫吴挺兹妻李太淑人坊"。在古代，牌坊的建制级别由低到高依次为敕建、圣旨、恩荣以及御制。其中，敕建代表皇帝口头恩准，圣旨代表皇帝书面批准。在清代，中议大夫

节孝牌坊

属于从三品文散官，中宪大夫属于正四品文散官。散官是有官名而无职事的官阶，仅用于封赠。三品官员诰封其妻为淑人，其母或祖母为太淑人。整个牌坊雕刻图饰保存完好，工艺精巧别致。特别是牌坊与路亭合一的建筑风格十分罕见，是实用性与精神性的完美结合，有较高的历史、艺术、科研价值。

三、人物与科举

据上舍《吴氏家谱》载，为避战乱，吴氏居南丰金斗窠。后始祖吴中迁徙至此建立村落，取名洄澜村，历经1100多年。从家谱记载看，重要历史人

物有：

吴中，举进士，官至朝奉大夫。

吴坚，举进士，官至左丞相。

吴槐树，中议大夫。

吴紫芝，奉政大夫。

吴蓉圃，朝议大夫、资政大夫。

吴莲圃，奉政大夫。

吴阑圃，奉政大夫。

吴鹤圃，奉政大夫。

吴艺圃，奉政大夫。

吴定魁，石泉知县。

吴元春，为举人，任知府，为奉政大夫。

吴旺春，奉直大夫。

吴永春，中议大夫。

其中，吴坚（1239—1323），字伯安，号桂林，宋咸淳丁卯年（1267）举乡榜，后节镇江西，绩载《江西通志·名宦传》，召拜左丞相。

【注】奉政大夫为文散官名，金始置，正六品上，元升为正五品。明正五品初授奉议大夫，升授奉政大夫。清正五品概授奉政大夫。中议大夫为文散官名，金始置，正五品上，元升正四品。明为正四品加授之阶，清升为从三品。朝议大夫为文散官名，隋文帝始置，炀帝时罢。唐为正五品下，文官第十一阶。宋元丰改制用以代太常卿、少卿及左、右司郎中，后定为第十五阶。明从四品初授朝列大夫，升授朝议大夫。清从四品概授朝议大夫。资政大夫为文散官名，金始置，正三品中，元升为正二品，明为正二品升授之阶，清为正二品阶。

四、艺文选辑

邹图云

上舍洄澜亭碑记

上舍有亭曰洄澜，洄澜者，吴楚川昆季为尊人仕翁先生作也。仕翁家素封前代，以儒奋历显官。所居里门临小溪，溪水自数十里外倒涌而上平地，绿波潆回旋绕。初翁与家伯廷誉联姻娅，偶过别墅，阅余所为时文且惊且喜，以为非池中物。余方困童子试，谦让久之。翁曰："神龙不云黄鹄未羽，知人者当以此决，子异日请验余言。"岁庚辰翁五帙，余登堂载拜，翁拉余闲步溪岸，但见溪有桥，桥畔有亭，亭就圮，仅存基址。翁顾余叹曰："此桥近毁于水，吾偕弟迪仁率众修之矣。乏资当独力成之。"己丑，余应内召以居忧归里，时时与翁往来，愈相视莫逆。庚寅三月，翁有疾革，走讯之。翁曰："吾病已入膏肓，以视藐诸孤辱在先生，倘稍能成立，必勉其作亭以继余志。"比年以来，予承乏西掖，每忆翁言行，未尝不欷歔感喟。今年，舍弟天璧以家书走京师，其言内兄楚川、济川等为尊公作亭，亭成且新其里土神祠，以保母寿。属余文记之。余览来札，为之大喜。且余穆然于仕翁也。夫肯构肯堂，仕翁之倦倦于作亭者至是可无忧矣。况颜曰"洄澜"岂徒表山水之佳胜，今登斯亭遥望，群峰高插，溪桥独秀，朝岚暮霭，气象万千，不难因亭以想见其人。仕翁与亭应共千古矣。余与翁姻伯也。于文相契者深，因道其所以往来者至。建亭需费必有能详志者，当无俟余言为赘。

皇清康熙五十七年岁在戊戌望日，赐进士出身奉直大夫、河南道监察御史掌陕西道事，钦差巡视京城前礼部旌膳司主事、乙未会试御试一等同考官、戊子科四川文武两闱同考官、文林郎知大竹县事，姻年家弟邹图云挽波氏记。

【注】邹图云,字伟南,南城人。康熙三十六年(1697)进士,历官大竹知县、河南道御史,转掌山东道,巡视东城。康熙六十年(1721),与陶彝等联名上疏,请立皇太子,被遣戍,死于塞外。

吴毓璠

重建洄澜亭记

吾村山川之秀,素称盱南胜地。延陵风范世德长垂,村中有塘广十余亩,人家相聚环绕而居,颇有田家清趣。村畔有亭,为村人游览处也,岁久年湮,址存亭废。康熙间,文房仕仁公捐金复建。亭下甃石为桥,左右蓄水为池。每遇溪流泛涨,水必潆绕回旋而入聚于明堂,因颜其亭曰"洄澜"。亭之四面棍窗,群山列翠,东有盘石高悬,巍然挺峙,西则军峰耸翠,秀立云端,北有麻姑、芙蓉诸峰,层峦叠嶂,溪水如带,自东达西,逆流而上,水碧山环,萃荟于此,真有天然胜境。每当朝晕夕映,雨霁虹销,仿佛鹿洞春云,西湖秋月。游斯亭者靡不心旷神怡,尘涤一清。虽无渔歌互唱之声,而落霞秋水风景宛如。吾族代有达人,未始非山水之所钟也。光绪乙巳,亭塌于水,不惟村人士无游览之地,即行旅亦无燕息之所。因集族人聚金复建,不数月而亭复焕然一新,乡人士复得畅咏于其间。觉山川之外,闲云野鹤,兴致优游,令人留连之情,然兰亭因右军而重,竹楼籍名士而传。璠才愧雕虫,敢效名公而撰记,爰志其景,聊叙乡村之乐事而已。

光绪纪元之三十二年丙午岁秋月毂旦,里人吴毓璠润农甫撰。

吴道煐

洄澜桥记

洄澜桥相山水之逆抱而名也。自何竺峰东南而趋西北,逶蜒数十

洄澜亭

里，起茶紫岭，右旋逆走磨盘岭，汇溪之水。而上游源头，历田心、港背、瑶前而聚上舍，潆回环绕，渊停澜静，至石溪合左旋水，转顺流而下仙人桥，达于河山水之大会也。夫汇斯冲津梁，匪石弗焉济也。原桥建墩于宋，吾族聚于斯，至明而加修瓮焉。康熙初桥圮于水，岁戊子重修之。今犹巩固矣。迩来沙与桥平，小涨水辄卑其升之。便佥曰：然咸捐资鸠匠瓮升四尺有几而扩之，复建墩桥一座以杀水势，不几年而底绩桥成，相与步其上，遥望何竹纡青，军峰衣紫，朝霞夕黛，气象万千，俯视双虹映水，澜静渊停，沙鸥集翔，锦鳞游泳，亭澜汀芷，潆绕有清，障洄澜之功不于此，可想见哉？登斯桥也。则有心旷神怡把酒临风其乐太平景象，而思前人障洄澜之功为些其远也。猗欤盛哉。爰为记其本末焉。

嘉庆十四年己巳岁冬月，太学生道焕厚苍撰。

上舍八景诗

军峰峙笔

军峰在南丰县西，巍峨万仞，青翠横空，时值面浦云澄，潇湘月朗，绝似凌云之笔，矗立天表，览胜于斯，襟胸为之一阔。

其一

清·江绍墀

峭壁摩空第一峰，回环百里独为宗。

丹台石室储仙馆，叠嶂重峦等附庸。

远接香庐承道脉，近联笔架隔尘踪。

他年试访浮丘迹，好趁层云一荡胸。

其二

清·遁叟

群山拥护起层层，让尔孤峰势独腾。

高插半天真奇绝，不嫌丰骨露崚嶒。

其三

清·吴毓瑛

巨灵高擘自何年，秀挺西南半壁天。

绝似张华麟阁笔，凌云气概映溪边。

澜亭晚眺

村畔有亭颜曰洄澜，群山葱翠，溪水环流，每当落霞西照，明月东升，载酒携琴，歌咏其地，诚不让鹦鹉洲头琴台风味。

其一

清·江绍墀

一曲环溪漪且清，洄澜亭下枕流声。

蒸岚倾洞山为釜，佳气葱茏树作城。

皓月新裁纨素薄，绮霞初建锦标明。

此间风物直萧爽，何日携醪醉友生。

其二

清·赵从镳

极目层峦积翠浓，洄澜亭畔水淙淙。

人家半带苍烟合，山色全凭暮霭封。

容我题诗征抱负，许谁修禊惬心胸。

徘徊不忍轻回首，何处风来古寺钟。

其三

清·吴毓瑛

四面云山暮霭苍，一溪流水动天光。

村烟合处钟声静，留得青松挂夕阳。

其四

清·吴毓瑛

葱茏山色暮烟轻，雨后岚光晚照明。

远岫浮青看欲滴，层峦如笑画难成。

天边雁字争虹影，陇上人归逐月行。

最是洄澜亭畔水，一湾如带浦云泓。

其五

清·吴毓瑛

落日淡茅屋，临流三两家。

樵归山欲暝，楼隐树争遮。

白水平桥过，青山绕郭斜。

亭阑游兴罢，村酒倩谁赊。

其六

清·吴毓瑛

欹水亭高远岫低，游人多向画桥西。

暮云横带惊鸿影，半笠斜阳衬马蹄。

其七

清·吴学潜

池边亭笠倚晴沙，一片闲云伴日斜。

鱼鸟去来无限意，好山都护暮烟霞。

其八

清·叶玉金

群峰簇簇护溪头，十里亭边水碧流。

最好放开新眼界，夕阳西下月如钩。

松涛夜月

古木繁阴，青松排嶂，乃吾村之一大观也。如月色玲珑，云归岩暝，涛声款乃，树影参差，夜视仰瞩，襟胸尽涤，有高山流水，吸霞掬泉之概，千载余情尽归丘壑。

其一

清·江绍墀

半夜涛声起山麓，松林凉月惨萧萧。

干排雷雨皱龙甲，韵杂筝簧谱凤韶。

素练倒轮谊巨壑，银河转注落层霄。

高情我羡陶弘景，庭院秋风足避嚣。

其二

清·吴毓瑛

静听松风长，山阴逗晚凉。

林间刚露月，清气一帘霜。

其三

清·吴毓璠

排闼青山作画槛，暮云收尽觉天宽。

林梢月朗襟怀静，午夜松声鹤梦寒。

其四

清·吴作梅

月白涵空露气清，深林野乌寂无声。

松风涛韵琴筝响，诗思如潮陡自生。

长冈夕照

村前一带，高冈横枕，溪水远山苍蔚，一望晴空，反晡斜阳，村烟如画，霞光掩映，爽气西来，自是天然胜境。

其一

清·江绍墀

远色苍茫日影斜，长冈郁郁望中赊。

翠牵荇带翳流水，彩落霓裳曳晚霞。

几处炊烟山树暝，一声钟磬暮云遮。

倘教点染成图画，不教桃源避世家。

其二

清·吴毓瑛

冈横如画白云岭，一喧晴岚霁色侵。

别有风光描不得，夕阳山外落疏林。

其三

清·吴毓璠

诗情半系画楼前，青嶂横空带暮烟。

人效黄花矜晚节，绮霞多在夕阳天。

其四

清·吴家驷

云树苍茫暮霭连，长冈一望景无边。

洄澜亭畔莺花乱，认作江南二月天。

大塘春浪

村中学潴水为塘，广十余亩，新雨初晴，游鱼戏咏，风来浪涌，月到波明，一片澄清，水天如镜，方之百花洲渚，风景宛如。

其一

清·叶干臣

碧峰围绕绿浮波，爱听渔舟唱晚歌。

不羡彭湖称巨浸，勾留只为图画多。

其二

清·遁叟

上下天光一色中，桃花春浪逐流红。

柳阴路曲流莺啭，恰与嘉陵山水同。

其三

清·吴毓瑛

一片明如镜，晴空印太虚。

轻盈波泛绿，春水跃新鱼。

雨溪西流

山水之秀丽，必钟毓于人才英华之卓茂，每含蕴乎地脉。村前溪水西流，环绕如带，青山万叠，静供于屏。族人甲第联辉，早搏声华于凤阙，循声卓著，屡膺名宦于雄邦，其声名文物蔚然，为吴氏望族，地灵人杰，谓非山水之所钟欤。

其一

清·赵从镳

是谁倒挽清溪水，一泓澄似银河洗。

每当雨后涛声疾，疑有蛟龙从此起。

水面文章是落花，潆洄荡漾类若耶。

有人持绠相吸取，盈盈笑向阳侯夸。

四时逆流黑云催，百折不回何奇哉。

源分派别嗟独异，洋洋洒洒如潮来。惠山泉，灵岩泌。

日日年年流不去，何期此水不扬波，如膏能使游人醉。

朝见柳花落，暮看锦鳞跃。

一片沧浪孺子歌，天机活泼何其乐。

兴来冒雨坐鱼矶，得鱼沽酒带笑归。

延陵文物今犹昔，礼让高风尚未希。

其二

清·吴毓瑛

小桥疏雨柳丝斜，亭水洄澜漾碧花。

无限风光何处着，一溪绿树锁烟霞。

云楼望稼

看稼楼在村南，高接云天。清初，孔彰公所建，教子孙读书处也。

公亦常观农治稼于此。迄今登楼远眺，心旷神怡，如置身青云上也。

其一

清·叶玉桢

百尺危楼护翠岚，大田多稼慰农三。

天然一幅幽风稿，留与诗人仔细参。

其二

清·吴毓瑛

云楼危立趁晴晖，无数农人过翠微。

早稻晚禾收拾罢，家家荷得夕阳归。

其三

清·吴毓璠

云楼一望地天空，槛外风光点缀工。

四野人歌新稻熟，炊烟几处画图中。

【注】今家谱里仅存七景诗，少"磐石耸奇"一景诗，兹录七景诗于上。

五、传统技艺与民俗文化

水酒制作技艺　上舍村有传承良好的水酒制作技艺。水酒，又称糯米酒、甜酒、酒酿、醪糟，主要原料是糯米，酿制工艺简单，口味香甜醇美。在菜肴的制作上，水酒还常被用作重要的调味料。

木雕技艺　木雕技艺是上舍建筑的灵魂，木雕工艺复杂、造型生动。

剪龙须　剪龙须是上舍最具特色的节日庆典活动，舞龙表演之后，人们争相剪龙头的胡须，祈求来年风调雨顺、平安幸福。

六、逸事趣闻

除麻鹰寨王　上舍东北峰峦绵延，有一峰突起，三面绝壁，名曰麻鹰寨，聚集着一帮土匪恶霸，历代寨王打家劫舍、无恶不作。其末代寨王名叫田万横，此人武功高强，行事作风嚣张跋扈，四周村庄凡有嫁娶之事，新娘必先送上麻鹰寨供其"享用"后方可出嫁，如若不从，则屠灭村寨，不留活口。离麻鹰寨六里地的上舍吴家是方圆百里的名门望族，其门下有九子，老大老二在外出仕经商，老三在家掌管家族事宜。一日吴家老三欲娶妻，听闻麻鹰寨的事迹惊恐无措。吴父听闻此事，随即召在外云游学艺、拜师南少林的吴家老四回上舍，并商量诛杀田万横的计谋。最后，麻鹰寨王田万横被吴家老四打死，从此麻鹰寨消失不见，匪患不再，十里乡邻莫不称颂，上舍吴家声名日显。

参考书目：

李人镜《同治南城县志》，清同治十二年（1873）刻本；

邵子彝《同治建昌府志》，清同治十一年（1872）刻本；

《吴氏宗谱》，上舍吴氏藏本；

2017年南城县住建局"南城县中国传统村落"申报材料。

（罗伽禄、揭方晓执笔）

活水奔涌源头村

您一定读过朱熹的《观书有感》：「半亩方塘一鉴开，天光云影共徘徊。问渠那得清如许，为有源头活水来。」因诗中「源头」「活水」等词，便有了源头古村，有了活水亭桥。像这样因诗而名的古村、古桥，可是不多见的。更可贵的是，村中吴伸、吴伦兄弟，仗义疏财，响应朝廷号召，建立社仓，将自家4000斛粮食赈济困难灾民，时朱熹、陆游、杨万里等大儒巨子，皆为其著文赋诗，诗文流传至今。

一、古村概况

源头村位于南城县上唐镇西南部,距镇人民政府5.3千米。《吴氏宗谱》载:宋淳熙年间,吴氏由南丰金斗窠迁此建村,并命名为蛤蟆窝。后借用朱熹诗句"为有源头活水来"中的"源头"二字,取名源头村。《同治南城县志》载:三十二都源头,朱熹曾馆于此,有诗曰:"半亩方塘一鉴开,天光云影共徘徊。问渠那得清如许,为有源头活水来。"村内有"活水亭桥","活水亭"三字由朱熹题,故名。中华人民共和国成立前源头村属三区活水乡,中华人民共和国成立初期属解放乡,1955年属胜利初级社,1956年属胜利高级社,1958年属上唐人民公社源头管理区,1961年属源头人民公社源头大队,1964年属上唐人民公社源头大队,1966年底属上游人民公社源头大队,1972年属上唐人民公社源头大队。1984年撤销人民公社制,称上唐乡源头村民委员会,源头村为其所辖。1985年上唐乡撤乡设镇,称上唐镇源头村民委员会,源头村为其所辖。2018年,源头村被列入第五批中国传统村落名录。

源头村属典型丘陵地貌,辖源头、韩家塘、官家排、大塘坑、仰家、董家塘、野鸡坑、汪家、松里、松外、阳谷等自然村,面积为6.52平方千米,户籍人口1881人。农业以种植水稻、蜜橘为主,经济来源以务工和务农为主。

源头村全景

　　源头村整体呈组团状，布局自由舒展，依次为民居片区、古商业街片区、官宅片区三个建筑组团。民居片区布局顺地势蜿蜒，古商业街片区建筑沿商道依街而建，官宅片区规划严整有序。民居和官宅两个居住组团通过商业街相互联系，整体呈现出民、贵、商和谐共荣的格局。明清时期，随着江右商帮文化的发展，源头村成为商贾去往广东、福建等地的必经之道和区域内重要的货物集散地，逐渐发展繁荣起来。村落中部为一条古商业街，街上商铺林立，商品琳琅满目，商业街联系官道，可通往福建、广东等地，至今"万和仁"商号仍保存"闽广进货道"之题记。便捷的交通促进了村落的生成。南宋时期源头吴氏兄弟响应朝廷号召，建立社仓，赈济穷人，并修建书楼，藏书数千卷，宋代陆游曾作《吴氏书楼记》《跋南城吴氏社仓书楼诗文后》记之，至今社仓遗迹尚存。南宋著名哲学家、教育家朱熹还特地为书楼题写了楼额"书楼"二字，因此源头村还是中国传统社仓文化与书院文化的重要传承者。

二、建筑与遗存

（一）古代建筑

　　源头村北面是打鼓山，南面为南山，东南为朝华山与羊山，西北面是阳谷山。三条河道自西向东横贯全村，西北名"阳谷河"，西部名"何家港"，两条河道在古村落中部交汇，名曰"活水河"。村东南侧有石桥横跨于溪水之上，名曰"活水亭桥"，为抚州市文物保护单位，有三拱两墩，桥身用青麻石砌成，桥面用红条石横铺，桥中央有藻井，栏杆石板上刻有栩栩如生的缠枝卷草云纹。南宋庆元元年（1195），朱熹游学至源头村，写下《观书有感》一诗，并题写"活水亭"三字，吴伸、吴伦两兄弟将朱熹题字的匾额悬挂于廊桥之首（桥匾后毁于"文化大革命"时期）。源头村下分五个村小组，都是吴氏家族组团。明清时期催生了一批商贾巨富，兴建了众多富有特色的宅院、祠堂等，形成了特有的赣东古民居风格。现在村中有多栋保存较好的古建筑，如吴家祠堂、万和仁、大夫第、州司马第、司马第、上新屋、下新屋、吴宜伯宅、阳谷里屋、吴启宗宅、吴配久宅、吴杏林宅、活水亭桥等，大多为明清时期所建。源头村古建筑特色总体可以归结为青砖、灰瓦、红石墙裙，门头方正带披檐，侧墙高耸多叠曲，进深多重，天井细长而狭小，内部梁架结构是穿斗和抬梁相结合。

活水亭桥　位于源头村东北方向 200 米处，横跨于活水小渠之上，古建筑，宋建清修，为抚州市第二批市级文物保护单位。全长 27.7 米，宽 4.6 米，高 4.9 米，有三拱两墩，斑驳之中，爬满青苔、树藤，长着一簇簇翠绿的灌木，把桥孔遮去半边。桥身均用青麻石砌成，桥面用红条石横铺。桥上建有木结构长廊，雕梁画栋，屋顶飞龙直指蓝天。栏杆石板上，雕刻有栩栩如生的缠枝卷草云纹。2020 年 7 月，桥上长廊因灾倒塌。

南宋庆元元年（1195），朱熹来建昌军，听闻源头村有一个吴氏书楼藏书数千卷，便慕名而去，受到书楼创建者吴伸、吴伦两兄弟的热忱款待，于是，

倒塌前的活水亭桥

大夫第

居住数十日,在当地讲学,且应允吴氏兄弟的请求,为吴氏书楼题写了"书楼"二字。居住时间长了,朱熹被这里的秀美风光所吸引,写下了著名的《观书有感》一诗,其中的"源头""活水"正是源头村村名的由来。他还题写了"活水亭"三字,吴氏兄弟当即刻成木匾挂在廊桥之首。桥匾现已毁。

　　大夫第　吴氏民居,距今有一百多年的历史。大门上方匾额上书"大夫第",砖雕精美,红石成框。建筑整体格局为两进两天井。正厅为插梁式结构,保存较为完好。天井为口形天井,青苔满地。内部门窗雕刻精美,形象生动。现建筑内存有一块古石碑,上书"宋建昌军南城县吴氏重建社仓之记"。相传大夫第主人吴氏育有三子:正志、正神、正面。当时大夫第周围多为官商巨富,为免受排挤,正志后代买官玉山令,后官至知府。

息庐

吴杏林宅

息庐 吴氏民居，距今有一百多年的历史。大门红石成框，檐下有石雕，雕刻图案栩栩如生。建筑整体格局为两进两天井。入门东侧为一侧房，上书"息庐"二字，门为拱形，红石为框。天井为口形天井，条石铺砌，青苔满地。

吴杏林宅 吴氏民居，距今有一百多年的历史。院墙上有梅花状的石漏窗，红石墙裙。宅门位于正中，红石成框。门头字迹已毁。整体格局为一进一天井，天井内条石铺砌，青苔满地。建筑整体保存完好，内部雕刻精美，正厅为插梁式结构，上面雕刻八仙过海图案，门窗上有镂空雕花，窗上雕花共同组成一部戏。

上新屋 吴氏民居，距今有一百多年的历史。占地面积890平方米，两进两天井。外墙规整，基本采用对称布局，墙裙下部为大红石叠砌，上部为细青砖叠砌，墙面采用青砖空斗墙；建筑正门门头内退且高大，上有匾额，红石门框；内部梁架为穿斗式，梁架、雀替等

下新屋

构件雕刻精美。

下新屋　吴氏民居，距今有一百多年的历史。院墙上有梅花状的石漏窗，红石墙裙。院门位于正中，红石成框，入户屋檐门楣上刻有"秀拔中坡"四个大字。整体格局为两进两天井，带前院，院内杂草丛生。天井内条石铺砌，青苔满地。两侧厢房基本保存完好。

吴配久宅　吴氏民居，距今有一百多年的历史。院墙上有梅花状的石漏窗，红石墙裙。院门偏于左侧，红石成框，入户屋檐门楣上刻有"竹蓬山墅"四个大字。整体格局为一进一天井。天井内条石铺砌，青苔满地。正厅为插梁式结构，梁上刻有雕花，装饰精美。

万和仁　位于源头村古商业街上，明末吴氏商号，整体格局为两进两天井，

万和仁商号

入口处侧房门楣上刻有"闽广进货道"五个大字，曾作为明代闽广货运道上的货物（主要为官盐、布匹）中转站。

吴家祠堂　总建筑面积约460平方米。始建于清代，分为前院和正屋两个部分，为二进式院落，内含一天井，并在两侧设有侧房。祠堂主人为吴伦

吴家祠堂里的壁字

吴家祠堂

后代，相传其家境殷实，居于邻村（现为韩家堂村）。当时源头村香火旺盛，人丁兴旺，为引借源头村之风水，故在阳谷山上修建祠堂。祠堂正下方为清道光年间吴氏古墓，内有古石碑。

社仓　南宋时，源头村有一对吴氏兄弟，兄名伸，字子直，弟名伦，字子常。淳熙五年（1178），他们兄弟二人响应朝廷号召，建立了社仓，储积粮食，后将自家4000斛粮食赈济困难村民。朱熹对其善举十分钦佩。尽管"病力不能文"，但"嘉其意，不忍拒也"，欣然为其作记《建昌军南城县吴氏社仓记》。朱熹在《建昌军南城县吴氏社仓记》中对社仓之规模有这样的描述："（吴氏兄弟）发其私谷四千斛者以应诏旨，而大为屋以储之。莅事有堂，燕息有斋，前引两廊，对列六庾，外为重门，以严出内。其为条约，盖因崇安之旧而加详密焉，即以其年散敛如法。乡之隐民有所仰食，无复死徙变乱之虞，咸以德于吴氏……"

州司马第 占地面积 350平方米。清代建筑，一进一天井。入口门内退且高大，样式简洁，大门为红石门框，上有匾额，样式简洁精美。侧面设有红石拱门。外墙较不规则，墙裙下部为大红石叠砌，上部为细青砖叠砌，墙面采用青砖空斗墙。屋脊吻兽样式精美。内部梁架为穿斗式。门楣题刻"州司马第"，应为商人捐款得到的门楣。

州司马第

州司马，中国古代官名，州衙佐官，位长史下，同掌统州衙僚属，纲纪众务。唐高宗改州治中置，上州从五品下，中州正六品下，下州从六品上。清代州同别称。

官厅 占地面积 800 平方米，明代建筑。外墙规整，基本采用对称布局，墙裙下部为大红石叠砌，上部为细青砖叠砌，墙面采用青砖空斗墙。建筑正门门头内退且高大，上有匾额，红石门框，内部已毁。官厅，旧指上级官署中供下级官员来谒长官时休息的地方，有等级之分，如清代督抚衙门中有司道官厅、府官厅、州县官厅等；也指军事机构，明代京营编制，正德中置，分东西两官厅，系选团营中精锐组成，另设总兵、参将统领，嘉靖二十九年（1550）革。

吴氏家宅一号 占地面积 350平方米。清代建筑，两进两天井，有侧房。

外墙规整，基本采用对称布局，墙裙下部为大红石叠砌，上部为细青砖叠砌，墙面采用青砖空斗墙。建筑正门上有匾额，采用红石门框，四周刻壁画，样式精美。内部梁架为穿斗式，梁架、雀替等构件雕刻精美。

吴氏家宅二号　占地面积550平方米。清代建筑，两进两天井，为普通民居，白墙，内部梁架为穿斗式。

横厅下　占地面积506平方米。清代建筑，一进一天井。外墙规则，大体为对称布局。墙裙下部为大红石叠砌，上部为细青砖叠砌，墙面采用青砖空斗墙，有马头山墙。大门门头前设照壁，门头均内退且高大，上有匾额，采用红石门框，四周刻壁画，样式精美。檐部白边。内部梁架为穿斗式。

吴宜伯宅　占地面积360平方米。清代建筑，入口门头样式简洁，大门为红石门框，上有匾额，样式简洁精美，门前为围合院落，前有照壁，两侧开有拱门。外墙墙裙下部为大红石叠砌，上部为细青砖叠砌，墙面采用青砖空斗墙。内部梁架为穿斗式。

姚兴发宅　占地面积450平方米，明末建筑，现大部分已毁。内部梁架为穿斗式。

吴启宗宅　占地面积250平方米。明代建筑，一进一天井。外墙规则，墙裙下部为大红石叠砌，上部为细青砖叠砌，墙面采用青砖空斗墙。马头山墙，硬山屋顶。建筑入口采用两重门形式，第一重为防匪患采用低调的勒马门头，第二重为建筑正门，门头内退且高大，采用红石门框，四周刻壁画，样式精美，檐部白边，并饰有墨纹彩绘。内部梁架为穿斗式，上刷红漆。室内木格窗花，装饰精美。

水地基　占地面积800平方米。清代建筑，建筑入口门头样式简洁，大门为红石门框，上有匾额，样式简洁精美。门前为围合院落，前有照壁，两侧开有拱门。外墙墙裙下部为大红石叠砌，上部为细青砖叠砌，墙面采用青砖空斗墙。内部梁架为穿斗式。

源头村清代村门

寄云居　占地面积 150 平方米。清代建筑，一进一天井，为普通民居，白墙黑瓦。内部梁架为穿斗式。

吴氏手工艺坊　占地面积 480 平方米。清代建筑，入口门头样式简洁，大门为红石门框，样式简洁精美。外墙墙裙下部为大红石叠砌，上部为细青砖叠砌，墙面采用青砖空斗墙。内部梁架为穿斗式。

阳谷里屋　占地面积 350 平方米。清代建筑，两进两天井。外墙规整，基本采用对称布局，墙裙下部为大红石叠砌，上部为细青砖叠砌，墙面采用青砖空斗墙。建筑正门门头内退且高大，上有匾额，红石门框。内部梁架为穿斗式，梁架、雀替等构件雕刻精美。

司马第　占地面积 430 平方米。清代建筑，一进一天井。入口门内退且高大，样式简洁，大门为红石门框，上有匾额，样式简洁精美，侧面设有红石拱门。外墙较不规则，墙裙下部为大红石叠砌，上部为细青砖叠砌，墙面采用青砖空斗墙。内部梁架为穿斗式。门楣题刻"司马第"，应为商人捐款得到的门楣。

司马，中国古代官名，西周时开始设置，与司徒、司空并称"三有司"，亦称"三有事"。司马为朝廷重臣，掌管军政与军赋，常常统兵出征，所率军队为六个师或八个师不等。春秋、战国沿置。汉武帝时置大司马，作为大将军的加号，后亦加于骠骑将军。后汉单独设置，皆开府。隋唐以后，为兵部尚书的别称。

（二）遗迹遗存

宋代吴氏重建社仓碑刻　上唐镇源头村发现一处宋代碑刻，碑刻内容有千余字，碑刻标题清晰醒目，上用篆体书有"宋建昌军南城县吴氏重建社仓之记"15个大字。吴氏重建社仓碑整体完好，字迹比较清晰，残损的字很少。它记述吴氏社仓问世30多年之后，于绍定二年、绍定三年间遭邵武盗寇"火其仓，散其谷"。灾祸降临之时，吴氏后人烧了贷粮的债券，而民众念其恩德，"偿之如故"，未几重建了社仓。碑文作者是宁国府知府王遂，碑文写于淳祐元年（1241），距社仓始建时"绍熙甲寅（1194）之岁"有47年。江西师范大学教授许怀林对此进行了专门研究，写成论文《南宋南城吴氏社仓及其启迪意义》，发表于《河北大学学报》（哲学社会科学版）2017年第4期。

三、人物与科举

吴伸、吴伦兄弟　吴伸字子直，吴伦字子常，源头村人。兄弟二人皆受学于包扬，包扬为朱熹学生。朱熹与南城特别是上唐的关系密切。黄宗羲所著《宋元学案·晦翁学案》中列有晦翁门人80余人，其中南城籍门人就有数人，而付梦泉、黄柟、包扬、包约、包逊、周良等较为著名，他们在传播朱熹的思想方面作出了自己应有的贡献。黄宗羲说："包显道、详道、敏道，同学于朱陆，而趋向于陆者分数为多。"约、扬、逊三兄弟都曾从学于朱熹，并与朱子有书信往来。可惜,现在已很难找到包氏兄弟给朱熹的书信,但能从《朱熹集》中找到朱子给他们的回信。《朱熹集》中收录三篇《答包详道》、两篇《答包显道》、三篇《答包敏道》,其中一封信说详道"资禀笃实,诚所爱重"。

乾道三年(1167),福建崇安发生大水,朝廷派朱熹前去视察灾情,由于当年受灾,粮食无收,次年春夏之交发生饥荒,引发农民起义。朱熹创立"社仓",以赈灾民,平息农民起义。朱熹对此创意十分自得,曾把它与北宋王安石的青苗法相提并论,并上奏朝廷,希望颁行天下。不久,包扬回家,并在家乡宣扬朱熹的社仓法,吴氏兄弟知道后,十分感动。淳熙五年(1178),他们兄弟二人响应朝廷号召,建立社仓,储积粮食,后从自家拿出4000斛粮食赈济困难村民。朱熹嘉其行,作《建昌军南城县吴氏社仓记》。朱熹希望吴氏子孙"数世之后,犹有以知其前人之意如此而不忍坏,抑使世之力能为而不肯为者有所羞愧勉慕而兴起焉,则亦所以广先帝之盛德于无穷,而又以少致孤臣泣血号穹之慕也"。

朱熹的《建昌军南城县吴氏社仓记》写完后,周必大还为之写了《跋朱元晦所作南城吴氏社仓记》。嘉定三年(1210),著名文学家陆游也慕名造访,为书楼作有《跋南城吴氏社仓书楼诗文后》和《吴氏书楼记》:"盖吴君未命之士尔,为社仓以惠其乡,为书楼以善其家,皆其力之所及。自是,推而上之,力可以及一邑、一郡、一道以至谋谟于朝者,皆如吴君自力而不愧,则民殷俗媺,兵寝刑厝,如唐虞三代可积而至也。"杨万里也作《寄题南城吴子直、子常上舍兄弟社仓》,但从诗的题目看,这诗当不写于南城。此诗肯定了源头村后人吴伸、吴伦两兄弟在源头村兴建社仓的义举。杨万里对南城很有感情,还写有《将至建昌》一诗,诗云:"梅雨芹泥路不佳,闷来小歇野人家。绿萍池沼垂杨里,初见芙蕖第一花。"他为麻姑山藏书山房写下了《建昌军麻姑山藏书山房记》,还写诗给南城的朋友谢正之。《赠盱江谢正之》一诗云:"愿君努力古人事,再光麻姑与盱水。"项安世也作《寄题吴氏社仓》,同样肯定了源头村后人吴伸、吴伦两兄弟在源头村建社仓、创书楼的义举。

吴氏兄弟在建社仓之后，又斥巨资在村里建起了规模较大的书楼，藏书数千册，以此会朋友、教子弟，朱熹又特地为书楼题写了楼额"书楼"二字。楼之下是读书堂，堂之前是小阁，阁之下又是和丰堂，旁边又有两个小阁。左边陆象山题名"南窗"，右边谢昌国（南宋大臣）题名"北窗"。堂则取名为荣木轩，"荣木轩"三字又为朱熹所题。吴氏兄弟对朱熹怀有深深的感激之情，于是他们在书楼挂了朱熹的画像，朱熹为画像自题小诗一首："苍颜已是十年前，把镜回看一怅然。履薄临深谅无几，且将余日付残编。"诗写成后又为小诗写跋："南城吴氏社仓书楼为余写真如此，因题其上。庆元庚申（1200）二月八日沧州病叟朱熹仲晦父。"不幸的是，一个月之后朱子便去世了。

相传朱熹曾在吴伸兄弟那儿讲学，四方学子闻风而来。他在这里写下了《观书有感》一诗，村子因他更名"源头"，村中的廊桥也因之命名为"活水亭桥"。这首诗收录在历代的《南城县志》中。朱子还为吴氏家谱写了序，这是一件让吴氏引以为荣的事，历代续修家谱时都不舍得删去，一直保留在家谱中。村庄到今天还是称为源头村。在20世纪二三十年代，这里还一度称为活水乡。

吴仕栋（1903—1986）　上唐镇源头村人，原名蒲庄，哲学家、教育家。吴仕栋自幼聪明好学，14岁考入清华学堂。1923年，吴仕栋在清华学校高等专科毕业后赴美国留学，先后在芝加哥大学和哈佛大学获哲学学士和硕士学位。1927年，入哥伦比亚大学研究院学习。1929年夏，游历英、德、法、比等国，同年回国。他先后执教于河南大学、复旦大学、大同大学、中国公学、浙江大学。1937年至1945年任厦门大学历史系教授、系主任。1945年10月开始，先后任国立中正大学、国立南昌大学、江西师范学院历史系教授，后来在上饶师专、吉安师专代课，1979年复任江西师范学院教授，1986年5月1日病逝于南昌。

吴仕栋为人刚介正直，是非分明，见义勇为，勤奋好学。1948年，蒋介石视察中正大学，召见名流，他避而不见。他事后对人言："蒋介石杀了闻一多，我岂能同他握手。"1949 年 5 月，南昌解放前夕，中正大学校长及其他要员纷纷出逃，中正大学瘫痪。蒋介石派人劝他逃往台湾，他严词拒绝，并以其声望受众推举，担任该校"应变委员会"负责人，竭力保护学校设施，安定校内秩序，亲自进城向各商会、银行求得 350 块银圆和 150 担白米，从教授到工友平均分配，从而稳定了人心。在古稀之年，他仍夙夜伏案，致力于中国哲学史、数理逻辑方面的著述和逻辑学、专业英语等课程的教学，深受师生敬仰。他在逻辑学研究领域声名卓著，与北大金岳霖教授并称为"北金南吴"。

吴仕栋先生著述颇丰。1929 年在伦敦大英博物馆、法国巴黎国家图书馆完成《老子哲学研究》，归国后在战乱中遗失。1934 年商务印书馆出版的《伦理学》是其成名之作，该书两年九版，被列为当时高等学校教材。中华人民共和国成立初期，撰有论文《实践与逻辑》等。1958 年商务印书馆出版了一批世界汉译名著，其中就有吴仕栋先生的《时间与自由意志》（法国柏格森著）。此外他还翻译了《古罗马史》《认识的六种途径》等，可惜未出版。1985 年 5 月写成《逻辑新论》一书，总结自己毕生研究逻辑学的成果。江西大学名誉校长谷霁光教授就此评说："许多问题均有独到之处，思想境界更高，于认识日新月异，学问高深自坎坷，唯先生之艰苦攀登方能得之。"在生命的最后几年，他连续发表 15 篇论文，病中还写出《对公孙龙诡辩的逻辑分析》一文，论述精密，极见功力。临终时，案头尚存《论鬼谷子思想》的写作提纲，及其遗稿 10 余篇。他于研究哲学、历史学之暇，还编有《桥牌讲义》《象棋谱》等书，将其辩证思维运用于娱乐之中。人们对他的评价是："治学严谨，才思敏捷，见识卓著，博大精深。"

吴仕栋常说："学生就是教师的成果。"他从教 60 余年，执教认真，指导精微，不吝时，不厌倦，数十年如一日，培育了许多优秀人才，其中不少成为中国著名专家、学者，如中山大学人类学家梁钊韬教授，厦门大学副校长潘懋之教授，厦门大学历史系主任陈诗启教授，复旦大学校长谢希德教授，湖南大学校长贝效良教授,湖南师大校长林增平教授,江西师大历史系黄长椿、李树源、左行培教授,美籍华裔学者叶鸣凤,新加坡高教司司长孙一尘。吴仕栋一生,可谓"桃李满天下"。

吴子南(1934—2010)　原名亦非,吴仕栋之子,曾为中国美术家协会会员、中国工艺美术家协会会员、中国美协江西分会理事、江西省中国画研究会副会长、"八大山人"研究会常务理事、江西师范大学美术学院教授。

吴子南自小喜爱画画,1953年,入华东艺专,师从陈大羽习画。1957年入西安美术学院学习中国美术史,师从王子云,并涉足考古学及艺术鉴赏,毕业后留在西安博物馆工作。他曾下放农村,当过中小学教师,也在剧团工作过。1978年,他入江西师范学院(现江西师范大学)艺术系任教。其水墨画中的人物、花鸟虫鱼生机勃勃,造型清新,妙趣横生,创作风格独特。他在江西师范学院是最早的硕士生导师和留学生导师。他兼工诗、书、画、印,是位修养深厚的中国国画家。1993年10月,日本明仁天皇访华时,中国科学院院长周光召将吴子南的国画《条鱼出游图》作为国礼赠送给明仁天皇,画中的鱼恰巧是明仁天皇所研究的鱼类。明仁天皇回国后,将他在皇宫内的大幅彩照亲笔签名后,寄给吴子南,以纪念这段"画缘"。他贡献突出,享受国务院政府特殊津贴。他出版的《吴子南画集》,由美学泰斗王朝闻题写书名。他的画作题材主要有仕女和花鸟虫鱼,笔墨简淡清逸,重情感表达。他的作品《孙思邈像》《保卫延安》《陈胜吴广起义》陈列于陕西博物馆和革命博物馆。他于2010年3月逝世,享年77岁。

四、史志与艺文选

(一)史志摘录

活水亭桥,朱子题"活水亭"三字。

吴氏书楼在源头东坪。宋吴伸、吴伦兄弟所建。陆象山有记,时吴氏请朱子设教，兹为讲学之所。又一建斋于饭颗峰，颜曰"正心"。一建斋于麻羊岭，颜曰"诚意"。自宋以来屡遭兵燹，明进士吴鉴率族众兴复之。提学侯峒曾匾曰"道在延陵"。尚书陆万有记。后复圮。

东坪义仓，在三十二都源头，宋吴伸、吴伦建。有朱文公、周益公二碑。自宋迄元屡遭兵燹，正德间伸、伦孙昱炯请兴复。时宰孙甫义之。易其匾曰"崇古惠民"，有尚书汪浚记。国初闽兵由抵建，废为周道。康熙乙丑，后嗣龙纠族重建，有吴升序记。

附姚志论：

建昌自宋以来，有预备，有常平，有城关之社仓，有各乡之义仓，约计储积足备赈贷。然岁荒散于民。民或不给，必待商谷至而少苏。岁丰敛于官，民必不负，亦必待商谷至，而谷价稍平。盖建昌山多而地狭，土瘠而人殷，蚩蚩之众仰食于有限之谷。虽屡丰年不免借于商谷，何况承荒歉之后哉？故曰：补仓必买之异地而计始得也。夫预备、常平、城关之社仓，惟城邑近郭可少济。乡落细民赓身从事，一朝藜藿不继，又安能扶持数十里取籴于城而活，其已饿之殍哉。故必有各乡之义仓使饥民易就运，故以预备、常平属于官，以义仓、社仓属于民，官民分备意至美也。预备、常平属于官，官为敛散，散不至甚历民。义仓、社仓属于民，而敛散于官，不但历民，官亦病之。今建昌获贤守令相继爱民，凡遇歉岁设法散赈，又饬各乡济以社谷令富户减粜，禁止他处搬运。及射利之徒捏名私买必有筹，筹必有票，务使饥民老稚废疾普沾惠泽。讴咏载途矣。

吴氏书楼，陆游记。南城吴伸与其弟伦初建社仓，详见朱元晦所为记。其后又创为大楼，储书数千卷。会友朋，教子弟。朱公又为大书"书楼"二字以揭之。楼之下曰读书堂，堂之前又为小阁，阁之下曰和丰堂，堂旁复有二小阁，左则象山陆子静书其颜曰"南窗"，右则艮斋谢昌国书其颜曰"北窗"。堂之后荣木轩,则又朱公实书之。呜呼,亦可谓盛矣。

——《江西通志》

吴伸字子直,吴伦字子常,俱太学生。三十二都源头人。同受业于包扬,已复师晦庵朱子。先是乾道间,朱子创立义仓于崇安。入奏条上其说,帝可之,颁其法于四方。会包扬持其法以归,伸、伦一见感焉。绍兴甲寅,发其私谷四千斛,应诏建屋以储之。即是年为始,以时敛散。朱子闻而贤之,为之记。嘉定间,伸、伦复建大楼,储书数千卷。朱子书"书楼"二字,以揭之。陆象山为之记,当时名人如周益公、谢艮斋、陆放翁辈咸往来登眺或赠额而去。其义仓法,吴氏子孙世守之,至今不废。

吴宽,东坪源头人,事亲至孝,执丧尽礼。庐墓五年。

吴愈懋,三十二都源头人。年百岁,建有"百岁完人"坊。

朱熹字元晦,号晦庵。婺源人。吏部司勋郎松之子。绍兴十八年进士,尝避韩侂胄。与门人黄干讲学于新城福山,又尝往来于南城、南丰,为源头吴氏书"荣木轩",又大书"书楼"二字。又摩崖书"墨池"于曾子固书岩,书"明伦堂"于学,书"阆苑"于壶公岩。相传惟有"源头活水来"诗即侨寓时作也。

吴澄字幼清,崇仁人。至元中,南城程钜夫荐起之,出登朝署。退归于家,远近士大夫皆迎请执业,侨寓南城,名其弟子包淮读书之斋曰"浥川书塾"。又尝游源头及厚坪作《续集贤楼记》。

——《同治南城县志》

朱熹讲学源头村

源头村在南城县上唐镇内。数百年来,这里流传着南宋理学家朱熹先生讲学赋诗的佳话。

以前，源头村叫蛤蟆窝，一条小溪穿村而过。这里土壤肥沃，气候宜人，物产丰富。

当时，村中吴伸、吴伦兄弟俩都是年过半百的学者，藏书万卷。他俩都有一个愿望：要为村中后辈增长学识尽点薄力。听说朱熹正在才子之乡临川讲学，他们便亲往迎请，朱熹亦慕吴家兄弟藏书广博，欣然随同前往。

朱熹到了蛤蟆窝后，前来求学的人倍增。为此，吴家兄弟带头募捐筹款，在村口建造了书院和读书亭。读书亭横跨村头溪流之上，砖石结构，雕梁画栋，九曲栏杆，建造得非常别致。朱凭栏远眺近看：天光云影，浅水游鱼，尽收眼底。他心中大悦，便乘兴挥毫为吴家书屋题额"书楼"二字。朱熹见蛤蟆窝风光秀丽，民风淳朴，读书子弟求学心切，加之吴家藏书深深吸引着他，竟然一住数十日不思回归。白天，他在书院讲学。晚上，他在青油灯下博览群书，评注经文。虽说身居陋室，倒觉其乐无穷。

一天，朱熹在读书亭给众弟子讲学，休息时，极目远眺，触景生情，口占一联：

群山欲锁云间路

众弟子中有一人抢先而对曰：

万壑能开雾中途

朱熹拍手称快："佳句，佳句！"言毕，见对答学生乃农家子弟，常因劳作而辍学，很是惊讶，便问道："汝文思何其敏捷也？"对曰："先生常教诲我们要学而思，思而辨，辨而明也。方才先生望山观云，我也见壑思雾，故借先生思路而成此联也。"朱熹手捋长须连连颔首说："汝言极是。读书是自家为学，好比饮食，不能只待别人理会。"停了一会，他又说："读书，无疑者需赖有疑，有疑者却要无疑，这样方日见长进。

学而不思，知而不行，乃读书之大忌也。"听了这番宏论，众弟子深表叹服。这时，夕阳西照，晚风徐来，朱熹扶栏侧视，看见山旁有口池塘，溪水从山的东边而来，穿过池塘流经脚下，又向西面流去；池塘水光潋滟，云影、树木、屋宇倒映其中，心中不觉一阵激动，忙唤人取来文房四宝，蘸墨润笔，在亭上题诗一首《观书有感》，云："半亩方塘一鉴开，天光云影共徘徊。问渠那得清如许，为有源头活水来。"

朱熹在蛤蟆窝讲学近一年。他离开后，吴家兄弟和众弟子提议将蛤蟆窝更名为"源头村"。民国时期，源头村一带还一度设置"活水乡"，以表示对朱熹的纪念。

——选自《南城县志》，新华出版社 1991 年版，有改动

（二）艺文选辑

朱熹

建昌军南城县吴氏社仓记

乾道四年，建人大饥。熹请于官，始作社仓于崇安县之开耀乡，使贫民岁以中夏受粟于仓，冬则加息什二以偿。岁小不收，则弛其息之半；大侵则尽弛之。期以数年，子什其母，则惠足以广而息可遂捐以予民矣。行之累年，人以为便。淳熙辛丑，熹以使事入奏，因得条上其说，而孝宗皇帝幸不以为不可，则颁其法于四方，且诏民有慕从者听，而官府毋或与焉。德意甚厚，而吏惰不恭，不能奉承以布于下。是以至今几二十年，而江浙近郡田野之民犹有不与知者。其能慕而从者，仅可以一二数也。是时南城贡士包扬方客里中，适得尚书所下报可之符以归，而其学徒同县吴伸与其弟伦见之，独有感焉，经度久之，乃克有就。遂以绍熙甲寅之岁，发其私谷四千斛者以应诏旨，而大为屋以储之。莅事有堂，燕息有斋，前引两廊，对列六庾，外为重门，以严出内。其为条约，盖因崇安之旧而加详密焉，即以其年，散敛如法。

乡之隐民有所仰食，无复死徙变乱之虞，咸以德于吴氏，而伸与伦不敢当也，则谨谢曰："是仓之立，君师之教，祖考之泽而乡邻之助也，吾何力之有哉？且今虽幸及于有成，而吾子孙之贤否不可知。异时脱有不能如今日之志，以失信于乡人者，则愿一二父兄为我教之。教之一再而不能从，则已非复吾子孙矣。盍亦相与言之有司，请正其罪，庶其惧而有改，其亦可也。"于是众益咨嗟叹息其贤，以为不可及。而包君以书来道其语，且遣伦及伸之子振来请记。熹病，力不能文，然嘉其意，不忍拒也，乃为之书其本末。既以警夫吴氏之子孙，使其数世之后，犹有以知其前人之意如此而不忍坏，抑使世之力能为而不肯为者有所羞愧勉慕而兴起焉，则亦所以广先帝之盛德于无穷，而又以少致孤臣泣血号穹之慕也。庆元丙辰正月己酉，朱熹记。

吴氏宗谱序

按旧谱，吴氏之先，始于后稷，至二十二世泰伯，四十一世季札，九十一世宣公，乃江南之始祖也。熹闻上古言，有叶必有枝，有枝必有根，根不培而枝叶替，源不接而河水涸，是故谱不由鼻祖而修，有叶而无根，有流而无源者也。后稷本轩辕氏之元孙，泰伯、季札、竞公、宣公即其苗裔。然观吴氏之谱为天下著姓，金枝玉树之根，又非他姓之比。世称某公府君、夫人、县君、郡君者，惟吴孔二氏之称，余姓人家并不敢冒妄僭称，亦未有如此递递相承，数千年绵远之系。斯吴氏之谱，其可美而无尚也。今吴氏子孙出其族谱索为校正，由是以鼻祖轩辕氏、后稷、泰伯、季札，历至唐史臣竞公，传至宣公，自源而流，自根而叶，此所谓固本穷源之道，广先祖之盛德于无穷，而又庆泽流芳于子孙，绳蛰牛毛之众多，万代之颀邇也。若达之于天下，则亦无忘同胞之义耳！今之子孙重本敬宗之切如此，未知后世亦有贤子孙模范前人之意者乎？

然观吴氏之盛，有贤祖宗重本敬宗于前，则必有贤子孙世代重本敬宗于后也。谨序。

周必大

跋朱元晦所作南城吴氏社仓记

某遭遇孝宗皇帝，陪二府十年，每岁必闻宣谕云："朕自中春农事兴即忧水旱，直至十月米谷上仓然后放心。"洋洋圣谟，二帝三王所未有也。方社仓画旨时，某在东府，实奉宣德意，下之有司。今南城吴伸伦兄弟请书此记，乃敬载圣语于后，当有告于太史氏者。具位周某书。

陆游

吴氏书楼记

天下之事，有合于理而可为者，有虽合于理而不可得为之者。士于可为者不可不力，力不足则合朋友乡间之力而为之，又不足，告于在仕者以卒成之。成矣，又虑其坏，则吾有子，子又有孙，孙又有子，虽数十百世，吾之志犹在也，岂不贤哉！彼不可得为之者，则有命焉，有义焉。不知命、义，徒呶呶纷纷，奚益？故君子不为也。然为此者寡也。或易之为彼者，辄可以得名于流俗，故士之为此者寡也。

吾友南城吴君伸，与其弟伦，初以淳熙之诏建社仓，其详见于侍讲朱公元晦所为记。其后又以钱百万创为大楼，储书数千卷，会友朋，教子弟，其意甚美。于是朱公又为大书"书楼"二字以揭之。楼之下曰读书堂，堂之前又为小阁，阁之下曰和丰堂，旁复有二小阁，左则象山陆公子静书其颜曰"南窗"，右则艮斋谢公昌国书其颜曰"北窗"。堂之后荣木轩，则又朱公实书之。呜呼！亦可谓盛矣。

盖吴君未命之士尔，为社仓以惠其乡，为书楼以善其家，皆其力之所及。自是，推而上之，力可以及一邑、一郡、一道以至谋谟于朝者，皆如吴君自力而不愧，则民殷俗媺，兵寝刑厝，如唐虞三代可积而至也。吴君兄弟为是，迨今已十五六年，使皆寿考康宁，则仓与楼皆当益治，乡之民生业愈给足安乐，日趋于寿富，而君之子弟孝悌忠信，亦皆足以化民善俗，是可坐而俟也。然年运而往，天人之际有不可常者，则又当有以垂训于无穷。

予读唐李卫公文饶《平泉山居记》，有曰："鬻平泉者，非吾子孙也。以平泉一木一石与人者，非佳子弟也。"平泉特燕游地，木石之怪奇者亦奚足道，而其言且如此，况义仓与书楼乎？后之人读吾记至此，将有涣然汗出、霡然涕下者。虽百世之后，常如吴君时，有不难者矣。

嘉定元年五月甲子记。

跋南城吴氏社仓书楼诗文后

南城吴君子直兄弟作社仓，略仿古者敛散之法。筑书楼，用为子孙讲习之所。其设意深远，流俗殊未易测也。

或者乃谓吴氏捐赀以为社仓，凶岁免民于死徙，其有德于人甚大，后世当有兴者。子孙不学，则不足以承之，此其筑书楼之意。使吴氏之意信出此，乃市道也。市道不可以交乡党自好之士，其可以与天交乎？吴君之意盖曰："吾为是举，非一世也。吾兄弟他日，要当付之后人。又不可知，吝则啬出，贪则渔利，怠荒则废事，虽面命之，或不听，于遗言何有？惟学则免是三者之患，而社仓虽百世可也。此吾兄弟之本指。若夫富贵贫贱，我且不能自知，乃为后人谋，而责报于荒忽不可致诘之地，则愚矣。"

吴君遗书行千余里，示予以社仓本末，因及诸公书楼纪述。予慨然叹以为知吴君兄弟心者，莫予若也，故书之。

嘉泰四年六月某日，山阴陆某书。

吴子良

社仓书楼记

人心之善自然流动，所以浚其源而达其碕，则必由学。学者先求诸内而后施诸外，非先外而后内也。东平社仓、书楼二事，诸老道之而社仓尤拳拳然。余谓书楼所以迪为善之本，社仓所以广为善之用。书楼所以淑子孙，社仓所以渥乡邻，自身而人，自家而乡，则书楼尤其最急者，若曰责社仓之报效而创书楼，以望科目，固惊外而凶内，鄙俗之论耳。又曰图社仓于永久，而藉书楼以明训，饬亦先外而后内，未为极至之论焉。盖作书楼固有可以保社仓之理，而所以作书楼则非将以为保社仓之地，为己而学，可以及人为人，而学只以丧己浚其源达其碕，而有自然流动者。伸伦之意也，非墨子之徒已也。

宋淳祐二年壬寅吴子题。

【注】吴子良（1198—?），宋代文人，字明辅，号荆溪，临海（今临海市）人。先师从陈耆卿，后从学叶适。叶适称其"文墨颖异，超越流辈"。南宋宝庆二年（1226）进士，历任国子学录、司农寺丞。淳祐二年（1242）除秘书丞，提举淮东。四年（1244）再除秘书丞。五年（1245）为两浙转运判官。八年（1248）以朝散大夫除直敷文阁、江南西路转运判官兼权隆兴府，寻为湖南转运使。以太府少卿致仕。居官有节，因忤权相史嵩之罢职。

包恢

社仓记

事之肇兴非难，而重兴为难。重兴非难，而继重兴者为尤难，何也？兴以义而败以利，兴以公而败以私耳。社仓之兴，公义也。兴之三十余年矣，其初意安有不善者，继以善而无私利之弊，斯可矣。今不幸遭寇毁，而玉汝、韬仲伯侄又能极力救之于烈焰之中，而得什之一二，以为重兴之本。复有条叙，如前所述矣。使谨守此意久而不失焉。则公义之惠其及人者宁有已哉。予观先世誓戒之言反复恳切，所以望其后人者至矣，此前人肇兴意也。既能重兴则善矣。所虑者后或继之不善耳，以尔祖考誓戒为念，而又思陆待制非吾子孙之诚与夫朱文公泣血号穹之慕，有人心者当于此乎动矣，虑不善继予过虑也。玉汝、韬仲谓事之赞成，出于先君欲得。予言以记之，于是乎书。

王遂

宋建昌军南城县吴氏重建社仓之记

淳熙辛丑，朱文公浙东荒政成，上之赐弘矣，下之德深矣。公曰：吾居建安不勤于兴发，不劳于期会，国无费而民有获者，惟社仓为然，愿下其法于四方。上如其请。

是时克堂包君扬从文公学，得其法以归建昌，谓其友吴伸、吴伦曰："文公之教，不但得于所见，抑且得于所行，汝兄弟幸有余力，盍承天子美意，师门遗法，以与乡人共之。"伸曰："吾力所及，其可以靳然。"犹皇皇十有余年，而后竟就，敛散施舍，一如文公之法。资于私家而不假于势力，掌以子弟而不付之左右，则文公以来未之闻也。公乃为之记，益国周公书之。以余财作为书楼，聚书数万卷，使其子弟与其朋友讲习于中，陆放翁又为之记。周、朱二公，春秋蒸尝皆立之祀；杨诚斋、陈郎中肤仲、项秘书平父、赵司会昌父、杨大监敬仲、袁侍郎和淑，与当世贤者兢赋之，建昌文物于是为盛。文公之教行焉，而吴氏子弟力也。然诏旨所下闻风而兴者鲜，其称于中外者建宁、昭武，则近公之居；会稽、南康，则在公之治，远而金华、宜兴，则其徒所聚，而金坛则刘漫堂实闻而动心者也。然遂尝仕于越，于闽，游南康而居金坛，见乎掌于官者必不久，资于众者必不远，挟乡曲而成，未始不因此而坏，未有吴氏之规模宏阔而思虑深长者也。然兴仆有时，植立有道。方建昌仓制之□□乡赖之，而废之不以其道，则莫晓其故。己丑、庚寅间盗发邵武，越岭而西，火其仓，散其谷，岂兴废有时乎！吴氏之力不能与仓存亡，而能制仓之死命，折券已债岁执以取于仓者，举而焚之，不以累后人。当是时，仓几废矣，而民之德之，偿之如故。未几，仓完矣，簿书整矣，负粟于道路者如故矣。

庚子之旱，民贷于仓者其出倍蓰，而偿之者不能以十二，民□不知德，岂植立有道乎。其子振与侄孙炜感而言曰：吾曹赖此无愧于保守之义，抑炎已仕，而吾又老，凡所以奉先人之意，而承天子之命者，惟子孙是赖。祷于□□愿天之相之，多得忠悫诚信之士，无为他日羞。自今以始，惟长是举，惟贤是择。今宗党竞推埒、垓之贤，于两位为长，抑愿继此之有闻也。且仓今之下六十年矣，故老凋谢，无能记其成。时(克)堂之嗣恢为发运司干官，因命吴氏应贤之子祥老来，奉书以请□："今学文公之学，而所在、所居又习闻于仓之政，莫若吾子。"遂谢不敢当。祥老又诵其族之美意，有不可孤者，使于此无以记之，执执其咎，慊然以惧。遂尝识炎于太学，观其议论，知其为人，因其已交，知其所未识必皆温然可爱，卓然可与立。遂与吴氏之仓非私有德，而书楼之作，窃以为有道存焉。夫纤朱怀金之富，九鼎千钟之贵，不敢以望义之一二。使假于义以行，则立乎己者未必可以责之人，得乎今者未必可以求诸后，其视百两五车之藏为有闲矣。义者割裂裁制之谓也。《易》曰：理财正辞，禁民为非曰义。《大学》曰：国不以利为利，以义为利也。孟子曰：亦有仁义而已矣。而始于养生丧死无憾，则涵养德性之源，潴蓄道心之正，岂世俗浅近所能与哉。遂观吴氏之学，其必有得于文公之教，而子弟之学焉者，必深得乎文公之心，然则书楼云乎哉，社仓云乎哉。

淳祐辛丑寒露日，朝散大夫、显谟阁待制、知宁国军府事、兼管内劝农营田使、德安县开国男、食邑三百户、赐紫金鱼袋王遂记并书。朝奉郎、江南东路转运判官、兼知太平州事、新除浙东提刑徐鹿卿题额。

吴淑辰模勒

【注】王遂，字去非，一字颖叔，枢密副使王韶之玄孙，今江西德安人，宋代名臣。嘉泰二年（1202）进士，调富阳主簿。绍定三年（1230），知邵武军兼福建招捕司参议官，后任工部尚书。

王结

跋吴伸所藏曾子固帖

南丰先生早从欧阳文忠公、余襄公游，素为王文公所敬，而与苏文忠公友，其门弟子则陈无己也。今观遗墨恨不执鞭。嘉泰壬戌二月丙申，平园周某跋，而归之南城吴氏。

【注】王结（1275—1336），字仪伯，王实甫之子，定州（今属河北）人。至治二年（1322）参议中书省事务，不久任吏部尚书，举荐名士10余人，后又任刑部尚书。天历二年（1329）任中书参知政事、中书左丞。至元二年（1336）去世，诏赠资政大夫，追封太原郡公，谥文忠。

朱熹

南城吴氏社仓书楼为余写真如此因题其上

苍颜已是十年前，把镜回看一怅然。

履薄临深谅无几，且将余日付残编。

项安世

寄题吴氏社仓

项安世悔稿后编寄题吴氏社仓，始晦庵朱先生作社仓于建宁之崇安县，因奏事及之，乞颁其法于天下。孝宗为下其奏。于是建昌军南城吴伸、吴伦兄弟首应诏书，而晦庵又为之记。庆元六年庚申，予卧病江陵，南城人包扬以其记来求诗，适与朱氏哀疏同至。读之心折不敢以病为解，遂作四韵寄二吴，临笔汪然涕泗交下。时十月五日也。

淹剧无淙易怆神，社仓新记重关心。

前朝诏在恩沦骨，遗老书存泪满襟。

永念君仁多善稼，肯因师死下乔林?

皇天老眼明于镜，勉植书楼万桂阴。

周必大

南城吴氏记予七十三岁之颜

蟠木离奇，病鹤摧颓。以若形骸，而卜襟怀。

无才无能，不竞不猜。十目所视，人焉廋哉。

杨万里

寄题南城吴子直、子常上舍兄弟社仓

有虞有宋双重华，两圣一心民一家。

绿针刺水农事起，重华愁早从此始。

黄云登场万宝秋，重华对天失却愁。

二十八年临御座，太半光阴愁里过。

天颜忧喜丞相知，常平使者陈便宜。

倡为社仓首建溪，盱江吴扎承君师。

伯霜仲雪发尔私，支奇虐魃手莫施。

活几倀子几冻黎？诏子又孙孙又子。

个是重华圣人意，无论十世百千世。

吴伯宗

吴氏书楼

吴氏东坪好社仓，楼前更有读书堂。

欲知当代传家意，看取濂溪志学章。

【注】吴伯宗（1334—1384），明初诗人，名祐，以字行，金溪（今属江西）人。洪武四年（1371）状元，授礼部员外郎，与修《大明日历》。后谪居凤阳，之后被朱元璋召回。奉使安南，除国子助教，后改翰林典籍，再改翰林检讨。洪武十五年（1382），任武英殿大学士。最后，吴伯宗在被贬到云南的途中去世。著有《荣进集》。

吴与弼

吴氏书楼

森森乔木旧云林，义叶仁根雨露深。

十世清芬见遗迹，高山仰止寄遐心。

【注】吴与弼（1391—1469），初名梦祥、长弼，字子傅，号康斋，明崇仁县小陂（今崇仁县东来乡）人。崇仁学派的创立者，明代学者、诗人，著名理学家、教育家。黄宗羲的《明儒学案》中《崇仁学案》列第一，显示了吴与弼在明代学术界的重要地位。吴与弼是明代理学开山，崇仁学派下启江门之学、余干学派，也开启了阳明之学。

五、传统技艺与民俗文化

鱼脯、鱼丝制作技艺　源头村有许多特色食品，如鱼脯、鱼丝、红薯淀粉肉丸、腐皮等，这些食物都是村民们长久以来智慧的结晶，一直流传至今。

其中，鱼脯是将鱼肉切碎揉成团，加上调料，放入锅中油炸，待其变成金黄色便盛出食用，口感酥脆，是源头村村民逢年过节用来宴请宾客的传统美食，象征团圆。鱼丝是取鱼皮边红肉切碎成泥，加入少许调料，揉成团抹上红薯和淀粉，压成饼状后放入开水中煮熟，然后拿出切成丝，放入水中慢煮数分钟即可捞出食用，口感清新而细腻。这些食物都各具特色，从明清时期一直流传至今，深受村民喜爱。

祭祀　每年农历三月十八这一天，是源头村村民祭祀的日子。这一天村民全部食素，戒酒戒荤，全家沐浴，傍晚时以家庭为单位，带好香烛、鞭炮，在家族辈分最高的长辈带领之下，到村内的祠堂祭拜，保佑全家老小身体健康，祈求今年风调雨顺。

参考书目：

《南城县志》，新华出版社 1991 年版；

李人镜《同治南城县志》，清同治十二年（1873）刻本；

谢旻《江西通志》，清刻本；

《吴氏宗谱》，源头吴氏藏本；

2017 年南城县住建局"南城县中国传统村落"申报材料。

（罗伽禄、揭方晓执笔）

因商而兴下崔村

下崔，以姓名村，村民多为崔姓，皆奉姜太公为先祖。据传为避祸，唐时始祖崔伦率家人辗转迁徙于此，开枝散叶、耕读有序，终成一方望族。因商而兴的下崔村，曾经宅院如林、高墙耸立，可惜风雨终无情，现遗留不多，只在斑斓岁月里，绽放倔强的光芒。

一、古村概况

下崔村位于南城县上唐镇西南部，距镇人民政府 7.4 千米，村委会驻地为下崔组。据崔氏后裔保存的《崔氏宗谱》记载，崔氏开基祖是伦公，他从抚州青泥（今临川区青泥镇境内）迁往南城北港，也就是今天的上崔，之后没有挪过窝，迄今已有 1100 余年历史。据《新唐书·宰相世系》和《崔氏宗谱》记载，崔氏出自姜姓，是西周时期齐国姜太公之后裔。后人齐丁公为齐国第二代国君，他的儿子季子把本应自己继承的君位让给了弟弟，自己则到封地崔邑（今山东章丘西北）生活，且把自己的姓氏改了。他以邑地名称为姓，崔氏由此形成。904—919 年，季子之后安潜公为镇南军（治所在今南昌）节度使，被奸人陷害弃官归隐，把自己的儿子伦留在抚州青泥。伦公觉得长期在青泥住下去也不安全，于是率领族人从青泥迁往南城北港避祸，后在这里安定下来，繁衍生息，并把地名改了。元末明初，崔姓一族在这里已是人丁兴旺，伦公后代崔庸后迁离此地，但没有迁远，仅十几分钟的路程，为了区别于原村庄，把新村取名下崔。

中华人民共和国成立前下崔属三区活水乡，中华人民共和国成立初期属四区胜利乡，1955 年属上崔里堡低级社，1956 年属胜利高级社，1958 年属上

下崔村全景

唐人民公社源头管理区，称下港大队，1961年属源头人民公社，称下港、上崔大队，1964年属上唐人民公社，亦称下港、上崔大队。1968年属上游人民公社，下港等地并入上舍大队，上崔等地并入源头大队。1973年从以上大队划出，重新组成一个大队，属上唐人民公社，仍称下崔大队。1984年撤销人民公社制，称上唐乡下崔村民委员会，下崔属其所辖。1985年上唐乡撤乡设镇，称上唐镇下崔村民委员会，下崔属其所辖。下崔聚集了崔姓、吴姓、张姓、潘姓、邓姓等大家族，以崔姓为主。2018年，下崔村被列入第五批中国传统村落名录。

　　下崔村依水而建，沿崔家港南北延伸、东西展开。崔家港两侧为"港前"和"港背"两个片区，通过四座石桥连接，呈现三纵四横的街巷格网。村落中部沿崔家港两岸为古商业街，不同姓氏家宅以片区形式聚集在商业街周围，整体呈现"一水分两岸，一街兴一村"的空间格局。古驿道沿崔家港南北贯通，与四条古街巷纵横交错，将各建筑片区连为一体，整体呈现出一街四巷的路网格局。

二、建筑与遗存

明清时期，下崔村因商业的发展催生了一批商贾巨富，兴建了众多富有特色的宅院、祠堂等，形成了特有的赣东古民居风格。现在村中保存较好的古宅有 8 栋，如保毅公祠、张公殿、张家大厅、潘家大厅、邓家厅、吴家门厅（明代）、楼梯厅、八角殿等，大多为明清时期所建。

保毅公祠　总占地面积 420 平方米，始建于明万历年间，已有 500 多年历史。为纪念祖先保毅公，下崔崔氏二十八代孙乔三公和其房侄铉七公合建该祠堂。历史上共翻修 14 次，具体时间不详，在 20 世纪 50 年代初期曾作为小学使用。祠堂为二进二天井，大天井尺寸较大，较周边同类建筑有显著的特点。现祠堂中保存着完整的木雕和石雕，以及精美的窗扇花纹。

保毅公祠

保毅公祠内景

　　张公殿　总占地面积 60 平方米。始建于清代，于中华人民共和国成立后翻修，主要用作祭祀、祈福。坐北朝南，共一层，现有一面古时的山墙保存完好。历史上曾翻修 5 次，其中有 1 次重大修缮。20 世纪 90 年代，受自然灾害影响，祠堂西侧山墙损坏，后用红砖按原样式砌筑，现作为下崔村集体祠堂使用。

相传清乾隆年间，村中有一位张姓人士，常拿自己家粮食救济村中穷人，后世为表感谢，修建这座祠堂，并命名为张公殿。

张家大厅　　总占地面积 400 平方米。建筑主人张氏为清朝状元。建筑为二进院，两边的侧房用作书房。房前有 15 米宽的前院，并有一口古塘，书香浓厚。门头上"金鉴第"三个字曾遭凿损。现张家大厅保存着完整的木雕和石雕，以及精美的窗扇花纹。

历史上共有两次重大改建和重修：清康熙年间，建筑受虫蛀和风雨侵蚀，有所损毁，主人和家族亲人一同重修；清朝末年，张氏考中秀才，朝廷见张氏家中贫寒，便拨付一笔银两，供其修缮张家大厅。张氏家族世代贫寒，靠种田维持生计，常常受到村中其他家族的排挤。后张氏某子孙经过三年的努力，不负众望，考中秀才，至建昌府做官，张氏家族由此在村中有了崇高的地位，受到大家的尊敬。

张家大厅

潘家大厅　总占地面积950平方米。始建于清代，已有300多年历史。建筑为二进二天井，大天井尺寸较大，坐东朝西，面宽较大，较周边同类建筑有显著的特点。现保存着完整的木雕和石雕，以及精美的窗扇花纹。

历史上共有3次重大改建和重修：清乾隆年间，建筑不幸遭遇火灾，损毁严重，由潘氏家族出资重修。潘家世代经商，潘家大厅门前便是村中商道，为扩大商业规模，潘家斥巨资买下相邻商铺，并重新改建。清朝末年，受洪水灾害，建筑北侧房屋被冲垮，后重修。潘家为当地声名远扬的商贾大户，潘家大厅沿古商业街建造，为扩大沿街商铺，潘家收购了相邻店铺，从现状可看出潘家大厅建筑体量远大于村中其他建筑。

潘家大厅

潘家大厅侧门

邓家厅一　总占地面积 150 平方米。始建于清代，已有 300 多年历史。建筑为一进一天井，坐北朝南，呈瘦长形，较周边同类建筑有显著的特点。现保存着完整的木雕和石雕，以及精美的窗扇花纹。历史上共有 4 次重大改建，具体时间不详。

清乾隆年间，下崔邓氏家族规模庞大，主要在江南一带经商。邓家厅一主人排行老大，在外经商期间，对江南水产十分喜欢，回到下崔村后，在自家房子西侧开挖大池塘，并从江浙一带购买特色水产养殖。

邓家厅二   总占地面积350平方米。始建于明代，已有500多年历史。建筑为一进一天井，坐西朝东，现存较完整的木雕和石雕。主人邓氏在邓氏家族中地位低下，他本与大哥共同居住，后由于偷盗，被驱至祖先住所居住。由于好吃懒做，随着时代发展，逐渐没落。

吴家门厅（明代）   总占地面积950平方米。始建于明代，已有400多年历史。建筑为四进四天井，大天井尺寸较大，坐东朝西，呈瘦长形，较周边同类建筑有显著的特点。现保存着完整的木雕和石雕，以及精美的窗扇花纹。

历史上共经历5次修缮：清道光年间，主人仕途顺畅，官升三级，建筑由原本的二进增加到现在的四进；20世纪90年代，受自然灾害影响，建筑损毁严重，政府出资3万元对建筑进行修缮。其余修缮时间不详。

吴家门厅（明代）

清道光年间，吴氏在县衙做官，一个朝廷要犯从中原一带逃亡至此，吴氏带领手下，在短短5天时间内捉拿了要犯，得到了朝廷的认可，官升三级。从此，吴氏捉贼成为家族中的佳话。

楼梯厅   总占地面积170平方米。始建于清代，历经300多年历史。建筑为一进一天井，坐东朝西，现保存有完整的木雕和石雕。历史上共经历两次重大修缮：清乾隆年间，受洪水灾害影响，建筑损毁，后重修，并重铺地面；中华人民共和国成立后，一场大火把部分建筑烧毁，经过修缮，成为现存模样。

三、著名人物

崔氏人物见于县府志者不多，如崔宇广，其性简交，举顺治间乡试，授知县；崔元登知睢州，其子崔昊有文名。但均不能确定其是否为下崔村人。现从其家谱中择3人简介如下：

伦公　始祖伦公崔伦，世号名通，博经通史，合郡推崇。务本于学，课子以农，时而弄月，时而吟风。生于唐乾符年间，其父亲安潜公（崔安潜）为镇南军节度使，后安潜公被奸人所害弃官而隐，留其子伦公居于抚州青泥。伦公务本课农，学识渊博，乐善好施，受到当地百姓推崇，其后伦公率其族人出青泥迁往南城北港避祸，故为崔氏开基祖。

保毅公　为伦公之后，宋朝时期曾富甲一郡，田连千亩，山场几百座，乃崔氏功德祖。保毅公乐善好施，克昌厥后，生子二人，长子球，次子琳，长子球公后迁往广昌吴由里即今崔家湾，次子琳公居于上崔。万历甲申年（1584），乔三公和铉七公为纪念其功德，创建公祠供子孙祭拜。

乔三公　生于明正德乙亥年（1515）。万历甲申年（1584），乔三公为纪念先祖保毅公之功德，与铉七公合建公祠供子孙祭拜。当时集资非常困难，乔三公慷慨解囊，拿出所有积蓄修建祠堂。每至清明时节，百姓都会到祠堂祭拜。

四、民俗文化

请神　下崔有一座八角殿，历代香火极旺，殿中有生铁铸钟一座，四个壮汉方能抬得动，撞钟之声可传数十里，还有一个牛皮鼓，用棰敲之，山摇地动。

内塑张公菩萨 30 余座。数百年前至今，每月初一、十五装灯焚香，每年正月十二抬菩萨游神，在殿上唱戏三五日，并准备好猪头、鸡等祭品，大家聚集在一起，前往殿中烧香拜佛，祈求村庄风调雨顺、家人平安健康。

村规民约　①凡崔氏子孙应做到不恃强凌弱，不嫌贫爱富，不欺异排外，男女平等，尊老爱幼；②必须遵纪守法，道德品质优良，绝不做违法乱纪之事；③和睦乡里，孝顺父母，让父母生有所养，死有所葬，安度晚年；④培养后代，吃苦耐劳，让子女多读书；⑤严禁挖祖坟；⑥以上规定由族长吩咐各房房长执行，并互相监督。

参考书目：

李人镜《同治南城县志》，清同治十二年（1873）刻本；

《崔氏宗谱》，下崔崔氏藏本，2000 年修；

2017 年南城县住建局"南城县中国传统村落"申报材料。

（罗伽禄、揭方晓执笔）

科举世家临坊村

在南城这些古村里，临坊比较特殊，因为它最美好的时光、最灿烂的历史，都在金溪的高墙大院里。后因区划调整，它成为南城的一部分。

这是一个因科举而兴的村子，七君登进士第、百人入儒士林，且不论文武，都有显赫代表人物，曾被誉为『金溪第一科举世家』『金溪第一望族』。

诗云：『前溪后屏盘腰带，七星伴月护古村。科举世第家族旺，三关一锁镇村门。』这便是临坊古村自然、历史、人文、地理的生动写照。

一、古村概况

临坊，旧属金溪二十九都，今属南城县沙洲镇。

在沙洲镇，临坊有两个概念：一个是广义的，即指临坊村民委员会，在沙洲镇西部，距镇人民政府 6 千米。它东邻邓坊村民委员会，南接余家墩村民委员会，西连金溪县左坊镇，北与黄狮村民委员会交界；面积 11.94 平方千米，户籍人口 2650 人。中华人民共和国成立前临坊属金溪县琅琚区黄狮乡，中华人民共和国成立初期属金溪县石门乡，1952 年划归南城八区田西乡，1956 年属黄狮乡，1958 年属徐家公社黄狮管理区曙光大队，1961 年属黄狮公社，称临坊大队，1964 年属珀玕公社，1968 年属红旗公社，称曙光大队，1970 年后属珀玕公社，称临坊大队。1983 年为区别于东乡县珀玕公社，珀玕公社改为沙洲公社，称沙洲公社临坊大队。1984 年撤销人民公社制，称沙洲乡临坊村民委员会。1994 年沙洲乡撤乡设镇，称沙洲镇临坊村民委员会，沿用至今。临坊所辖自然村有石街、墈背、羊山、米家边、田西、罗家、邓家、华家、新城。2018 年，临坊村被列入第五批中国传统村落名录。

另一个概念是狭义的，即指临坊片村，属临坊村民委员会，距镇人民政府约 5 千米，含石街、墈背、羊山、米家边 4 个自然村，因迁居此地的村民

临坊村全景

的原籍而得名。元至正年间，王氏后裔由临川迁此建村，因他们来自临川，故取名临坊，沿用至今。其中，石街东邻羊山，南接罗家，西连金溪县左坊镇，北与李家交界，面积2.24平方千米，户籍人口561人，共126户。《王氏家谱》载：元至正年间，王氏由临川迁此建村，因村道均由鹅卵石铺成，取名石街。墩背东邻万坊，南接临坊，西连李家，北以破江为界，面积2.02平方千米，户籍人口470人，共85户。明洪武年间，石街村村民分居于此，因该村地处石街背后，中间隔一墩田，取名墩背。羊山东邻邓坊，南接竹源，西连米家边，北与临坊交界，面积0.71平方千米，户籍人口180人，共34户。明崇祯年间，部分石街村村民到此建村，因附近有一片荒山，人们常在此放牛、牧羊，取名羊山。米家边东邻羊山，南接田西，西连罗家，北与临坊交界，面积 0.82 平方千米，户籍人口 215 人，共 36 户。明万历年间，米氏由石街迁此建村，取名米家边。另一种说法是，一个叫"杨兴源"的地方因村民闹矛盾，部分村民搬迁至姓米的人家旁边居住。有人问起他们居住在哪儿，他们回答说居住在姓米的旁边，后取名米家边。

今 206 国道、济广高速穿境而过。

临坊几乎清一色的王姓，只有零星的几户外姓，多是中华人民共和国成立前在这里打长工，后因政府分了房、分了地，于是定居下来。不过有些人后来又回原籍去了。此外，还有部分姓王的居民迁居至不远处的黄狮渡村（1952年与临坊同时由金溪划归南城管辖）。

章纶天顺八年（1464）在《金溪临坊王氏家谱》中所作《临坊王氏族谱序》载："金溪临坊王氏厥先山西太原。宋时有讳小乙者，领淳熙乡，荐拜抚州路同知，卒于官。其子孙遂世居临川之溪山者，实始于小乙公也。支属蔓衍日盛，迄元末兵乱，徙今临坊，又自贵二公为再迁祖也。贵二公之孙曰忠三，以太学生出就恭城县巡宰，致政家居，因溪山旧帖而创族谱支分派别，远近昭晰，断自小乙公始……"

从上面这段文字可知，临坊王氏来自遥远的山西太原，先祖小乙公因在抚州为官，故子孙后代在临川溪山这个文风鼎盛之地繁衍生息。大约是元末，为避战乱，贵二公带着族人迁于现址，离家久远，怕忘记老家，故以"临坊"为此地命名。所以，临坊人以贵二公为再迁始祖。后又有杰出者忠三公（贵二公之孙，一说曾孙），其与先祖及再迁始祖共同奠定了临坊王氏之基业。

章纶（1413—1483），字大经，温州乐清人，明代名臣、藏书家。正统四年（1439），章纶登进士第，官授南京礼部主事，景泰年间升任礼部仪制郎中。因"性亢直，不能偕俗"且"好直言，不为当事者所喜"，在礼部侍郎位二十年不得升迁。成化十二年（1476）辞官回乡。成化十九年（1483）去世，年七十一。成化二十三年（1487），追赠南京礼部尚书，谥号"恭毅"。著有《章恭毅公集》《困志集》等。

《金溪临坊王氏家谱》还记载，王氏一族是宋朝奉政大夫、抚州路同知王阮公后裔。元末明初，王阮公第五世孙王季元因避战乱至临坊村，子孙遂定居于此。

《金溪临坊王氏家谱》里有"七君登进士第"的记载，说明此地人杰地灵，王氏子孙自古魁星迭出。据家谱记载，自元末明初建村至清末，600余年来，临坊王氏子孙中进士7人，分别是王稽、王萱、王宾、王浩、王谟、王基、王韶；中举者23名，武举人1名；收入县志之名臣、儒林、仕绩、武功、孝友、义行各类杰出人物有数十人之多。

大凡名门望族，修谱必繁。临坊王氏亦是如此。据统计，临坊王氏家族在明代就修过4次谱。清代次数更多，自康熙九年（1670）至光绪二十七年（1901）先后10次修谱，人物、事件多有增益。民国三十三年（1944）又重修一次，由王临福、王仕珍、王步青等王氏子弟纂修。临坊王氏杰出子弟，清代文学家、考据学家王谟也曾参与家谱编修。王谟在乾隆年间两次参与修谱，而嘉庆辛未（1811）"检校鸠工"的那一次，有谱序一篇，落款为"皇清嘉庆十六年岁在辛未季夏月廿五日十五世嗣孙八十老人谟敬撰"，一时传为佳话。

正是因为一代又一代王氏子弟为修谱付出的努力，才使临坊有了根，有了脉，有了血，有了肉，有了灵魂与生命，我们后人才可以在故纸堆里追其过往、明其故事，为这个文明昌盛、学风蔚然的古老村子鼓之与呼之。

二、建筑与遗存

（一）古代建筑

前溪后屏盘腰带，七星伴月护古村。

科举世第家族旺，三关一锁镇村门。

村中芦河流过，前有屏风映翠，后有锦溪迂回，山清水秀。进入临坊，便是石街，也就是一条鹅卵石铺成的村中小路，呈月亮形，右侧有七口水塘，叫"七星伴月"。池塘再往右，是条水圳，像金腰带，缠于巨人腰间；水圳再往右，是乌碑山（一说乌峰岭），像官帽一般，显出富贵之气。石街左侧分别是大、小龙山，山上皆以樟树为主，所有樟树迎风生长，呈巨龙状。村中下水道皆通七口水塘，里面养有乌龟，借其爬行之势以通下水道。村民口耳相传，说临坊所有宅第的屋脊都在一天之内架起来，同一天上梁，甚是壮观。

临坊王家主要由"石街"和"墈背"两个村小组构成，其中石街村古民居建筑群东西向延展布局，呈半月形。建筑依山就势，自南向北依次排开，有祠堂、书院、民居、戏台等。建筑多为天井式院落，祠堂偏于东侧。建筑之间形成六条古巷，直通庙家山，呈现一横六纵的街巷格局。巷道相连，侧门相对，廊桥相接。村中流传"雨不湿衣，日不毕露"的说法。每条古巷中均有一口古井，现仅存三口。旧时村口有"三关一锁"的屏障，西门"三槐名第"为"一关"，东门"临坊世家"为"二关"，通往墈背的石板路上的一道拱门为"三关"，"一锁"为登第坊（为村中进士王稽立，已毁）。

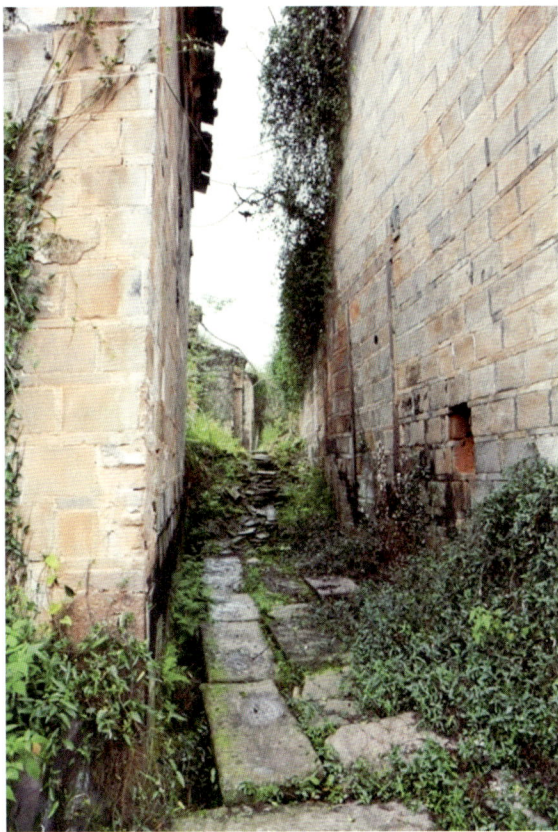

古巷

除此之外,村中还有"三槐"一说,"一槐"为三槐亭(村南古民居中,现已毁),"二槐"为境槐书院,"三槐"为王氏宗祠。

由于人才辈出,临坊村经济繁荣、文化昌盛。应试出仕的王氏族人衣锦还乡后,建祠堂、立庙宇、修住宅,为临坊带来空前的繁荣。王氏宗祠、都督第、古戏台、崇兴阁、尼姑庵、三槐亭、举七公祠、杨天女宅等建筑都是明清时期修建起来的,至今保存较完整的有王氏宗祠、都督第牌楼、古戏台、崇兴阁、举七公祠等。这些建筑朴素典雅,古风犹存,较完整地保存了明清时期民居古建筑的格局和风貌,其建筑布局、结构形制、屋顶脊饰、砖木雕刻等都具有很高的历史和艺术价值。

王氏宗祠　始建于明洪武十三年(1380),清乾隆四年(1739)重修。由于年久失修,祠堂多处出现破损。2013年南城县申报宗祠维修项目,由江西省文物局立项,维修方案由江西省文物局专家制定,多方筹集资金100万元将该祠堂修复。祠堂由砖木石材料建造,硬山屋顶,混合式构架,封火山墙。坐北朝南,三进二天井,面阔三间,约14.5米,纵深30.7米,高7.2米,总占地面积为580平方米。祠堂分前院、正屋两部分,前院西门上书王氏家族

王氏宗祠

王氏宗祠明代石狮

堂号——"三槐名第",东门书"临坊世家"。祠堂门前立有四柱三间五楼式石质门楼,正中圣旨牌竖刻有"龙光"二字,下面横刻有"王氏宗祠"四字,立柱和额坊上有双龙戏珠、仙鹤、文臣、武将以及各种花卉图案。门楼雕刻工艺精湛,书法浑厚有力。门口两侧立有石狮,正面墙体为砖贴。王姓始祖贵二公的画像及其简介即挂于王氏宗祠北墙之上,世享香火祭祀。贵二公画像旁有一残联:"古人品重文标八大名家。"王安石,唐宋散文八大家之一。有证据显示,临坊王氏与王安石家族有关联。目前,该祠堂被列为省级文物保护单位。

王氏宗祠石雕

何为"三槐名第"？大概源自"三槐堂"吧。

三槐堂王氏兴起于唐末五代，为太原王晋之后，开基祖为王言。据赵孟頫《宋尚书兵部侍郎许国公赠太师尚书令王公纪略》(以下简称《王公纪略》)记载，王言始定居于山东大名府莘县，唐末为黎阳县（今河南浚县）县令，是个七品地方官，后以子孙贵追赠许国公，其妻为姚氏。大名府莘县王氏始兴于第二代王彻，五代后唐同光元年（923）成为状元魁首，官至左拾遗。从此，大名府莘县王氏便日益繁昌。王彻后被追赠为鲁国公，妻田氏，赠秦国夫人。

王彻之子王祐，字景叔，生于同光二年（924）。据赵孟頫《王公纪略》记载：王祐自幼聪慧过人，年轻时即以文章词学名震京师，后周时，曾任魏县、南乐二县县令。入宋以后，历仕宋太祖、太宗两朝，宋太祖代周建宋时王祐任监察御史，乾德三年（965）改任知制诰，乾德六年（968）加集贤院修撰，转户部员外郎，后出任潞州、襄州、潭州知州，不久代替符彦卿镇守故乡大名府。此前，有传言称符彦卿图谋不轨，宋太祖委派王祐专门查处此事，并许诺等事成回朝后，升他做宰相。王祐考察此人回朝，竟以一家百口性命担保符彦卿无罪，并向宋太祖进谏："五代之君，各因猜忌杀无辜，至享国不永，愿陛下以为戒。"没想到一语击中了皇帝心病，惹得宋太祖雷霆震怒，立即黜他为护国军行军司马，安置华州，并从此见疏于太祖。宋太宗即位，改任王祐为河中府知府，后又调入朝，升任中书舍人充史馆修撰，不久改任开封府知府。王祐秉公直谏，被太祖疏远，没想到晚年境遇又有所改变，得到宋太宗的赏识。宋太宗曾称赞王祐，说他"文章清节兼著"，雍熙四年（987）特拜他为兵部侍郎。可惜王祐未来得及施展才华，上任月余去世，终年六十四岁，葬在陕西华州安丰里，追封晋国公，累赠太师、尚书令兼中书令。

当年王祐以才德闻名，天下人都盼望他做宰相，王祐竟不顾个人前途，以家族百口性命为符彦卿担保，此事在当时传为美谈。王祐虽官职下降，但声名更振。世人均交口称赞"王氏有阴德，后嗣必昌"。而王祐在不得志时，将希望寄托于子孙后代。他亲手在庭院种下三棵槐树，希望借三槐的寓意，使族人显赫。相传周代宫廷外种三棵槐树，九株荆棘，百官朝见天子之时，三公面对槐树而立，九卿面对荆棘而立。后世便以三槐代指三公一类的官职，以九棘代指九卿百官。王祐种三槐于庭院正是希望子孙兴旺，出将入相，位登三公。

后来，王祐的子孙果然显赫兴旺，其子王旦官至宰相，进位太保，居三公之首。王氏族人认为其宗族繁荣发迹，有赖于这位传奇祖先的恩赐，为了纪念王祐之功，遂称这支王氏宗族为三槐王氏，并将宗族祠堂命名为"三槐堂"。

三槐堂在开封城东，著名大文豪苏东坡曾写过一篇《三槐堂铭》。苏轼文中有"王城之东，晋公所庐，郁郁三槐，惟德之符"之句，盛赞王祐等人的功德。可惜历经千年沧桑之后，如今这一著名建筑早已荡然无存。但由它而来的各种仿建三槐堂不仅历代都有，而且遍及大江南北，甚至超越国界，屹立于海外。

史载王祐娶妻任氏、边氏，分别封赠为徐国夫人、秦国夫人，两位夫人共生育了三个杰出的儿子：懿、旦、旭。

长子王懿，字文德，宋初进士，曾任秘书丞，后官至袁州知府，49岁去世。死后因弟之贵，被追赠兵部侍郎、工部员外郎等虚衔。

次子王旦（957—1017），字子明，北宋宰相，三槐王氏最优秀的代表人物，传见《宋史》第282卷。史称王旦幼年沉默寡言，但勤奋好学，极有文才。宋太平兴国五年（980）中进士，官大理评事，任职平江县。后知临江军，迁著作郎，编《文苑英华》。不久升殿中丞，通判郑州。淳化二年（991）升为右正言、知制诰，后加升集贤殿修撰、中书舍人、翰林学士、兵部郎中等职。宋真宗咸平三年（1000）官拜给事中，同知枢密院事。次年任工部侍郎、参知政事。景德二年（1005）迁尚书左丞。次年拜工部尚书、同中书门下平章事、集贤殿大学士、监修国史，成为一人之下万人之上的当朝宰相。当年王祐手植三槐，希冀其子有位至三公者，现在这个愿望终于在其子王旦身上实现了。

在宋代宰相之中，王旦是极为优秀者，他当政十余年，主张宗祖宗之法，保证了政策的连贯性。举凡军国大事，他都是参与决策者。他又知人善任，为相期间，荐引提拔了大批英才。其为人极具忠义道德，胸怀阔达，有谤不较。当时枢密使寇准多次在真宗面前批评王旦，而王旦毫不在意，反而称赞寇准之才。特别使史家称道的是，他因病卸相时，竟极力向真宗推荐当年为难他的寇準继任，后来寇準果然为相，成为宋代著名的大功臣。

正是王旦的卓越才德与贡献使他成为名垂青史的人物，也给他的家族三槐王氏带来了前所未有的辉煌与显赫。王旦去世后，葬于河南开封，宋真宗临丧恸哭，且罢朝三日，举国致哀，并追赠王旦为太师、尚书令、魏国公，谥文正。宋仁宗乾兴元年（1022），又下诏让王旦配享宋真宗庙廷，并建碑纪念，宋仁宗御笔亲题"全德元老之碑"六个篆书大字。

为表彰王旦对朝廷的卓越功勋，宋真宗在王旦去世后录其子、弟、侄、外孙、门客、常从，授以官职，多达数十人，三槐王氏赖王旦之福，至此进入最显赫辉煌的时期。王旦的子孙后代，也很有出息。王旦娶妻赵氏，封荣国夫人，共生三子雍、冲、素，也都是北宋历史上有名的人物。

宋明时期，三槐王氏分支遍布全国各地。今天的中原地区及东南的南京、绍兴、余姚、太仓、漳州、泉州、南靖、晋江、揭阳等地都有三槐王氏分支，清朝时期又走向海外，到泰国、越南、马来西亚等地。三槐王氏枝繁叶茂，子孙散布海内外，成为当今王氏家族最大的一支。一般家族以地名、郡望而称于世，如王姓的二十一望，但宋明以来的三槐王氏不在二十一望之列，因为它是以三槐堂堂号而见称，非以地方命名。

瑕背王建根宅　清代晚期修建，青砖、黑瓦、红石墙裙，坐北朝南，一进三开间，穿斗式建筑，建筑空间偏向常规设置，内部没有明显的雕刻痕迹。建筑面积为143平方米，该建筑原为普通人家居住用，现损坏严重，需要大修。

崇兴阁　青砖、黑瓦、红石墙裙，梁架完整，坐北朝东南，明代晚期修建，三进三开间，穿斗式建筑，建筑面积为425平方米。该建筑为祭祀用，建筑内部空间宽敞明亮，柱梁之上遍施红妆，祭祀之所显得格外庄重。建筑山墙边上有一虎池，为储水聚气之所。建筑目前保存较好。阁内供奉"华公菩萨"，老百姓到此祈福，祈愿消病防灾、生活幸福美满。

古戏台　始建于明朝，历经多次重修。屋面为歇山顶，翼角飞扬，有雕刻花纹的斜撑。古戏台内有覆斗状的藻井。每年都有戏班在此唱戏，演出时周边的群众都会赶来看戏，人山人海，非常热闹。"演千秋史事尽是悲欢离合，看满台角色无非善恶忠奸"，"数尺地五湖四海，几更天七朝八代"。作为文化主要载体的古戏台，在历史的变迁中默默地注视着人世间上演

古戏台

的一幕幕悲欢离合、一场场喜怒哀乐，留给我们的是那离不了又忘不掉的一块精神圣地。可以说，这座古戏台折射的就是临坊村600余年的发展史。

举七公祠　清代晚期修建，青砖、黑瓦、红石墙裙，坐北朝东南，梁架完整，二进四开间，穿斗式建筑，正面入口设置一个三滴水隐蔽式牌楼，做工精致典雅。建筑内部做工考究，空间利用率较高。建筑面积为183平方米。门楣题刻"举七公祠"，原为清代书院，后改为民居，现已经闲置。

塅背明经第　清代晚期修建，青砖、黑瓦、红石墙裙，坐北朝东南，一进三开间，建筑带庭院，穿斗式建筑。建筑面积为168平方米。建筑入口处

有牌楼一座，做工精致，檐部明显向外挑出，为显贵之住宅。可惜该建筑年久失修，部分屋檐已经脱落，门窗损坏严重。所谓"明经"，是指通晓经学，秦朝就有此科，到汉代地位开始凸显。所谓"经"，原指先秦经典，自从汉武帝尊崇儒学，"经"就专指儒家经典了。"明经第"即书院。

塅背王焕荣宅　清代晚期修建，青砖、黑瓦、红石墙裙，坐北朝东南，梁架完整，一进三开间，穿斗式建筑，建筑面积为 203 平方米。空间整体布置循规蹈矩，建筑内部有一天井，现已破损，亟待修复。1933 年，黄狮渡大捷后，中国工农红军第一方面军部分红军曾在此宅暂时居住休憩过。

塅背杨天女宅　清代晚期修建，青砖、黑瓦、红石墙裙，梁架完整，坐北朝东南，一进三开间，穿斗式建筑。一层建筑的内部空间典雅通透，建筑细部雕刻做工细致入微，月梁以及雀替的雕刻做工更上一层楼，足以显示户主财大气粗。建筑面积为 104 平方米，现供居住用。此宅的主人原是杨天女的老公王氏，王氏去世后，宅子由杨天女继承。外墙上有一壁画内容为"耕读传家"，指的是既学做人，又学谋生。耕田可以事稼穑，丰五谷，养家糊口，以立性命；读书可以知诗书，达礼义，修身养性，以立高德。

（二）遗存遗迹

都督第牌楼　都督第，清早期修建，青砖、黑瓦、红石墙裙，坐北朝东南，二进三开间，穿斗式建筑，建筑面积为 268 平方米。建筑入口处是一牌楼，八字形开口，拱形门洞。都督第目前已损毁，只保留了牌楼这一建筑物。牌楼前方上端"皇恩都督第"五字清晰可辨。反面有一块石刻匾额"竞秀"，上面写着"同治壬申秋合村重建"。据《金溪临坊王氏家谱》载，此都督第为清朝康熙年间武举人王大胜所建。

都督是中国古代军事首长的官名。最初是监督军队之官，后汉光武帝建武初年，因为征伐四方，乃于出征时暂时设置督军御史以监督诸军，回师后则罢官。都督是汉末三国时形成的军事职称，魏晋时为中央或地方军事长官。其后，都督一职权责屡变，至明朝初年，朱元璋改枢密院为大都督府，设大都督，节制中外兵马。洪武十三年（1380），朱元璋诛胡惟庸，为防止军权过分集中，改大都督府为中、左、右、前、后五军都督府，各设左、右都督一员。各都督府通过都司统领京卫及外卫之兵。明中叶后，各卫仅存空名，都督遂为虚衔，领兵之官须加总兵、副总兵、参将、游击等衔，始有统兵实权。清初，沿袭明制，以左右都督、都督等为提督和总兵官的加衔，乾隆十八年（1753）废止。

旗杆石 临坊村有许多旗杆石，是该村文风鼎盛的"物证"。旗杆石，也叫"功名石"，它们是明清时期乃至更早些时候科举制度的标志和产物。在那个时代，每当乡试（考举人）和会试（考进士）放榜后，一

都督第牌楼

旗杆石

些宗族村落若有子弟中试及第的，都会在宗祠前竖立旗杆。这是封建社会科举功名的象征，有光耀门楣、彰显身份的作用，亦可激励本宗后人发奋读书，科考入仕，光宗耀祖。因此，能看到这种旗杆石的地方，大多是人丁兴旺、财力雄厚、英才辈出的大村落或贵族富户。在临坊村王氏宗祠及众多古民居前，总能不经意间看到这样的旗杆石，它们饱经风霜，无声"诉说"着古村辉煌的历史。据说，临坊从古至今共有 72 对旗杆石，人杰地灵。

三、人物与科举

（一）人物简介

临坊历史人物，有的有传，唯详略各异；有的无传，仅只言片语；有的仅有名字，行迹已不可查。现择重要人物之传略，附录如下：

王阮　字本宗，号南卿。王阮在南宋时任抚州路同知，60 来岁卒于任上，子孙把他安葬在江西省东乡县溪山，后裔也就定居于此。又有记载：王阮祖籍是山西太原，后来迁居到德安（今九江市德安县），家谱记载他为晋公之祐公后裔，其五世孙王季元因避战乱至临坊村。

王蓂　字时祯，又字东石，明代临坊人。正德六年（1511）进士，授礼部主事。其耿直敢言，山东盗贼蜂起，其疏陈平贼机宜，语峭直忤旨。武宗好游猎，常旬日不返。其与官员们一道多次劝驾返朝，以至席蒿待罪。兄萱卒于官，护丧归。嘉靖三年（1524）补南京礼部祠祭司郎中，不往，其父强其行，乃就职。嘉靖五年（1526），父病，遂疏请终养，不待报即归。胡世宁荐其为浙江提学副使，力辞不赴任，从此在家杜门谢客 20 余年。

其凤慕象山之学，与金溪洪范、黄直、吴悌共为翠云讲会。时王守仁正在东南一带讲学，蓂常请教阳明先生，可对阳明的部分观点并不赞同。其尝贻书邹守益："阳明先生见道甚明，凤所尊服，独致知格物之说不敢附会。"其力辩陆学非禅学。没，祀乡贤祠。

著有《东石奏议》《讲学录》《大儒心学录》《古今忠谏录》《忠义录》《嘉靖金溪县志》《语训录》《荣哀录》《荐剡录》《东石类稿续稿近稿》。

王萱（1482—1518）　字时芳，明代临坊人。幼颖悟，读书过目成诵，十岁能文，弱冠登弘治十五年（1502）进士。选翰林院庶吉士，补刑科给事中。武宗继位，首陈五事：复史职、惩怠玩、禁科敛、慎刑狱、去奔竞。时刘瑾弄权，其不与为伍，乞归，刘瑾乘机免除其职。至刘瑾被诛，补入兵部。其时各地出现叛乱，正德七年（1512）朝廷派其入川陕督军。十月，抵保宁，查得总制洪钟贪纵欺君、总兵杨宏丧师辱国、巡抚高崇熙媚钟玩寇之罪，免去洪钟、杨宏之职。高崇熙胆怯，主张安抚叛军。而对方头目廖麻子正欲诈降，萱屡贻书崇熙，说廖麻子不可信。崇熙不听，撤军迁民，空出临江城让廖麻子休整。次年二月，廖麻子果然叛变，残破数县，逼近成都。萱督促官兵进剿，连败之，斩廖麻子于剑州。至十二月，叛乱平定。

萱留蜀勘事。内江骆松祥起事，其情甚急，萱奏闻，不待报，即命总兵徐谦进剿，徐谦以未奉诏为惧。萱责之曰："兵贵神速，敌乌合未固，急击之可灭。待其势强，虽数万军不易取。丈夫当以死殉国，何怯也。"遂捣其师，武宗降诏奖励者三，于军中拜为通政使司右参议。萱在蜀军中二年，才略英敏，风采峻整。其体验民间困苦，奏请旌表死节妇女，廉洁奉公，所至禁绝馈送，威望日盛。至还朝，除衣服外，无蜀中一物。正德十一年（1516），奉命册封荆藩，顺道归家。正德十三年（1518）五月卒于官，享年37岁。

有《青崖文集》6卷及《青崖奏议》7卷传世。

王谟（约1731—1817）　字仁圃，一字汝上，又作汝麇，晚称汝上老人，临坊人，清代文学家、考据学家。乾隆三十三年（1768）举人，次年会试落第，侨居南昌为人教馆，编辑有《江阳典录》《豫章十代文献略》，功绩显著。乾隆四十三年（1778）进士，授知县，不久辞官，请改学职，选授建昌府学教授。终日采经摘传，搜罗散佚旧闻，以补史书之缺。王谟一生辑佚文献丰富，功绩显著，主要有《汉魏遗书钞》，收书 500 余种，刊行者有经部 108 种（一说为 96 种）；《汉魏丛书》辑佚书 86 种，又广为 94 种；《汉唐地理书钞》分前后两编，都有 500 余种。辑佚之书为地理学、方志学、文学、经学的研究提供了资料。著述有《豫章十代文献略》（一作《豫章文献录》）52 卷。巨著成，辞归，仍不顾年老体弱，笔耕不辍。

王谟主要成就在古籍整理和史学考证、辑佚方面。他才识雄伟，精力过人，好博览考证，雅慕郑樵、马端临（均为考据学家）之学。在中进士前，他就对《江西通志》中的一些人文古迹进行辨伪纠讹、补正遗缺。其所著《江西考古录》亦是辨伪纠讹，如针对旧志所述金溪县栅城之说进行辨误："栅城非周迪所筑，而是南朝余孝顷率兵二万屯于工塘，连八城以逼周迪，并以洛城为中心，用树栅围之，即后称之栅城。林适昂《江西志》以为南唐后主置，更是错误。"他又因六朝五代人物残缺，而江西人文见于史籍更少，于是广征博采，编成《豫章文献录》52 卷。这些都填补了史学领域的空白，保存了许多珍贵文献。所辑《汉唐地理书钞》，多录古代地理佚文，具有较高学术价值，在地方史志辑佚、编纂及理论方面均有重大贡献，为后世方志修纂家重视。

王谟亦工诗文，著有《汝糜诗钞》8 卷、《汝糜文钞》12 卷、《汝糜玉屑》20 卷、《逸诗诠》3 卷、《文钞》12 卷，还撰有经说杂著《三易通占》《尚书杂说》等数十种，凡 200 余卷。

王诰　字听予，清代临坊人。少颖异，举乾隆十七年（1752）乡试。乾隆十九年（1754）中会试副榜。分发四川，初署营山县，不久又署永川，补湖南石门知县。值石门大饥，请赈不获，乃自买粟以赈灾民，费两千余金。除捐俸外，再借贷，至第二年才还清贷款，全活万余人。邑有权贵，欲侵人祖坟地以葬亲，讼久不决。盖监司为权贵门生，暗地护之。诰察其实情，秉公处之。又补广东石城知县，邑中奸民，夜移路毙者，置仇家门前，又告之于官，使之株连多人。诰侦其实，重惩诬告者，邑中诬告恶习顿革。数年后卒于官，哭送者达千余人。

诰性慷慨，念族中人口众多，遇岁艰则缺食，将自己累年所积，共千金驰送族间老者，立义仓以备赈，族人赖之久远。家无恒产，不计也。

王大胜（1704 年前后去世）　字峻宇，清代临坊人。体干魁硕，臂力绝伦，常醉卧大树下，有相者过而奇之，谓当以武贵，遂往投赣南军中，初授中营把总。康熙十三年（1674）闽人犯宁都，大胜奉命击之，收复石城。又征兴国张治进，进剿宁都李村，皆破之。康熙十四年（1675），随军讨平龙泉黄塘叛军，又击赣县石岭、建节之敌于白石，升守备。康熙十五年（1676），随军往宁都，在小源攻破崖石寨，敌遁钓峰漆岭，倚巢踞险。大胜率众攀藤蚁附进抵其巢，敌惊溃，追至莆田、罗源，降敌首张明等。粤人严自明犯南康，大胜与副将许盛合兵，焚其所，立木城，严自明奔溃，追击数十里，斩首万余。不久又赴龙泉，破敌于城西，降叛将胡元亨等。康熙十六年（1677），擢本营游击，领兵平九龙寨，又追剿犯吉安寇韩大任，连破其于万安、于都、瑞金。大任窜老虎峒，康熙十七年（1678），又窜归闽。大胜遂移兵上犹，讨平石溪峒。进参将，加都督同知，改补广西提标游击。康熙十九年（1680），以收复象州、马平之功，进加都督，授郁林营参将。康熙二十年（1681），改补河池营参将。康熙二十三年（1684），升陕西庆阳协镇，进荣禄大夫。

征战三十年，积功至大将。其与士卒同甘共苦，战必身先士卒，冲锋陷阵。治军严整，所至禁剽掠，赣（今江西赣县）人德之，呼为王生佛。以老乞归，自谓由赣起，不忍忘赣人，遂往，家于赣而卒。

王忠　字以诚，临坊人。正统六年（1441）以贡生待选铨曹，因亲老请降授，遂选广西恭城县镇峡寨巡检。时地方多警，缉盗安民，境内肃然。所余俸禄悉捐修寨路。上官交荐之，以子稽贵乞休。

王稽　字元哲，一说允哲，曾祖父王宁，祖父王仲和，父亲王忠，曾任巡检。江西乡试第 97 名。景泰五年（1454）参加甲戌科会试，得贡士第 315 名。参加殿试,登进士第三甲第 111 名,官大理寺评事。天顺初,疏陈八事,曰守天德、廓聪明、察几微、务圣学、进廷议、严考察、急时政、禁幻惑。英宗嘉其言,咸见采用,晋寺副。时四川戎州都掌蛮叛,朝命兵部尚书程信督师征之,以稽主饷运,多所赞画。事平,论功拜四川按察司佥事,荫其弟穆为镇抚。稽在蜀,严肃刚介,风纪凛然。

王序 忠孙,举成化十三年(1477)乡试,授四川潼川学正,天性孝友,持躬端肃,为乡伦所推。在潼时以作兴人才为己任,潼人乏科目,序至严程课,正条约,联擢科甲者十余人,潼士多思其教。迁南直隶海门县训导,详见《海门县志》。南城夏良胜铭其墓。

王基 字肯堂,临坊人,乾隆三十七年(1772)进士,历官工部屯田司主事、虞卫司员外郎、营缮司郎中,转福建道监察御史,以疾乞休。基居官清谨,性和易,与物无忤而喜济人于厄,公车士与乡人,客邸急难者,必力任其事,其德量人多称之。

王镐 字京奏,一字雕水,临坊人,生而颖异,十岁能文,弱冠籍县庠。性恬淡,为文力追先正不务,时趋居,常手不释卷,经史百家无不综览,而于字学声韵尤考究精详,翁赵二学使奇其文,取冠军。乾隆五十七年(1792)以优行贡成均,嘉庆九年(1804)登贤书,大挑二等,授清江县教谕,未至任,遂卒。著《皎临堂文稿》。

王韶 号春丽,临坊人,嘉庆五年(1800)举于乡,嘉庆十四年(1809)登进士第。生而颖异,甫冠补弟子员,应孙补山制军观风试,拔冠一郡,一时有压倒元、白之目。自是从游者踵至,主讲河南唐邑书院,文风为之一变。门下士多取科第入词垣者,士林咸奉为宗范焉。事继母,抚弱弟,以孝友闻。道光辛巳年(1821)选陕西中部县知县,甫上道,一日即染疾卒。有《听松堂文集》行世。

王郁 字韬才,临坊人。由诸生援例入北关乡试中,道心动亟驰归省父。

抵家父果患痈，侍奉汤药，衣不解带。痈溃，朝夕以口吮之，不觉其秽。父卒，悲痛几绝，闾里称之。

王美卿　临坊人。嫡母李氏年六十余，得重疾医治不瘥，美卿割股和羹以进。母果愈，年七十八乃卒。

王卫　字均宜，临坊人，监生。少失怙，事继母周孝。周中年得目疾，百方莫治。卫以舌舐之，目复明。抚幼弟，极友爱，白首无间言。性好义，每过岁祲轧减价平粜以惠族邻，捐金三百两助祠祭里，有漕州、车田二溪春夏涨盛，行旅维艰，卫倡捐立义渡，赡以田。居邻南城、泸溪之间，修孔道、建桥亭，不下数千金。尤雅重师儒，有亡师某妻子不能自存，卫岁给钱米以赡，殡葬皆力任之。子璥、璧先后举于乡。泸溪周毓麟铭其墓。

王宗燊　字逸才，临坊人。弱冠为诸生。事继母孝，康熙十四年（1675）闽变，贼入境掳男妇，宗燊出金以赎，完聚无算。康熙四十三年（1704）岁祲，买谷赈饥。年七十九，未尝一至讼廷。子来辅举乾隆三年（1738）乡试。

王霈　字禹忱，临坊人。举雍正四年（1726）乡试，以父郁多疾，礼闱试，毕亟归省亲，抵家数日而父卒。居丧，哀毁为族党所称。雍正十一年（1733）岁饥，有鬻妻以活其母者，倾囊赠之，俾完聚。生平以武侯淡泊二语铭诸座右，未仕而卒。

王邰　字周九，监生，临坊人。四龄丧父，哀毁如成人。事母以孝闻，年四十尚艰于嗣。康熙庚子年（1720）赴省试归，一妇持其夫大哭，问之，夫以贫乏将嫁告。遂取余赀给其夫，得完聚。及岁暮，族有负债鬻妻者，急赠数十金偿其负。后举九子，咸有声庠序。

王绅　字绅万，监生，临坊人。幼贫，事母孝。年十八，暮适狮溪拾遗余金四十八两，坐待其人迁之。康熙壬子年（1672）岁饥，出粟米千余石以赈饥者。至京师适修嘉会堂，捐百金以襄事。曾孙韶嘉庆己巳年（1809）进士。

王昉英　监生，临坊人。性慷慨，知大义。慨念高祖以下子姓多质敏，而废学者每遇荒歉尤难，自给因衷赀置田二百余顷，建义仓义塾，为束修济荒之用。县宪胡以培荆储粟匾奖之。

王禹畴 临坊人。素好义，因族大岁荒，平粜难遍，乃邀同志八人，各捐钱百千，置田二百余石。颜其堂曰裕丰。自是遇荒有备，近以经纪获余赢。又移钱百千入家课，赡束修族，遂教养无缺。世者倡，自禹畴其七人者，则尚廷念劬，仰勋学敏甫，辰云青上达也。

王洪谦 监生，临坊人。性质实。贾于吴镇铁号，值兵乱救全。主赀数千金，贼伤其身，毋恤也。子学易，创祠宇助义仓，亦能继志。

王欢谟 监生，临坊人。本族之崇文会课育婴社俱捐田以助。至造渡修桥，诸义举必量力襄其事，族人称之。

王湛 字永培，来辅孙，积学未遇，因父病膈食，乃研究医理侍奉，不离朝夕。父没，尝榻母室在视寒燠。课子以立身砺行为先。道光元年（1821）以耆寿，覃恩例授登仕郎。子景曾中己酉科乡试第二。

王炳 字虎臣，临坊人，由行伍积功至蓝翎把总，隶江军麾下以克复新淦临江城，斩获甚多，升守备。咸丰八年（1858）四月，与贼战于抚州文昌桥，炮穿入喉犹裹创力战，又被枪子入耳，急救得不死。旋力疾攻城，卒获克复，擢都司赏换花翎。咸丰十一年（1861），又以收复樟树镇赏游击衔。因此前受伤过甚，遂患血症。后于苦战之余在营复旦夕巡防，劳伤并积而殁。照二等军功例给其子七品监生，候补把总。

王士敏 临坊人。咸丰八年（1858）贼至临坊村，士敏率乡团御于富家山，身受矛伤晕仆至地。旋复负痛追贼，渡水疮痕迸裂遂死。

王秀文 临坊人，咸丰十年（1860）十月避贼于黄狮渡。贼至，奋身跃水中死。

（二）科举功名

临坊被誉为"金溪第一科举世家""金溪第一望族"，杰出者众多。清同治《金溪县志》载：科甲 23 人，其中 7 人先举人后进士；武科甲 1 人；贡生 5 人，其中明代 2 人，清代 3 人；选举文职 1 人；选举武职 1 人；封赠 5 人，其中明代 3 人，清代 2 人；儒林 1 人；名臣 1 人；忠义 1 人；忠义殉难录 22 人；仕绩 5 人，其中明代 3 人，清代 2 人；文苑 2 人；孝友 3 人；义行 8 人；耆德 1 人；贞烈孝义之女、妇无数。

1. 科甲

（1）明景泰元年（1450）庚午乡试　王稽

明景泰五年（1454）甲戌会试孙贤榜　王稽（有传）

（2）明成化十三年（1477）丁酉乡试　王序（王稽从子）

（3）明弘治十四年（1501）辛酉乡试　王萱（王稽长子）

明弘治十五年（1502）壬戌会试康海榜　王萱（有传）

（4）明弘治十七年（1504）甲子乡试　王箕（王序次子）

明正德六年（1511）辛未会试杨慎榜　王箕（省府志有传）

（5）明正德十四年（1519）己卯乡试顺天榜　王芹（王序幼子）

（6）清康熙三十五年（1696）丙子乡试　王桢

（7）清雍正四年（1726）丙午乡试　王霖（有传）

（8）清雍正十年（1732）壬子乡试　王柳

（9）清乾隆三年（1738）戊午乡试　王来辅

（10）清乾隆十五年（1750）庚午乡试　王瑠（王霖子）

（11）清乾隆十七年（1752）壬申恩科乡试　王诰

清乾隆十九年（1754）甲戌会试明通榜　王诰（有传）

（12）清乾隆十八年（1753）癸酉乡试　王钟陵

（13）清乾隆二十四年（1759）己卯乡试　王沐

（14）清乾隆二十七年（1762）壬午乡试　王统（改名王磊，万载教谕）

（15）清乾隆三十三年（1768）戊子乡试　王谟

清乾隆四十三年（1778）戊戌会试戴衢亭榜　王谟（有传）

（16）清乾隆三十五年（1770）庚寅恩科乡试　王基

清乾隆三十七年（1772）壬辰会试金榜榜　王基（有传）

（17）清乾隆三十九年（1774）甲午乡试　王谭（王来辅子）

（18）清乾隆四十五年（1780）庚子乡试　王钦（王基子，分宜教谕）

（19）清乾隆五十七年（1792）壬子乡试　王璈

（20）清嘉庆三年（1798）戊午乡试　王璧（王璈弟）

（21）清嘉庆五年（1800）庚申恩科乡试　王韶

清嘉庆十四年（1809）己巳恩科会试洪莹榜　王韶（有传）

（22）清嘉庆九年（1804）甲子乡试　王镐（王基从子，有传）

（23）清道光二十九年（1849）己酉乡试　王景会

2. 武科甲

清康熙五十二年（1713）癸巳恩科乡试　王郏

3. 贡生

（1）明代王忠　（王稽父）

（2）明代王篆　（王稽曾孙，六安州吏目）

（3）清代王云

（4）清代王镐

（5）清代王兰

4. 选举文职

王铉（河南获嘉县巡检）

5. 选举武职

王大胜（有传）

6. 封赠

（1）明代王稽：官大理寺右寺评事，敕授文林郎

（2）明代王萱：官刑科给事中，敕授徵仕郎，升通政使司右参议，晋授奉政大夫

（3）明代王蕡：官刑部四川清吏司主事，敕授承德郎

（4）清代王基：进士，工部营缮司郎中，诰授朝议大夫

（5）清代王大胜：官左都督，管广西河池营参将事，诰授荣禄大夫

7. 儒林

明代王蕡

8. 名臣

明代王萱

9. 忠义

清代王炳

10. 忠义殉难录

王士敏、王秀文

出战被杀者20人：王凝（邑诸生）、王锦新（监生）、王循度（从九职）、王式玉、王永锡、王绂襄、王绩襄、王功求、王敏求、王凤祥、王松高、王玉和、王连兴、王百贤、王百福、王桂和、王郁贤、王种贤、王允荀、王步明

11. 仕绩

明代：王忠、王稽、王序

清代：王浩、王基

12. 文苑

清代：王镐、王韶

13. 孝友

王郁、王美卿、王卫

14. 义行

王宗粲、王霖、王邰、王绅、王昉英、王禹畴、王洪谦、王欢谟

15. 耆德

王湛（王来辅孙）

四、史志与艺文选

《忠公族范十条》

《金溪临坊王氏家谱》所载《忠公族范十条》，内容繁多，但尤重人伦，对骨肉亲厚、相互扶持、尊卑礼仪、婚丧祭奠强调甚多。族范如下：

一、坊去舍岭溪山百余里，庆吊不通，泽虽尽而尊卑犹存。苟或见之，必尽敬礼，其称呼一应谱序。倘视之如路人，则谱不必作矣。

二、坟墓碑碣但有缺折，随即竖立。如无力者，族人助之。不可因循年久，恐被乡人互争。甚至连年讼斗，为祸不小。

三、谱之所收，不分贵贱者，所以尽亲亲之。道中间有等无知之徒，欺侮尊礼，不循轨法，甚至为非，此等之人，必会合族尊礼公处而重挞焉。如是者再三不改，则削以出之。

四、族中贫贱富贵不齐，富者不可吞贫，贵者不可凌贱，正当怜以济之。不然则亲谊安在？曾禽兽之不若矣。可不戒哉？

五、先人遗有手泽，将洁净之器藏之，时加检视，不可损之，俾后之子孙有所稽考。尔能遵守前人之泽，则后人亦重视汝之泽矣。

六、凡冠婚丧祭之，仪遵依家礼，其厚薄随家之可供，而丧祭仍过于厚倘不能举者，则族属赠之可也。

七、朔望苏新毕，长幼会于一处，序坐啜茶，议于事务，凡事之

欲行者，禀以长谋，于众以定否可，如是，则事无乖剌。若率意妄行，其不失者鲜矣。

八、治家仍过于严，俾家庭之间肃然可观。子弟教以礼让，甘淡泊习之惯熟，自然节俭成人矣。

九、处事毋矜己之长以讦人之短，毋积恶于母而取怨于人，毋侵人之利以纵己之欲，毋文己之过以要誉于人，无疏其所亲而亲其所疏。

十、骨肉亲厚乃天理之自然，予尝见世人为纤毫之利以成仇隙，见之不揖不呼，坐不同凳，食不同席，行不同路，反眼相视，馋谤纷比，结恶于外，以戕其内，挤之于死地而不悔。呜呼，虎狼有父子，蜂蚁有君臣，何人之重利而轻骨肉如此哉？此即禽兽无二矣，可不鉴哉？

族规四十条

《金溪临坊王氏家谱》所载族规，全文共四十条，内容繁杂、规定详细，在各种礼仪的规范之中，凸显"尊长""敬贤"及"体国"的核心要义。族规如下：

一、团拜用饼，固以致孝，享于先人，亦以联子姓示慈惠也。旧例，凡尊长斯文丁壮幼小，俱要亲自登祠，方行给饼。兹合族会议中散处各村，一时难以聚集，殊费守候，兼或天时雨雪，幼小提抱亦多未便，自后照丁分给每一男丁，给饼两枚。先期各房领谱之人，彚（同汇，笔者注）集丁单交祠，初一、初二、初三三日内，各家赴祠亲领，纠首（也叫"酒手"，是社事的具体组织者，笔者注，下同）照单分给，不得增减并不得过期。外若女丁，不论大小老幼及已嫁未嫁，概不分给。

二、丁饼外尊礼胙饼，九十者八枚，八十者六枚，七十者四枚，六十者二枚，进士二十四枚，举人十二枚，贡士十枚，捐贡加职补廪者八枚。

三、凡捐受职衔者，吏员胙饼四枚，九品六枚，八品八枚，七品十枚，六品十二枚，五品十四枚，四品十六枚。

四、元旦无暇燕饮（意为宴饮，笔者注），亦不宜燕饮，族中尊礼饮酒，以初二为期。

五、每祭，斯文胙肉进士十二斤，举人六斤，贡士五斤，监生三斤，捐贡加职补廪者四斤。未行做祭，各胙暂停，唯进士胙肉四斤，举人胙肉二斤，每祭必给者，所以尊贤也。

六、每祭，尊长胙肉九十者四斤，八十者二斤，七十者一斤，六十者半斤。未行做祭，各胙暂停，唯九十尊长胙肉四斤，八十尊长胙肉二斤，每祭必给者，所以敬老也。

七、每祭，封翁胙肉照依新贵例发。虽不做祭亦给。

八、做祭，丁胙年十五以上者，每丁给胙三两。

九、每祭，主祭者胙三斤，祝文者胙三斤。虽不做祭亦给。

十、新科进士团拜清明、冬至，俱发全胙一次。虽不做祭亦给。

十一、登科者大祠贺银六两，忠三公贺银二两，举三公贺银二两，大祠花红礼一两，外轿下钱三百文。

十二、接乡榜新贵上祠，纠首备办割酌新贵，高祖支下每家给割一个，共祖支下每人给割一个。

十三、竖旗大祠，纠首匠人雇工把割。

十四、乡榜新贵荣归祠上唱戏，割酌迎接；斯文及七十以上尊长与饮。新贵家款待酒席，六十尊长衣冠来接者，仍与祠上割酌。未接者不给。至新贵之家六十尊长者虽迎接亦不待席。

十五、进京饯行请合族斯文陪饯，封翁专席。封翁位下子孙俱请陪饯。新贵共祖支下，每家第一位陪饯。雇备小唱。纠首安座饮毕，专席用鼓吹送到新贵家。

十六、会试，大祠盘费银六两，代席银八钱，新无代席费。

十七、出贡，大祠贺银五两、盘费五两，忠三公贺银二两，举三公贺银二两。

十八、接贡士上祠，纠首置备割酌。高祖支下每家给割一个，其余事照依登科一体恩拔，岁副优俱。同捐贡不在此例。

十九、发甲者，大祠贺银十二两，花红银一两，外轿下钱三百文。忠三公贺银四两。举三公贺银四两。

二十、馆选，大祠贺银二十四两；鼎甲，大祠贺银三十二两。

二十一、接甲榜新贵上祠，纠首雇备旗伞鼓吹轿夫，请族中先达迎接。轿伞旗帜等费，俱出自大祠。其余事宜，仍照登科例。

二十二、甲榜新贵荣归祠上唱戏及迎接把割，俱照登科例。

二十三、甲榜新贵荣归十日内，祠上置酒接风，礼款照依登科饯行例。

二十四、甲榜竖旗，匠人雇工把割，俱照登科例。

二十五、荣任者，馆选部属助祠银八十四两，知县助祠银一百两，教官助祠银三十两。以本身正胙外，食胙三斤。

二十六、入乡学国学者，大祠贺银一两。旧例国学备割谒祖，方行举贺发胙与饮，乾隆乙丑年（1745）酌议，会合数位共备把割酒席每位派银四两，自后入国学者，照例交银四两存祠，置割备席即举贺发胙与饮。兹又因近来上捐实甚便宜，又非藩宪正实，收每多外省空白部，监二照听，捐者自行填写，较向日捐款不过十中之一，并真伪难分。从新酌议，自后上捐者如非藩司正实收入国学者，酒席两人共设席面，要与捐职者同。海味盘碟轻微者，罚设席之外，每人入钱五千，归祠助祭，断不可少。违则停胙停饮。若是藩司正实收，仍照旧例。

二十七、捐从九者，若是外省空白部，照酒席一人独设席面，仍要与捐职者同。海味盘碟轻微者，罚设席之外，入钱十千文，归祠助祭。如是藩司正实收，除设席外，入钱五千文，祠归助祭，仍不可少。违亦停胙停饮。

二十八、监生科举，大祠盘费银一两。

二十九、六十尊长，旧例只发胙不与饮，于乾隆丙子（1756）合族公议，每位入银三钱存祠，各祭与饮。未入钱者，只做祭给胙，不得与饮。

三十、旧例兴祠之时，助银五两者，许附神位入庙。自兴祠后定议，有将祖父升附者，每位额银七两五钱，须先期将银付值年纠首，方择吉举行冬至团拜入一神位者，领筹给酒一瓶。

三十一、崇重先达，所以尊贤。凡先达升附入庙者，额银四两，正冬至团拜仍领筹给酒一壶，又加先达筹一根，在人主酒筹之外。

三十二、冬至日各房领谱之人，须将谱交祠封验，不得损坏疏失。又将本房生添新丁及已故者，逐一报明，以便给饼散胙，并后次修谱便于查考。其管谱报丁之人，团拜丁饼之外另给饼四枚，所以酬劳也。如或谱牒损坏及混报丁数，除不给饼外，公罚于该房另择公正之人领执。

三十三、清明祭扫，旧例于寒食日祭始祖、二世祖、三世祖墓，合族尊礼与饮。于清明日祭忠三公墓，忠三公支下尊礼与饮。清明之次日，祭举三公墓，举三公支下尊礼与饮。以忠三公、举三公各有祭田附祠也，近年祠费不敷，三祭合作，醮奠饮酒俱共一日，至祠中有费，仍照旧例举行。

三十四、举三公附田存祠，每岁小年日做祭支下，子孙分胙，学校一斤，乡榜二斤，贡士半斤，贡士加职补廪一斤四两。又从前科场会试者，举三公另给盘费。登科发甲及入乡学国学者，另给贺银。后因祠内乏费，此宗贺银盘费俱行停止。公议科场一次，举胙二丁。会试一次，举胙四丁。乡学国学贺银作胙二丁。登科贺银作胙四丁。贡士贺银作胙三丁。补廪贺银作胙二丁。每丁三两。其斯文本分胙肉及身而止至所加丁胙，永远食之以作助银食补。但有加无已费用渐增，合公酌议，将举三公祭田所出租息，除完粮兑米、清明醮祭酒费外，于小年日量度为之，或做全祭或做半祭，不得过涉大祠，其丁胙数目载有其簿。

三十五、肇十公附田存举三公祭内，不论做祭未做祭，每祭发胙肉九斤。每年发戏银三两。此系定额，永远不得增减。其田听纠首另表肇十公支下，永不许领佃。

三十六、祠事原属重典签派，纠首必须合族尊礼举各房矢公矢慎之人协力任事，三年一换，不得抗众争。

三十七、做祭祀全祭，给纠首胙每名各三斤半，祭一斤半。如不做祭，不得开销。

三十八、钱粮乃朝廷重务，其急更在于尊祖敬宗之先者也，每年依期完纳，固以见草野之忠，亦以瞻执事之贤。

三十九、凡祠中用费，各项开销历年存有祠簿，管事者悉行照簿施为，不及详载。

四十、凡族中应用，条件如有新增事项，必要请明族众会议，纠首不得专擅。

五、红色印记及其他

（一）红色印记

"上名字"运动　1929年初，中共赣东北组织派方志纯、廖东海、彭启龙等来金（溪）、资（溪）、南（城）边界地区发动群众，开展"上名字"运动。"上名字"运动，是中共赣东北组织为了适应农村特点和群众习惯而创造的鼓励劳苦群众参加革命活动的一种方式，即积极扩充革命组织，每人去找忠实可靠的亲戚朋友来"上名字"。"上名字"的要求是真正的贫苦农民，忠于革命，永不背叛革命。"上名字"以后要参加各种秘密会议，积极做串联工作，发展成员。"上名字"采取亲找亲、邻找邻、知心人找知心人的发展方法，为了保密，每个同志都以"代名"进行登记，以免暴露身份，然后将所有上了名字的人登记造册，为成立农民协会做准备，为农民运动兴起奠定组织基础。至1930年，"上名字"运动很快发展到与金（溪）、资（溪）、南（城）交界的黄狮、珀玕、水口、竹源、小兰、欧溪、南山等地，临坊也在这一范围内。

地下红色交通站 土地革命战争时期，因靠近沙洲水口村这样的革命中心区域，临坊设有地下红色交通站，承担秘密护送干部、输送物资、传送资金、递送文件情报等任务。可惜的是，这一地下红色交通站设置的具体情况，包括时间、地点、人物、事件等，都已不可考。

毁背王焕荣宅 1933年1月1日，红一方面军在黎川举行阅兵宣誓典礼。2日，全军从黎川出发北上。3日，抵达南城洪门。4日，集结于渭水桥一带。彭德怀指挥红三军团首先进抵黄狮渡、后车一线，包围尚蒙在鼓里的驻黄狮之敌国民党第五师第十三旅后，迅速发起攻击，5日取得战斗胜利。该旅除少数逃窜县城外，大部分被歼。此役，红军俘敌官兵1000余人，内有旅长周士达，团长1人，营长2人及全部连排长；击毙敌1000余人，内有团长1人；缴获机枪16挺，迫击炮2门，步枪2000余支，无线电台1台。红军乘胜占领金溪，威慑浒湾、抚州。此为黄狮渡大捷，是红一方面军在第四次反"围剿"中取得胜利的先头战役。黄狮渡大捷后，部分红军战士曾在此宅短暂居住休憩过。

松木岭宿营地旧址 宿营地旧址位于临坊村附近，是一座连绵的大山。该旧址为当时金南县和建东县两个苏维埃政权领导游击队开展革命活动的主要场所，是当时两个游击队的主要宿营地。1933年11月，金南县沦陷后，县委书记危老仔率游击队在南城沙洲、资溪等地活动，长期驻地设在松木岭一带。1935年2月6日，游击队在松木岭被敌包围，因子弹打光，无法突围。危老仔不甘被俘，毁坏枪支后，引颈自缢，光荣牺牲。1934年初，建东县委书记胡开林率领建东游击队 60 余人转回南城大竺等地,不断打击、骚扰敌人。8 月,队伍在石壁嵊被敌人包围,战士们虽然奋不顾身地消灭敌人,但在敌强我弱的情况下,他们的子弹快用光了,只能防御,不能进攻,而且粮食也没有了,战士们已饿了四天四夜,战斗中队伍受到很大的损失,胡开林也负了伤。根据这种形势,胡开林等决定,把枪支理在地下,把机柄拿走,然后化装出来活动。他们长期隐蔽在松木岭养伤,却不幸被保长发现,引来国民党军,胡开林、尧小花等被捕,并被国民党杀害。

方志纯（1905—1993） 江西弋阳人,曾用名方志诚、万里、冠雄、王佑、汪冠英、王民生等。方志纯出生于一个农民家庭,少年时期曾读过私塾,后进弋阳县高等小学念书。他早年受堂兄方志敏的影响,投身革命活动。1922年在弋阳高小参加了弋阳革命青年社,积极从事革命宣传活动。1926年下半年,他在家乡参与组织了漆工镇暴动,同年 11 月担任县工会主席。1927 年,他参加了举世闻名的八一南昌起义。之后,他先后任农民革命团团长、弋阳县九区团区委、信江团特委、赣东北团省委书记、中共赣江北省委常委、中共信江南岩特委书记、贵余万三县游击司令兼政委,红十军赤色警卫师师长、政委、赣东北省军委代理书记等重要职务,参与领导粉碎敌人对赣东北苏区的多次反革命“围剿”,为创建和巩固赣东北苏区,发展壮大红十军,创建信南根据地,作出了贡献。

1931 年冬（一说 1929 年初）,他化名老万由赣东北苏区来南城珀玕、黄狮渡一带（临坊也在这一范围内）做地下工作,主要开展打土豪分田地运动。1933 年初,方志纯随红十军至中央苏区,先后任红三十一师师长、政委、中共闽赣省委常委兼黎川中心县委书记,黎川军分区司令员、政委,闽赣省军区组织部、宣传部和地方工作部部长等职,参加了中央苏区第四、第五次反“围剿”。他英勇作战,灵活指挥,动员和组织军民为保卫中央苏区进行了艰苦卓绝的斗争。红军北上以后,方志纯留在闽赣根据地坚持游击战争和党的地下工作。

　　解放战争中，方志纯曾任中共中央社会部二室主任，中央卫戍司令部参谋长，在杨尚昆司令员、刘少奇政委的直接领导下，负责警卫和情报等重要工作，随军转战西北，进军华北，直至解放北平。1949 年 6 月，方志纯南下江西工作，长期担任江西省党、政、军重要领导职务，历任中共华东局委员和江西省委常委、省人民政府副主席、省政府党组副书记、省委书记、省长等职。1993 年 7 月 31 日，他因病在南昌逝世。

　　危老仔（1905—1935）　南城县珀玕乡（现沙洲镇）松木岭人。1929 年参加革命，是资（溪）南（城）边界新苏区最早参加秘密革命活动的积极分子，并发展了一大批秘密工作者。翌年 6 月，加入中国共产党。1933 年 3 月担任金南特区第一分区（竹源）区委书记，6 月任金南特区区委书记。金南特区紧靠白区，他特别重视建立各种武装组织，各乡普遍建立了游击队，特区军事部直接掌握了一支 400 多人的游击队，称为 63 团。1933 年 6 月 15 日，混入革命队伍并窃取特区革命委员会主席职务的特务肖大罗趁 63 团外出时，密告南城保安队，围攻特区机关。危老仔一面组织群众上山，一面四处放风说"63团回来了"，使敌人半途收兵。之后，他设计抓获并处决了肖大罗。1933 年 9 月，任金南县委书记。1935 年 2 月 6 日，他在松木岭（临坊村附近）遭敌包围，因突围无望，不甘被俘，毁坏枪支后，引颈自缢，为革命献出了自己宝贵的生命。

（二）故事及习俗

　　汤一面　明朝时，临坊有个参将姓汤，才智出众，但是性情傲慢，极其自负，常自夸文武双全，可独当一面，人称"汤一面"。一日，他正在城中与朋友喝酒，部下来报，有贼兵杀过来了，"汤一面"满不在乎地放下酒杯说："各位，稍等片刻，待我去捉几个贼将来助酒兴。"他备马提刀，率部出迎，没想到刚出城门，就被埋伏好的贼兵一箭射中咽喉而死，故人们又称其"汤一箭"。

　　演戏　每年农历正月，村里都会请戏班来演戏，连演 4 天。采茶戏、黄梅戏等大戏轮番上演，抬老爷、游神、舞龙灯等活动接二连三。戏台设在临坊古祠堂。古祠堂是村中的王氏宗祠，始建于明代，重修于清代，是省级文物保护单位，也是演戏和看戏的好地方。

参考书目：

清同治《金溪县志》，同治九年（1870）刻本；

《金溪临坊王氏家谱》，临坊王氏所藏民国刻本；

2017年南城县住建局"南城县中国传统村落"申报材料。

（揭方晓执笔）

盱水明珠新丰村

新丰村，位于盱江河畔，是一个有着千年历史的传统村落，曾是新城（今黎川）、南丰两县货物集散地，是盱江河畔的重要码头。这里曾经商贾云集，商业的繁荣造就了古村独特的面貌，也演绎了数不清的传奇故事。从历史的遗存中，总能窥见先人筚路蓝缕的身影，历史上新丰村虽屡受战火波及，但屡毁屡建，新丰人的坚韧可见一斑。虽时光流转，商贾渐远，但如今码头、商铺、高大的明清古建筑群、幽深的石板古巷，仍矗立在盱水河畔，静静地诉说当年的繁华。

一、古村概况

新丰村为新丰街镇政府驻地,位于南城南部,距县城17千米,村域面积7.68平方千米,户籍人口2066人,耕地面积约2250亩,其中水田2037.48亩,旱地212.34亩。农业以水稻种植为主,主要经济作物有蜜橘、花生、大豆、油菜、白莲、西瓜等,村民收入来源以务工和务农为主。新丰村属丘陵地区,西部沿河地带为冲积平原,地势南高北低,旴江傍西而过,上唐河由西北注入旴江。

据《李氏威公宗谱》记载:宋天禧二年（1018）,李介兴由县尉（今沙窠水库水淹区）分居南城新丰镇古楼岗瓦窑堡,自此开基,迄今已有1000多年的历史。新丰李氏为滕王李元婴五世孙李威公后裔,据《李氏宗谱》记载,唐元婴公封滕王,出镇洪都,为江右李氏始祖,迄五世恭公、威公徙建昌南城,居南城麻畲（今属株良镇长安村）,南城李氏多从此分出。

历史上因为承接新城（今黎川）、南丰两县的货物中转,商贾云集,聚而成街,得名"新丰街"。据记载,最早的圩市在今址西北1千米的瓦窑堡,因广昌、南丰至抚州、南昌船只往返均在此停留,而成为旴江重要码头之一。清康熙年间,李、周、徐等商贾由瓦窑堡迁此建屋成街,称新丰街。中华人民共和国成立后设新丰公社,改新丰街村名为新丰村,沿用至今,2018年新丰村被

新丰村全景

沿河建筑

列入第五批中国传统村落名录。

新丰老街位于盱江东岸，为古老集镇，有一条南北走向、与盱江平行的石板街道。新丰老街沿岸一线，木结构房屋傍岸而筑，水榭吊楼，颇具江南水乡的特色，犹如银河的星星洒落在水乡泽国中。乡贤姚晓明先生在《一剪梅·新丰街》一诗中写道："碧玉经流吊脚楼，片片归帆，点点轻鸥。青帘水驿管弦柔，桃李春风，明月清秋。   新柳年年旧码头，花落庭芜，古井寒幽。家园如梦画中留，细雨长街，淡淡乡愁。"

二、建筑与遗存

（一）历史建筑

新丰村的兴盛，得益于盱江航运。旧时，新丰村为盱江上溯广昌县、南丰县，下至抚州、南昌航道的重要码头之一，航运和工商业发达。商户以李、周、徐三姓居多，主要经营农产品，铁、木、篾和织造业也比较发达。当地民谣唱道："新城南丰下盱江，五里长街会商帮。商贾兴旺三神殿，滕阁遗徽守四庄。"

新丰村因河而兴、因商而旺，旧时便利的水运使其成为重要的货物集散

地，促进了村落的形成；同时，新丰老街商铺林立，商品种类丰富，商贸的繁荣使新丰村规模进一步扩大，形成较为完整的格局。沿河店铺包括洋油店、南杂店、布匹店、药店、豆腐店、裁缝店、金店、烟店等，呈带状南北延伸。村落居民点与老街联系紧密又各自成组，整体呈现街村合一的格局。

　　新丰村以李姓为主，也有周、徐、赵、洪等姓，村民以同姓组团的方式分布村中。同时，新丰老街"水口"处，古樟树、古桥、土地庙、李寿然公祠构成独具特色的风貌。

　　新丰老街发达的商业给新丰村带来了空前的繁荣，老街现存"一街六巷七码头"的格局，千米长的老街曾有大小店铺上百家。村中保留着许多有实力的商贾人家旧居，建筑建造精良，装饰堂皇，使新丰村成为建昌帮村落的重要代表。

　　新丰村古建筑主要由新丰老街上的商铺和村中的商宅构成。商铺有临江的吊脚楼，也有不临江的前店后宅、进深较大的建筑形式。商宅则门楼高耸，

新丰村水道

新丰码头

装饰华丽，雕刻精美，具有赣派传统建筑的典型特征。现在村中保存较好的有芸舫居（李家厅）、滕阁遗徽（李家厅）、青莲旧第（李家厅）、李寿然公祠、李拱庭公祠、粮站古宅、十贤别墅（赵家厅）、凌万别墅（徐家厅）、忠孝传家（洪家厅）、盘献双桃（袁家厅）等20余栋古宅。走进新丰老街，你会被那些散发出往事气息的明清老

古村建筑群

宅所吸引。石板凹凸，墙色斑驳，镌刻着岁月的痕迹，将生活的四季和千年的风雨展现在人们面前。走进新丰老街，就如同走进了一幅江南水墨画。

忠孝传家（洪家厅） 建筑门楼高耸，坐东朝西，整体格局为两进两天井，带偏房，为洪氏所有。堂屋地面及天井内条石铺砌。大门为八字门罩式门楼，门楣上书"忠孝传家"，两侧门墙上有楹联，字迹已模糊。檐下叠涩及门头砖雕精美，人物雕像栩栩如生。门罩下方饰以彩绘，形象生动。红石墙裙，正面山墙有雕花石窗，颇为精美。建筑内部木雕装饰为当地一出"采茶戏"，窗扇上人物山水和飞禽走兽刻画精美，有"三阳开泰""二雀报喜"等图案。隔扇以木雕装饰。斜撑龙纹样雕刻精美，形象生动。神龛保存较为完好，雕刻

忠孝传家（洪家厅）

石刻楹联

精美。据说房屋为进贤工匠所建，所用石材来自南丰，木材来自福建建宁等地，耗时三年时间建成。

　　洪氏祖上从下洪坊迁徙而来，旧时做生意，卖纸、布、盐、油。建房之初，特意找风水师择基选址，祈求家族兴旺，建筑正对山坳，风水极佳。一开始建偏房给建房的师傅居住，主体建筑建好后，偏房改作厨房。匾额上的"忠孝传家"，表达了屋主秉持忠孝传家的家风。大门两侧有石刻楹联：义居旧第，仁处新丰。

　　屋内神龛后还有一副对联：汾阳大富贵寿考，庐陵蓄道德文章。富贵寿考是中国传统吉祥图案。寿考，犹言高寿，《诗经·大雅·棫朴》曰："周王寿考，遐不作人。"朱熹《集传》曰："文王九十七乃终，故言寿考。"牡丹寓意为富贵，寿石（或松）寓意为长寿。以牡丹、松石等组成"富贵寿考"吉祥图案，在明清装饰上常见。上联借用郭子仪的典故，唐朝汾阳王郭子仪出

墨书对联

将入相，既富贵又寿考，七子八婿皆为朝廷显官。下联道德文章典出欧阳修，欧阳修是唐宋八大家之一，"以文章道德为一世学者宗师"。他是吉州永丰人，因吉州原属庐陵郡，其以"庐陵欧阳修"自居。

　　凌万别墅（徐家厅）　别墅为徐氏所有，门楣题刻"凌万别墅"，"凌万"取自苏轼《前赤壁赋》中的"凌万顷之茫然"。大门两侧有红石楹联：东海观鱼变，南州听鹿鸣。东海和南州都是徐姓堂号。东海典故出自秦朝时期的方士徐福，他携童男童女数千人渡海访仙，传说后来成为日本的神武天皇。南州典故出自东汉名士徐穉，字孺子，豫章南昌人，少学今文经学，兼通天文、历算，才高八斗却淡泊名利，时称"南州高士"。彼时陈蕃为豫章太守，不接待宾客，却特意为徐孺子设一榻，去则悬之。后以"悬榻"比喻礼待贤士。王勃《滕王阁序》所云"人杰地灵，徐孺下

凌万别墅（徐家厅）

惠我室

陈蕃之榻"即用此典故。后门门楣题刻"惠我室",石刻楹联为"惠然莅止,我且安居"。

青莲旧第（李家厅） 门楣题刻"青莲旧第",青莲是李姓堂号,表明此乃李氏旧宅。青莲典故出自唐代大诗人李白,其号青莲居士。青莲旧第（李家厅）

青莲旧第（李家厅）

原先的屋主在外经商，生意遍布江西、福建等地。

徐家厅（明代古宅）　古宅坐东朝西，整体格局为两进一天井，具有典型的明代建筑特征，与村中清代建筑相比，门楼低矮不张扬，内部基本没有装饰性雕刻纹样，梁架穿枋用扁作月梁。宅子与凌万别墅（徐家厅）相通，是徐家祖上的房屋，新丰名人徐怀清在这里出生成长。

徐家厅（明代古宅）

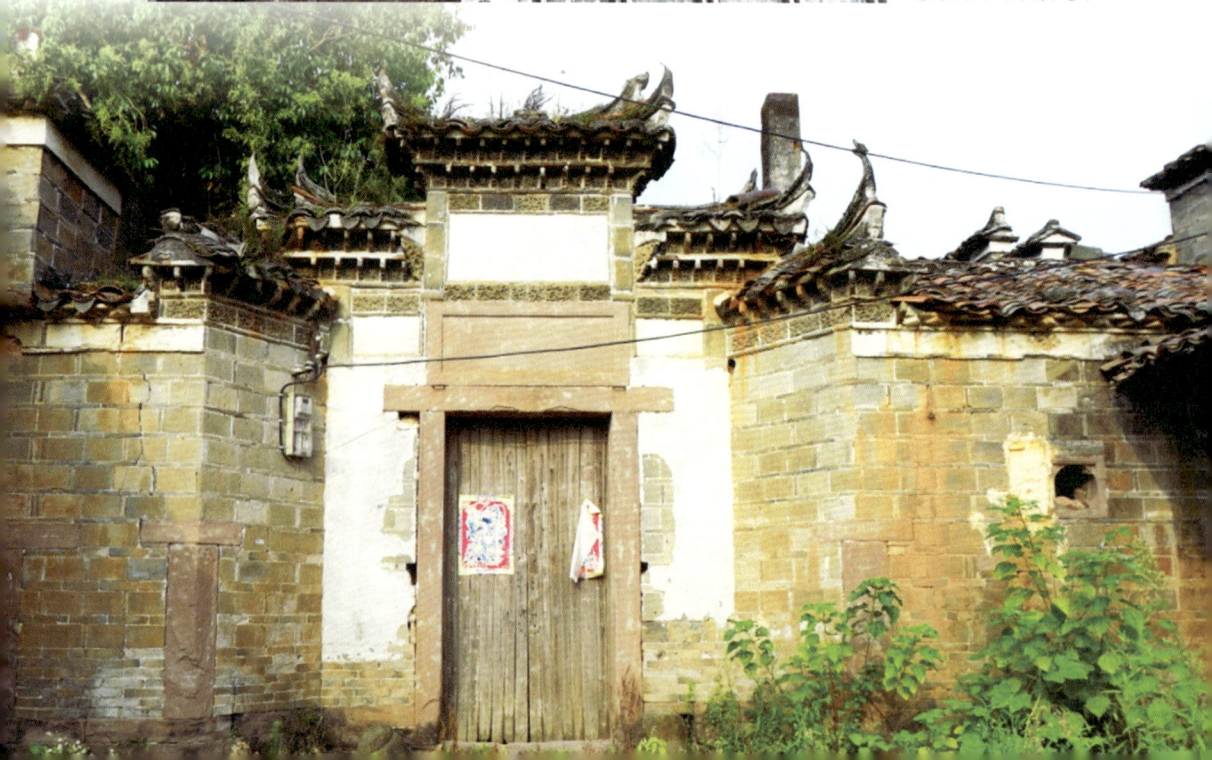

芸舫居（李家厅）　李氏民居，建筑面积 677 平方米，房屋 24 间。坐东朝西，三进两天井带前院，院门红石成框，门楣用红石刻写"芸舫居"，两侧用红石雕刻楹联。建筑入口有挑出木门罩，内部雕刻精美，堂屋地面及天井内用条石铺砌。硬山屋面，山墙面马头墙高耸。第一进马头墙叠一层，第二进叠两层，第三进叠三层，整个侧立面富有层次感。

门楣题刻"芸舫居"，有两种解释：①芸是香草名，舫是船，芸舫即香舟，以芸舫居为名，表达屋主高洁的志向；②芸表示众多，芸舫即众多的船，芸舫居建于旴江边上，旴江在古时候是重要的航运通道，新丰是旴江中游的货物集散地，千帆云集，芸舫就是屋主门前之景，因此得名。大门两侧红石楹联"国利民福，人寿年丰"，也表达了屋主的美好愿景。

此外，大门门楣"芸舫居"下面还有近代标语"革命居"，建筑正门门罩下有"幼儿之家"的标语，此建筑在中华人民共和国成立后，曾被当作幼儿园使用。

芸舫居（李家厅）

滕阁遗徽（李家厅） 为李氏古宅，建筑面积 1212 平方米，房屋 50 间。坐东朝西，整体格局为三进两天井，带前院和后厢房。院门为八字门罩式门楼，门楣上书"滕阁遗徽"，红石雕刻生动。院门与大门之间错开一定角度，有风水的讲究。建筑内部雕刻精美，堂屋地面及天井内用条石铺砌。两个天井内各有一对石制花架。

门楣题刻"滕阁遗徽"，滕阁即滕王阁，乃江南四大名楼之一，为唐代滕王李元婴所建。唐贞观十三年（639），唐高祖李渊第二十二子、唐太宗李世民之弟李元婴被封于山东滕州，为滕王。他于滕州筑一楼阁，名曰"滕王阁"。唐显庆四年（659），滕王李元婴调任江南洪州（今江西南昌）都督，因其思念故地滕州，便在南昌重新修建"滕王阁"。后来，此滕王阁因王勃的《滕王阁序》为世人熟知，成为永恒的经典，滕王也因此名留千古。匾额题写"滕阁遗徽"，一方面表示屋主姓李，另一方面表达了屋主对李姓先贤滕王李元婴的追思。

滕阁遗徽（李家厅）

天井花架

黄家宅　现在的屋主姓黄，以前这也是李姓人家的房屋，保存较为完好。

黄家宅外景

黄家宅内景

粮站古宅　坐东朝西，整体格局为三进两天井，还有三个虎眼天井。门楼高耸，八字门罩。内部装饰较少，中华人民共和国成立后改作粮站，墙面及梁架用石灰刷白。堂屋地面及天井内条石铺砌。硬山屋面，山墙面马头墙高耸。

粮站古宅

粮站古宅全景

　　李寿然公祠　位于村北古樟树旁，坐北朝南。大门为贴面式门楼，砖雕精美，红石成框，门头置四个门簪，有梅花、菊花等样式，门楣砖雕栩栩如生。

李寿然公祠

　　整体格局为一进一天井，带偏房。天井、正厅均用条石铺砌。正厅为插梁式结构，保存较为完好。门楣题刻"李寿然公祠"，还有纪年。公祠建于光绪辛丑年，也就是 1901 年。大门两侧石刻楹联：本固根深纾德泽，山青水绿大文章。内部还有楹联：尧舜之道孝弟而已矣，宗庙之礼玉帛云乎哉。横批为：明德惟馨。

内部楹联

李拱庭公祠   坐东朝西,整体格局为三进三天井。大门为八字门罩式门楼,雕刻精美,门罩飞檐翘角,颇有气势。大门红石成框,上有两个门簪,门簪上有雕花,两侧墙壁上有彩绘。室内地面及天井内条石铺砌。门楣题刻"李拱庭公祠",是村中李姓人家的公祠,建造时间早于李寿然公祠。旧时,村中李氏家族的大事多在此商议。

李拱庭公祠

李拱庭公祠正门

十贤别墅（赵家厅） 建筑坐北朝南，整体格局为一进无天井。大门为贴面式门楼，带木门罩，内部梁架无装饰，柱础样式不一，有特色。门楣题刻"十贤别墅"，孔门十贤也称孔门十哲，指中国儒家学派早期的十位学者，是孔子门下最优秀的十个学生（颜子、子骞、伯牛、仲弓、子有、子贡、子路、子我、子游、子夏）的合称。建筑以"十贤别墅"为名，表达了屋主仰慕圣贤，心向往之的心境。

十贤别墅（赵家厅）正门

盘献双桃（袁家厅） 坐东朝西，整体格局为两栋三进两天井的宅子，内部连通，北面有花园。大门为八字门罩式门楼，雕刻不多，内部装饰比较简单。室内地面及天井内条石铺砌。门楣题刻"盘献双桃"。屋主姓袁，祖上兄弟俩做生意，发家后建造此宅。

盘献双桃（袁家厅）

新丰巷街 18 号 位于新丰老街南段，建筑坐西朝东，背靠盱江，典型的传统商铺样式，建筑正立面全为木板围合。建筑为一层，有阁楼，阁楼作为储物空间。现在的屋主叫李义成，祖上曾在此做餐饮生意，新丰码头巨大的人流量保证了小店有稳定的客源。

新丰巷街 26 号 位于新丰老街中段，建筑坐西朝东，背靠盱江，曾是经营中药材的店铺。古代药材流转过程中，盱江充当联系纽带，新丰作为盱江中游重要的物资集散码头，药材生意占有很大一部分比重。

新丰巷街18号

　　新丰巷街28号　　位于新丰老街中段，建筑坐西朝东，背靠盱江，典型的传统商铺样式，建筑正立面全为木板围合。现在的屋主叫吴桂芬，祖上经营木材生意。

新丰巷街26号

新丰巷街28号

新丰巷街50号

新丰巷街 50 号 现在的屋主叫刘细仂，祖上做烟草零售生意，过去没有香烟，百姓以抽旱烟与水烟为主。新丰老街是繁华的码头，码头工人劳累之余少不了来一口烟解乏。商铺的大门上有两个高低不一的洞，下面的洞贴近地面，上面的洞有一人高。据说过去要是有人在晚上买烟，便从上面的洞口递钱，在下面的洞口拿烟。

新丰巷街 77 号附 1 号 坐东朝西，典型的传统商铺样式，前店后宅，建筑进深较大，正立面全为木板围合。屋主叫揭全寿。150 年前，揭全寿的爷爷从南丰县市山镇迁至新丰，建了这栋房子做酒生意，父亲做豆腐生意，到了他这一辈改做裁缝，已经做了 40 多年。如今，街上的商铺大都关闭了，裁缝铺依然还在营业。

新丰南货商店 坐东朝西，典型的传统商铺样式。沿街面为木板门，上为砖墙叠涩出檐，硬山屋面，山墙面有马头墙升起，进深较大，前店后宅。中华人民共和国成立前，这里是泰丰仁商号，是南丰巨商余建丞开的钱庄。中华人民共和国成立后改作南货店，有人称之为南味食品店。新丰是盱江南来北往的物资集散地，以南人为多，所以南货需求旺盛，此店面是新丰老街上最气派的店面。

新丰巷街洋油公司　为传统商铺样式，坐东朝西，沿街面为木板门，硬山屋面，山墙面有马头墙升起，进深较大。洋油，顾名思义，就是从外国进口的油。我国海关有记录可查的洋油第一次进口是在同治六年，也就是1867年，这一年外国油品开始进入我国。

新丰南货商店

新丰巷街洋油公司

（二）遗存遗迹

古街巷　村中现存古街巷六处。古街巷既能组成村落的道路网，也能成为风的通道，街巷夏季尤其凉快。

新丰古街巷

码头 是新丰老街的要素之一，新丰老街的兴起便是因为水运和码头。在新丰老街上，临盱江一侧，还保留许多通往盱江的码头，足见当年商业的繁荣。

老街每隔十来米就会有一个通向河面的通道，大约有十余处，这些通道都是由大块的青石铺就的石梯，来往的船只可以根据水位停靠在合适的码头。在交通不便利的时期，水运是人们运送货物的重要途径之一。据当地人说，人们早上从广昌等上游地区贩运

新丰码头

木材、毛竹，扎成排，顺流而下，往往在正午时刻到达新丰码头，于是他们在此休息吃饭，进行货物交易，这里便成了一处热闹的水路驿站。据当地老人介绍，新丰老街最繁华时，两旁林立着上百间商铺，酒肆、布店、裁缝店、茶馆、旅馆等建筑鳞次栉比。

古桥　村中现存两座古桥，一座在村中沟渠通往盱江的出口处，一座在村口的古樟树下。水经过石桥流经树下，形成人工营造的村落水口景观，是村落藏风聚气之所在。

樟树下的古桥

古井　村中现存三口古井，是村民饮用水的来源。井口是由一块整石掏挖而成，由于几百年持续使用，井口被磨得高低不平。

古井

古井

五堡殿 又叫上街坪五堡殿，坐落在新丰村上街坪组。这是五个堡（后讹写成保），也就是五个村庄（橙源、橙江、上街坪、大码口、周家井）共建的殿，保佑五个村庄的平安，故名。其始建于明万历年间，总面积约 600 平方米，因战争损坏。2014 年村民自筹资金，重新修建，恢复了五堡殿的建筑风格，沿用旧名至今。

三、历代人物

李介兴 字履祥，生于宋天禧戊午年（1018）八月初三，由南城县学廪生领乡荐登宋熙宁榜第三十七名进士，初任枣杨县知县，迁升户部主事，为新丰村开基之人。

李恭 字东湖，生于正德己卯年（1519）正月初八。公赋性耿介，制行清高，胸怀磊落，一代英豪。益府舒城王同弟赐有冠带，旌其匾曰"圣世淳民"，享年七十有八。

李宽 字南濯，生于正德辛巳年（1521）六月十一，享年七十有六。益府舒城王荣赐冠带。

李秀峰 性质淳良，言信行笃，生于正统辛酉年（1441）十一月初六。姑病，药饵无效，割股救活。县主施匾，曰"贤孝流芳"，享年八十，殁于成化庚子年（1480）二月，葬于上寨。

李寿山　尚在襁褓时便已经历粤匪之乱，其乳母天生丽质，匪首欲侮辱，乳母坚贞不屈，在跳河自杀前将李寿山隐匿在水草中，第二天被砍柴路过的人搭救，并将其送回亲生母亲手中。李寿山的父亲早逝，母子二人孤苦伶仃。求学期间因经济问题，李寿山弃儒从商，跟随舅舅从事伦纸生意。他勤劳肯干，兢兢业业，没过几年，便承担会计的重任。光绪二十七年（1901），李寿山前往上海经营纸业，深受欧风美雨的冲击。众多洋货充斥上海市场，其感中国利权外溢，恨中国实业未兴，认为应该和外国进行商战，发展中国实业，挽回国家利权。同行非常钦佩他，当中国商务总会在申江设立机关时，同行推举他为江西省代表。李寿山保卫桑梓，倡办国防，主张军人捐躯，商人亦应助饷资军，当沪军政府经费支绌时，踊跃疏财。清朝翰林院编修、江西民政长刘凤起曾为其撰写《寿山先生及夫人之历史》。

李爱荪　大学文化，曾在20世纪80年代担任抚州地区行署专员，后调任南昌市委书记。其为人厚道热情，热心为家乡办事，在1997年建造新丰街大桥时作出贡献，受到家乡人爱戴，并传为佳话，2022年去世。

四、史志与艺文选

（一）史志摘录

本祠乐捐义谷碑记

宋朱子设立社仓，以便贫民，所以救一地之荒歉也。后世义仓之设，实权于此，然设义仓以救一地，而不设义仓以救一族，是其所薄者厚而其所厚者不反薄乎？我李氏自叹公，世居新丰，人丁繁衍，其中贫富不齐，间遇凶年亦有呼。庚癸者谊属同支何忍坐视，爰集同志妥商，而族中同志各切同胞之隐念，不数日间，共捐得义谷三百余担，正存储本祠仓内。公议值有歉岁，本里义谷开仓之日，本祠出粜之期，本祠贫民无租粮者，减价平粜，每名准买米一升，永著为例，毋得争多竟少，即此日输捐之子孙均恪守此日定议。其进出之数，董其事者另立有簿，每岁到冬至献簿于祠，当众核算，是举也，非以示惠，实亲亲之谊也。惟冀继起之君子善为经理，由积谷而置义庄，法范文正公，于近郭买良田以养族中之贫者，而竟偁等未成之志，吾其厚望也夫。

饶房：超然公，乐捐谷五千斤；欣然公，五千斤；其仁公，五千斤；聘然公，三千斤；礼和公，二千斤；桂山公，一千二百斤；佐廷公，一千斤；慕忠公，一千斤；其泰公，一千斤；焕若公，一千斤；际亨公，一千斤；梦元公，一千斤；少鹤公，四百斤；幼鹤公，四百斤；显房，维发公，一千斤。

光绪甲午二十岁在一阳月冬至日，四十世孙偁谨志。

——《李氏宗谱》

徐方传

徐方，号云极，新丰圩人，国学生。膂力绝伦，有侠气，家雄于财，亟人之亟无所吝，生平不欺，然诺容貌恂恂，见之者不觉其才之勇也。咸丰丙辰发逆肆扰，云极奉檄委办团练，各乡推为联首剿贼，自任，言每切齿。贼由宜黄逾领掠南东都郡，云极督众抵御，屡挫贼锋，相持数月，终不任一贼入境，各乡安谧，倚云极如长城。以功授五品衔，檄为南七都团总，云极益加振迅，磨盾枕戈昕夕不倦。己未春，贼大股麋至，踞上唐墟为巢穴，势猖獗，守备杨锦斌统官军赴剿，云极督勇应援，星夜驰至，首冲贼锋，斩馘甚众。贼怵且愤，料各路悍贼间道分人，将云极四面兜团，断绝杨军援路。坚持数日，脯粮火药俱尽，势不能支，团勇溃散，云极一人陷入贼阵，矢集身如猬毛，刃枪数十处，犹手毙三贼而死。逾日，贼退，检其尸颜色如生，发动拳握怒气犹勃勃然。事闻得祭葬如例，给予云骑尉世职。

——《同治南城县志》

李逊仲公本传

余里新丰李君逊仲者，风甚古，嗣子送入太学三舍，其于予素不相识，而为予友王赓言之戚姻。赓言于余聚首城闉青灯夜语，谓世人中干名掠利之习越世而工，然而得之人力者半，得之天事者不可谓亡也，因具道逊仲君语言、行事之梗概，有儒者之风，而人不知识也。逊仲寡交游，居里闲杜门一室，权衡生事则甚异于诸素封家之所为，至其施与出入粟米钱帛为数甚，然未尝锁记簿籍，问其故，则曰："阅生籍足长人贪，阅用籍尤足长人吝也。"此语非心于阿堵者所能云，又谓亲友称货居室之常，每有请托辄如意应之，一过辄忘，越异时畀还愕然不知其数，曰彼固记之此可何逸也，其理财待人类如此。又尝闻其课儿数语，甚高出于读书谈道者之所云，以为富贵难可力争，学问定当勉进，世俗纷纷呫哔，旦晚不休，转以学问为富贵之阶梯，得之固不甚荣，不得反为失计。又谓季孙之富，孔子攻之，颜回之空，孔子贤之，其大概举可知矣。又谓其幼时贫且孤，然性至孝母，友爱兄弟，能得族里之欢心。居一小室，培一古石，好玩史册，遇不平者辄击席而起。暇时默坐，若有所遗，然而神采焕奕，亲友至辄喜。晤之礼客之敬，周急之诚，子孙每有过费不问也。乡人悉其行谊，举饮宾辞不就，曰：予意中无此荣藉也。予友质言君子人也，断无有阿所好以诳其知己者也。

乡史氏曰：余与乡之士大夫与夫居姿厚实之人，多慎所许可。盖语言行径多出于其子弟之所云云，独于不相谋面之李君勤于笔札，为其语言行径实与他氏不侔也，表而出之以告，夫物色世俗者之未可以一例论天下士也。

东平愚弟何天爵谨撰。

——《李氏宗谱》

李宝田先生本传

先生名模，字法庭，宝田其号也。入太学上舍，为文学鲁瑞公之孙，国学定也公之第四子，世居盱南新丰。文学公以诗书起家，传至先生，少即更事，见世之侈言豪放不事生产者，心窃鄙之，谓其饥寒固自取耳。兼以丁家连将季奋然曰："谚有之衣食足然后礼义生，读书之事以待后人，吾当为身家谋奚，暇治礼义哉。"遂肆力经营权衡子母亿多奇，中壮岁家遂丰，却不衣帛、不食肉，烟花弈博之费曾不能损其毫厘，惟养亲敬师、周急济困则无吝色。然亦不矜结纳要声誉谈豪侠，其风义不更加人一等耶。尤重孝友，亲没哀毁骨立，竭诚尽礼，长兄还游未返，嫂几不能自给，先生毅然曰："葛藟犹庇本根矧于人乎，因时为存问，并为择诸侄之能者而承祧焉。"诸昆季子侄甚伙，先生左提而右挈之，强半得所依倚，凭籍以成立，斯为敦天伦明大义者矣。性鲠直鸠拙，对人言布帛菽粟外无他及焉。生平谨慎，处几于以策数马足有汉万石君家风。且数十年不出户庭而坐享素封，视世之吴山楚水瘴雨蛮烟，失家庭骨之欢而奔走求利，其劳逸奚啻十倍斯其遇为尤可羡也。常怪今之人动辄谓致富自有术，必工机变精锱铢而后可获，先生独不谓然，意以为富者天以厚，吾之生也，惟勤足以取，为俭足以守，惟存阴骘训子弟足以长保，否则蕴利生孽，多财厚毒耳。吁！彼世之所谓工巧者，较诸先生之拙而直质而朴直蹄涔之于江海已耳。吾于先生又何间焉。先生今已逾六旬，逍遥市井，作地行仙，弄孙课子以享天年。长嗣君信名列成均，善继善述，次嗣君焜龄，学已至有成徙予游数载，予早稔为伟器。谓先生隆师之报，当于是乎，征之矣，三嗣君休俱不愧克家令子。二孙尚童，稚兰苗其芽瑶环瑜珥知为佳儿。语云：积善之家，必有余庆。又曰：资富能训，惟以永年。先生之福寿正方新未艾也，毕万之后必大于公之门必高。吾于先生益信之矣，凡吾所言皆身亲目击，绝浮谀命，龄焜谨藏之以垂于不朽。

乡进士通愚弟范烈振余氏顿首拜撰。

——《李氏宗谱》

太学生李公源十八墓志铭

旴南新丰镇人烟辐辏，而望族则推李氏。予表兄，太学生名标，字久孚，别号牧村，亦都人士之杰出，令闻者于乡邑者也，系文林郎顺一贡元公之裔孙、处士龙野公之孙、姑丈逊仲公之长子，母氏潘余大姑也。表兄天资明敏，性情和雅笃孝，友广交游轻财，义重排难解纷，绰有鲁仲连风。博览书史，工诗文字画，与堂弟邑庠生载朴同受业于名宿王永清、何睡乡二先生门下，试辄前茅，一时名公巨乡皆契重之，志图远略，援例入太学三舍，屡战棘闱，厄干数奇，因患胃痛遂适情山水以自娱。雍正庚申与族中绅杰倡首捐赀，会修宗谱，肩任总理，不惮烦劳，他如义举辄解囊不吝，一本仁孝之心以推广之也。年五十有四赴召玉楼，人无远近莫不哀慕致奠，其为人之贤从可识矣。娶潘氏生子二：长曰逢图，次曰逢尧，继娶饶氏生子一曰逢旦。今乾隆乙酉岁三月二十三卜，葬十九都绕池虎形，嗣子请志于予，予亦乐为之志以表其梗概，俾后人知所则效焉耳。铭曰：佳哉山水郁郁葱葱，奠安斯土，庇佑崇隆。

赐进士授刑部主事现任辽州知州愚表弟潘从龙拜撰。

——《李氏宗谱》

国子监生李春台公墓志铭

夫人能酬应外曰才敦笃，内行曰德兼备者，非必显仕宦业诗书中也。是盖山川秀灵所钟毓，虽当身之福极不等而其后者昌炽勿替不爽也。李公春一者，旴南新丰里才德士也，公名之杏，字止苑，大宾焕垣公之次子，太学耕来公之次孙。幼学经营，壮恢事业，援例成均。余以丙申岁馆新安何氏，道经荀里，邂逅韩荆如旧相识矣。留竟日有平原遗风，甫逾月，公遽观化，年方四十。余闻而趋莫哀，次见公长嗣清泉绍业象贤，余亦岐嶷秀出然未尝不惜。公之才长而算促也，阅岁遂馆，公同祖兄逊白家，公之次、三两郎君亦徙学焉，因是悉。公生平入孝出弟，重义轻财，视族伯叔如亲伯叔，视族侄如亲侄。修完先祖坟茔龙湖古渡，公为倡首，于水头堡任以独力，其余拯饥救溺、造桥修路莫不踊跃前往，且重士敬师，垂为家范，馆榖三载中馈修洁然后知。公德量逾腾悼恻难已。然珠树交荣，兰荪苗茂，天之佑善固无终穷者已。当年暂厝外庵祖茔之侧，丁未仲春改葬石岭背，肖白祖之墓右兆为僧纲秋谷所相壬丙兼子午分针。余仰公之才德，兼缘眷谊通家爱泚笔而志于墓，并为请于友人朱坦甫明经为之铭，铭曰：猗歟李君达性慈根，了尘事而生天兮，厥福永贻于后人。

　　候选按照听姻眷弟徐溪胡桐同甫氏顿首拜撰。

　　候选复设训导通家愚弟朱辂坦甫拜。

——《李氏宗谱》

李春台上舍本传

　　咸丰三年，岁在癸丑，七月既望，予自计偕一都礼闱战罢，春风惘惘，七归来间往新丰复寻故旧，旧门人李子河来，相见甚欢，追随共话谈，次李子忽泣然曰：予宗祠现修家乘，河实际滥襄其事纂辑之下，忆先君之殁距今十余年。生平懿行尚就销沉，每怀靡及辄汗流浃背，因亟撮举大略，缀成行状，偏陈诸大人长者，冀一赐表著焉，语竟即出所自为状，乞言于予。予与李子先世戚且友至深稔者，莫如予固不获以不文辞也。按状：公讳之杏，字上苑，大宾焕垣公之次子，太学钦堂公之次孙也。赋性明敏，尚朴实，敦孝友好，任恤幼业儒能缀之将应试，因伯氏早殇，繁剧特甚，经营需人遵父命弃儒就贾。公具干济才，奋空拳张赤手，亿则屡中终朝辜榷悉弹心力，获利每至倍蓰无算以亲老，故未尝一牵韬乘栈奔走而矣，膝下欢也。至是将宿欠一概消偿，耻作逋，负容里中堤塍门首醮产向被洪水倾圮，公于道光癸巳开荒复业，完固长堤，族里皆得安堵如故，且修废茔以掩骼胔、恤贫字以联血脉、倡立义以济往来，靡不踊跃前往，他如造桥、修路、赈饥救溺诸善举尤难更仆数。道光壬辰同宗有一家十余口染疫不起，生则具药饵，死则备棺焉。公一身肩之并为之入庙扫墓焉，至今其子若孙犹体其志而行之。公早怀造家庙建义舍之心，锐意教子，乃天不假年，年止四十遽捐馆舍，呜呼！惜哉！余闻之天道无亲恒与善人，若公者倘所谓善人非耶而乃夺其算之促如此，吾一不知彼苍苍者何，为其然或愚而寿，或夭而贤，岂干莫以利用而折而碔砆以无用而全耶然。公之立心制行如此卓卓信乎，为新丰一乡之望而李氏一宗之贤也。然则公虽死之日犹生之年，天能夺其寿天恶能靳其传哉。又况报施之理终无或爽。公三子俱岐嶷，而长嗣君河尤为秀出，班行尝受业余门，读书颖悟，颇为不凡。惜公早世待人承乏后援例成均。余亦无坠先绪两孙雏凤声清珠玉并耀以此，益叹德门之有后。云公之夫人周氏乃朱溪太学与斯公之女、职员光甫庠生耀甫胞姊、庠生雨昌之胞姑、余之外甥女也，颇能内助勤俭孝，敬贤齐孟光，是皆可传爱并传之，识者知非余之私其姻娅也。

乡进士姻世弟范烈振余氏拜撰，太学生李君春台赞：龙湖之滨，根蟠仙李，叶华朱实，粹然双美，其芳孔著，其名不刊，忆昔即角，曾订金兰。

——《李氏宗谱》

中书舍人正甫先生本传

先生名东怀，字其恭，号正甫，乃太封翁青田公之冢孙，封翁竹农公之长子。生而颖异，幼即岐嶷，少读诗书，日诵千言，乡先达咸以大器目之。因封翁计然需佐理，乃随游闽地，综理簿书。少年老成，每出一谋，亿无不中，封翁慰怀，遂赋闲于梓里。

先生勤苦，独鏖战于姑苏。维时粤氛肆起，咸畏葸而不前，先生负荷重赀，竟勇敢而必赴用是拥有余金，以致谋皆得意。不等悬鹑之君子禾仅，取乎三百囷，几同跨鹤之仙人，腰宛缠乎十万贯，所至之镇无不声闻，坐贾之乡靡不惊慕，诚贸易之魁首，实阛阓之上乘者矣。且夫刻薄寡恩，理无久享伦常，舛乘立见消亡。先生居心孝友，处世温和，父母之前无遗憾，兄弟之间有余欢。虽遭家不造，三弟被掳不回，四弟因财累命，先生与二弟桂山先生相商相议，委曲求全，承祧拨产，措置咸宜。兼之遇义所当为，即倾囊所弗惜。大而会馆、神庙、桥梁、义学、育婴诸善举，每乐出重赀，首先创办，而题缘书捐夏茶、冬絮之小者更难仆数矣。远而同乡不能回籍，则资之以费；客死不能举葬，则代为殡茔；而亲戚邻里挚友故交之近者，更殷推解矣。盖慷慨不同于挥霍，而晋接咸出于至诚，不惟才堪繁剧重任克胜抑，且力解纷争，人心折服，远近之士靡不重其名，而津津乐道焉。无如人心不古时势维艰，浑厚有余，精明不足，心慈面软，每受奸人之欺，友信谋忠，竟堕媚子之术，始则转私之良便继乃久假而不归，诚心而遇负心，惟自反而自疚。施惠不计报，惠从无怨而无尤。生平行举大率类斯，一世遭逢竟都如此，虽运值中否，两袖清风，而恤寡怜贫，依然旧况，三代以下不多有此人，三代以下不可少此人也，今者倦游，家居勤课子弟，封典之请虽上及于乃祖乃父，诗书之训犹属望于文子文孙。长嗣君游荣门门下，早列上庠，余皆卓越，诸孙辈兰阶玉立，均奇伟堪夸将来骏业宏开，鸿猷丕播，其食报于无穷者，正未可量也，届兹，贵族谱牒重修，亲友中，惟荣知先生事最详，因得而为之序。

岁进士通家弟何丙荣镜人氏顿首拜撰。

——《李氏宗谱》

族曾叔祖旭轩先生本传

族曾叔祖旭轩先生，名显，字钦也，世居盱南新丰，为文学璞庵公之子，公晚岁始得先生，最居幼，有兄四人，小时了了，读书颖悟冠诸子弟。文学公弃养呈遂奋发治生产，将文学公遗泽什袭藏弄，择人而付藉，作遵彦之铜盘焉。贸迁于外，所至有声闻在羊城最久，其风土人情周知而熟悉之，以此获缯至倍蓰无算然。不视为阿堵内物作守钱虏态，亦不恣意挥霍，故无素封名羊城，故聚巨商拥重赀，多财善贾。先生往来其间茂如也，然诸大老以其耿直争倒屣延礼之其望重其品端也。晚年胠箧有千金，即赋归来，居家孝友，兄某失偶丧明寄食爨下，先生一饭异席便食不下咽，其恭敬类如此。子侄孙会辈如林，而立其贤者则优待之，其不肖则训诲之，其得奖借者辄不禁欣喜，如遇异宝于道路其见弃者则群相诟詈焉。善排解里党中咸资月日，尝有广坐数十人謷牙棘手不能屏当，先生至一言冰释，如以刀剖瓜略无沾滞，又如委重器于平地，无不帖妥。昔鲁仲连以排解名天下，东汉王彦方盗贼畏其知名，先生能使族党推隆如此，岂徒掉三寸不烂之舌耶？抑其取服于人者豫耳视彼连方诸人何如哉，且性严重如峻崇山，令人气肃然，和平乐易处又如晓风杨柳，攀想为劳至天怀澹岩难居市廛，自有一种放旷夷犹之致，尤善恢谐，清与时发，至老不衰。吁！先生其今之柳下惠欤，亦和亦介略去不恭之弊，今者年逾古稀，万念俱纯，看儿辈事业峥嵘，受洗腆之养人望之如陆地神仙。然闻其暇日课孙读书，镇日咿唔。又时作乡塾老学究云。

族曾侄孙郡庠生承恩顿首拜撰。

——《李氏宗谱》

其仁公行传

古人称三不朽者：立德、立功、立言是也。然能如是者，岂世所数觏耶。余释褐知南城事征税南乡，憩新丰同志善堂，晤元绅石泉于此，因叩始事此堂者为谁，石曰："乃李姓，字其仁者，为之倡也。"余曰："此善士之为也，虽未获一识，犹甚慕其为人。"及试邑童子，拔取前茅，有名师善者，见其聪明磊落，温雅纯谨，余诘之始知其仁之三嗣也，因叹为善必昌之说非虚。遂进师善者为门下生，频相晋接，从此愈悉其仁之为人。既而余调萍乡，越数年复莅兹土，师普来谒，并出其尊人行状，属余为之传。余曰："传者，传也。"子之尊人务本敦源，节靡崇俭，与夫服贾之劳处世之厚，种种懿行久矣传播闾里，似不待余之侈陈也，然则余何以传尊人也。余自与子成道契，迄今数载，所钦慕尊人者传尊人者，亦仍以善而已。夫天下之最可传者莫若行善。子之尊人于里中系首创立善堂，名曰同志，施行各善不惜数千金之费，将来所行愈远则所济愈多，此尊人与人为善之量自足，永垂不朽矣。尤心伤世俗溺女之风，尊人体上帝好生之德，慨然引拯溺为己任，始则出巨资以提倡，继则置良田百担以善其后，盖救一女而一女之生生不息，况所救不止一女乎。作千百之计大亿兆姓之族尊人，虽一韦布士而实大有造于群生者。余传尊人者止，此子试以此载之家乘，垂之后世，他日辎轩之采当必以余为知言矣。

龙飞光绪三十四年岁次戊申上浣，谷旦。

升用道特授南城县正堂通家弟倪廷庆顿首拜撰。

——《李氏宗谱》

洋一公兄弟三先生合传

李姓为盱南望族，吾里新丰所称翘楚者代有伟人，若洋一公、洋二公、洋三公，昆季三人尤三台鼎峙，缺一不能。家世孝友，仁厚厥父。镜二公遗产颇丰，寅卯兵燹渐至中落，洋一公克成父志，足称主器，长男经营创述因旧业扩而大之，亦赖有亦仲季洋二公、洋三公勠力同心，一勤劬家政，一经营四方，二难媲美相与共成厥兄之志数十年式廓日增駸駸乎，有昌炽之象。比旧绪愈隆焉，因之建书楼，隆师傅，课子孙以诗礼数十年。死生不二，皆兄弟三人，后先济美所历而成焉者也。岁值饥馑，减价平粜，乡间有贫不能偿者，置弗校诸。凡桥渡路亭僧道寺观及先祠谱帙一切善事，慷慨乐施。至郡县有纂志修城，公举尤踊跃出帑金厚助。亲族辈钦其行，宜为朝家耆英，劝举饮宾概辞谢，其朴诚不求人知类如此。居常课子孙以公恕待人惠及臧获宜其仁厚之报。绳不替，今其令嗣或六籍沉酣，或三略纵横，或称邹鲁硕彦，或号闽楚逸材，皆炳炳烺烺，有彬雅风。余以籍聊梓桑见闻素熟，近又与其子若孙游，得聆详悉，因述其梗概云。

通家年愚侄周文谨撰。

——《李氏宗谱》

（二）艺文选辑

举轩先生七旬大寿大仙祝词

太上清虚宫中八仙会祝。

南城县新丰居士李善人举轩子七旬大庆。

仙弟子抱石山人奉。

师命降鸾于南丰之柏溪善坛广行化导，间为作字赋诗。今李善人诚求书撰屏联蒙，吕大仙欣然许可，会同众仙友各赋一词，属予书墨以为居士寿。

童颜鹤发老婆娑，面奇貌古生来自。大罗檀板一声敲，未歇森森玉树映庭柯。贵非因位重，富不赖金多，更番迭奏介眉歌。

——张仙题赠

庚星明耀气横天，一樽清酒相邀赴喜筵。羽扇轻摇霞彩，见庞眉皓首乐余年。祥由和气致，福以德为先，几个仙凡共结缘。

——曹仙题庼

一缸春酒醉春风，桃腮杏脸香浮古。碧筒奇缘，凤订三生约福履咸绥，不老翁笑傲扶坞杖，熊罴舞频宫，绕膝班衣乐也融。

——老仙题赠

视听言动法程箴，省身克己临危不畏，侵取与分明严义利，囊充橐裕豁胸襟，孝养言无间沉潜性可钦，冰壶一点露清音。

——钟离仙题

济济芝兰漏玉阶，本株深厚知因手自栽，历尽风霜春不老，任他冰雪色难衰，福果心头种，善根性里培，歌上南山寿一杯。

——朵和仙题

岁寒松柏色苍苍，枝高节劲岿然老，骨香好施乐善膺多福，棠棣怡怡家道昌，愿尔心如水俾，尔寿而康，众仙同日举霞觞。

——韩仙题赠

头上花枝照酒卮，这般清趣料得少，人知宾筵共庆长生宴我也，行吟句诗，今朝歌耄耋，他日颂期颐，逢吉康强老更奇。

——仙姑题赠

乘鸾跨鹤任逍，笙歌一曲清音彻上霄，喜气盈眉娱老鬐，宾朋潇座乐熙皞，金丹流玉液，佳果献蟠桃，犬会仙曹贺尔曹。

——主席吕题

众仙师祝词不仅褒扬，并涵箴劝缘，李居士者，操持有素，感格神明，举止无尤襟期旷达守己深于贵己，待人从不负人，广行推鲜之仁应列耆英之社凡材迥异，仙奖宜膺，予虽不能文，亦见猎而心喜爱，跋数语附之笺末。

大清光绪廿四年戊戌岁仲春月抱石山人书。

八仙邮祝。

李氏子举轩居士七旬大寿。

有德乃昌芝兰垂荫。

惟仁者寿松柏敷荣。

仙男子抱石山人书。

——《李氏宗谱》

（三）家规家训

族谱以表谱形式记载一个家族的世系繁衍及重要人物事迹。族谱是一种特殊的文献，就其内容而言，记载的是同宗共祖血缘集团世系人物和事迹等方面的情况。族谱属于珍贵的人文资料，对于历史学、民俗学、人口学、社会学和经济学的深入研究，均具有不可替代的独特价值。经历了历朝历代的连年战乱和社会动荡，历史上传世的族谱几乎丧失殆尽，许多家族的世系也因此断了线，当今可见的古代族谱大多是明清两代纂修。

李氏之宗谱始于唐代，详载于历届谱序。大抵三十年为一世，即须续修。1912 年是十四修，《十四修谱序》曰："尝思家之有谱，犹国之有史也。数百年而一修谱，数十年而一修，而修必有序，其大旨不外敬宗。汉族前人言之备矣，又何俟余之赘言也哉？余遂无言乎，余不禁言之谆谆矣。诗曰:克昌厥后。传曰:其后必大。后曷言乎。昌大亦日强为善而已矣，且夫燕山五桂王祐三槐雍伯双璧。"

今存族谱为民国元年（1912）十四修和民国三十六年（1947）十五修。

其仁公训词四则

嘱吾儿从母志，年力衰颓，宜顺意古贤人，彩衣戏博笑高堂方快慰。

嘱诸媳性平和，诟谇不闻，快若何有活佛是婆婆，孝养虔诚勿错过，持家政勿太苛，宽厚有福子孙多。

嘱诸女敬老娘，制办奁妆怎样忙，到今日曾思量勤劳厚德洵难忘，常省亲奉茶汤服侍，殷勤毋怠荒。

嘱孙男善抚育，平安顺畅荷天福，长成人诗书读才能出众，岂庸碌我问心过能赎，后裔终当邀厚禄。

家规小引

《李氏威公宗谱》，民国元年（1912）十四修中有家规，具体内容如下：

家规者，一家之礼法也，立家规欲世世子孙均就范于礼法中耳，倘法不严，则礼不立，礼不立则家无规，家无规何以保家？是以兢兢业业遵朝廷宪章，奉祖宗遗训万法于礼严立家规，几有族长家督之则者，遇朔望日及祭祀时，命一读书识礼之君子朗彻宣讲，俾听者互相提觉，则家之基培，家之庆衍，家之声振，无不光大其门闾矣，谨将家规二十条开列于后。

一孝父母。父兮，生我；母兮，鞠我。父母之恩昊天罔极，凡为子者，当爱日知年，敬养无缺，随分以尽其孝守身以事其亲，菽水亦可承欢风木兴悲已晚矣。果能恪尽子职，人言不间，合族呈请，旌表以维世风，若有不孝之子，则长者开祠责处，重则合族送官，究治以示后惩，其妇女不孝翁姑者，罪坐其夫，孙不敬其祖父者，均以不孝论。

一宜兄弟。兄弟是同气连枝之人，情同手足，虽分左右，痛痒无不相关，岂容阋于墙乎？黄门祖曰：兄弟不睦则子侄不爱，子侄不爱则群从疏薄，僮仆为仇敌矣。今我族众当思谊属同胞，切勿听妻言而伤手足，务宜互相友爱，共笃天伦。倘有攘臂忿争不敬其兄者，即以不弟论，若兄暴戾，亦以不友论，开祠重处。

一敬长上。何谓长上？在位之官，司族中之伯叔及亲友之名分，尊者俱谓之长上，凡称呼、揖拜、行坐、语言都要事事尽礼，切不可嬉笑倨傲，或不知亲上奉公及疾行先长与贤知先人者，皆不敬长上者也。族人各宜戒之。

一肃内政。夫妇乃人伦之首，闺门为万化之源，教家之法，男子居外，女子居内，不可通言语，不可亲授受，男女有别，而后父子亲，父子亲而后义生，义生则礼立，礼立则万化兴。反目固非人情，牝晨亦为家索，族人宜互晓之。

一正嫁娶。男子生而愿为之有室，女子生而愿为之有家，一嫁一娶理所宜然。胡文定公曰："嫁女必须胜吾家，则女之事人必敬必戒；娶媳不必若吾家，则妇之事我必执妇道。"嗣后族中有女择婿，择其祖父家规，不可慕一时豪华，有子配媳当求其门第仪范，以为正家之本。

一保宗族。宗族原是我祖发脉同居共室而分焉者也，自今日视之则有亲疏，自祖宗视之皆一体。设有以强凌弱、以众暴寡、以富欺贪（当为"贫"字之误——编者注）、以贵压贱，则一本之亲等于吴越。凡我族众当思一本骨肉，不可自相戕贼，斯无愧于祖宗，祖宗即可以保宗族。

一睦乡邻。乡邻是同乡共井之人，应宜休戚相关、患难相顾、疾病相扶持、死葬相照应、水火盗贼相救护，毋因小忿构成大衅，以致败产倾家，追悔何及？嗣后族众务宜卑以自牧，和以处众，不竞不绌，共归雍睦。

一尚勤俭。勤俭治家之本，俗云"大富由命，小富由勤"，又云"富从升合起"，夏禹圣人亦勤俭成其德，不俭不勤则一事无成，用将不继。我族中士农工商各守恒业，而又不奢侈浪费，肯为天地惜财，自见事成而用足，勤与俭可不尚耶？

一急国课。钱粮系国课攸关。四月即当完半，十月必要全完。每见顽梗之辈以抗粮为能，不知过限不完，吏追差拘，轻则锁押，重则打枷，殊可畏也。凡我族人钱粮务须照限早完，切莫尾欠，追呼不至需索何来。凡有欠醮粮不完者，次年二月，公众代完即将欠户下届，应收之醮，公众代收，以弥补代完之项。

一笃教训。子弟聪明者当教以诗书，愚鲁者即教以耕种，不可两误。逸居而无教则近于禽兽。凡子弟之率不谨，皆由父兄之教不先，若父兄教训既笃，则耕者耕，读者读，无游民即无弃材矣。家法俱在，不容少恕。

一戒兴讼。此非美德。《易》曰：讼则终凶。宪纲之自投，犹后而废时间，失业败产，倾家已先之矣。讼何可兴哉！世人每因小忿，动辄典讼，至于身刑家破，悔已晚矣！昔人云：有横逆可以情恕。又云：忍得一时之气，解得百日之忧。况健讼者，法必惩，凡有见利忘义忿讼争斗败坏宗族者，不问曲直，斗则先手罚钱一千文，讼则先告罚钱二千文。倘经族排解日久，不能剖决，二月后方听鸣官，各宜安分守己，怀刑畏法。

一禁教唆。嗣后倘有族棍阴险，计谋勾引衙蠹，穿关害族查实，重加责罚。如恃强不服者，以害族禀官究治。

一惩窃盗。凡子孙有犯者，除责罚以外，书误犯图记于谱，以警将来，如仍不改，查出真赃，送官究治，若窝藏之家，仍照犯盗送官。

一惩奸淫。此乃百恶之源。族下子孙敢有乱伦者，谱用墨印涂名，革其醮产。若经夫姑捉获，男女俱送官律究。

一古人有。人治生最急，夫治生之道甚多，农工商贾何事不可为？乃甘克贼役身居下品，上玷祖宗，下辱子孙，莫此为甚。我族凡有充当皂隶、马快、民壮、茶房长班，以及捕役弓兵者，经众查出，于祠祭日在祠杖一百，即着退出，如不肯退出，革醮，不准入祠。

一溺女者。本房长应即举发，于祠祭日在祠杖四十；如房长徇庇不举，经族众查出，将房长罚钱一百文；如房长溺女，本房人亦准举发。

一无嗣者。当立继子以承祧，或由亲及堂、由堂及从听其择贤而立，务依昭穆，毋召衅端。但得，不抚育异姓以乱宗支，犯者公处。

一立继子。所以绍宗支，如苟利其所有生有继之名，俟其身后潜归本生，于继父之坟茔祀事漠然无关者，须公众清夺其产，另择可继者，立之如不遵则鸣官究处，仍另立继。

一肃祖庙。祠宇寝堂，乃祖灵凭依之所，宜洒扫洁净，肃肃雍雍。若堆积污秽、寄放私物、损坏门壁并借作客寓、私行往来向内非为既干祖宗之愆，复起合房之衅，倘有违者，惩治不贷。

一敬谱牒。谱阅三世，宜修三世，不修者谓之不孝不慈，又云"欲厚风俗，当明谱牒"。谱之所关至重也，故存谱之家当择其谨厚老成者，方可承领无误，倘有不孝子弟为别派利诱，鬻谱牒乱宗支，得罪于祖宗，取辱于后昆者，以不孝论，谱削其名，革其胙。

安然公置有祖山三十三嶂，中下可以祠子孙永远照业，倘有支下子孙抚异姓之子为嗣者，身后一概不准葬归祖山。

五、民俗活动

新丰村因盱江而兴，蒸蒸日上的商业给新丰村带来了空前的繁荣，也产生了众多独具特色的民俗活动。

集市和牛圩　新丰村作为古代重要的货物集散地，每星期一次小集市，逢节日庙会有大集市。即便是现在，仍然保留每年六次大规模的集市，数量之多居南城县乡镇之首，分别为每年农历五月十六、八月初二、九月初六、十月二十四、十一月十八、十二月二十四。这几天，十里八乡的人都会前来赶集，人声鼎沸，热闹非凡。

家庭所需的木质锅盖、铁质镰刀、竹篾篮子、簸箕等传统手工产品如今在新丰集市上仍然能买到。集市上的商品除了常规的产品外，也会随季节发生变化，比如春季的集市有各种各样的秧苗——辣椒苗、茄子苗、苦瓜苗、丝瓜苗等；夏季则有竹凉席、竹箩、扇子等；而每到农历十二月二十四，作为一年当中最后一次集市，因临近新年，所以在集市上更常见的是衣服、米糖、芝麻片、花生、葵花籽等年货。

新丰也是重要的耕牛交易市场。过去，耕牛作为农业生产的重要工具，是农民的好帮手，耕牛交易是农家的一件大事。每当牛圩开启，周边农户便牵着出售的耕牛来到交易处，等待买家上前谈价钱，鼎盛时期，一场牛圩能成交近百头牛。如今，耕牛在农业生产中的功能逐渐被机械所替代，新丰的牛圩也渐渐冷寂下来。

舞龙灯　每年正月十六、十七，挨家挨户放鞭炮、敲锣鼓，众人举着龙旗沿着老街到五堡殿请出各路神仙，祈祷平安祥和，俗称板凳灯活动。

禳神　每年正月十六、十七，村中都

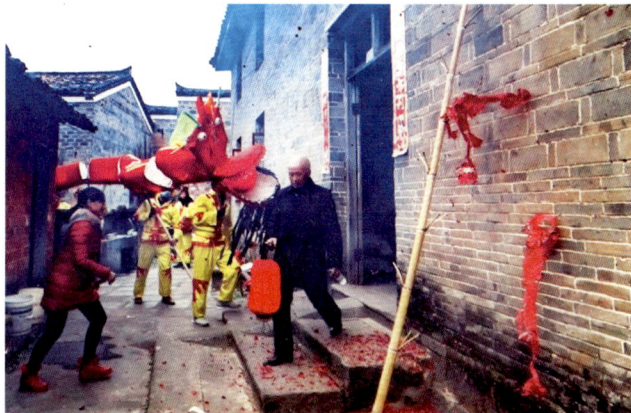

舞龙灯

禳神（吴建国　摄）

要举行禳神活动,抬东平王出巡。活动从正月十六晚上开始,村民集中在五堡殿,聚餐守夜，第二天早上请出张公老爷，在村中巡游，意味着新的一年迎神纳福。

端午赛龙舟　赛龙舟也是新丰村一项重要民俗，村内五堡殿中有龙舟一艘，每年五月初一就开始准备龙舟比赛，到端午节这一天五堡殿和八宝殿就会举行龙舟比赛。

采茶戏　每年七月"章公"生日这天，新丰村村民会请专业的抚州戏班来五堡殿搭台唱戏。村民会提前邀请自己村外的亲朋好友来观看，周边的村民也会坐车赶来。大家早早地吃完晚饭，陆续来到戏台下，一边唠家常，一边等待好戏开演。唱戏时偶尔有一个"打彩"的环节，就是戏曲中某个角色落难了，向观众讨钱，观众也乐意掏钱，演员每接过一个观众的钱后都会用戏曲唱一段感谢的话。

六、红色印记

新丰里塔遭遇战 土地革命战争时期，红军与国民党军曾在新丰一带发生激烈战斗。1933年，红军奉军委命令，实行大师大团的正规化编制。红十二军军直和红三十四师编为红一方面军独立团，为大团编制，有2000多人，配有电台，可独立活动。6月上旬到11月，独立团在江西革命根据地北线活动，掩护红一方面军主力行动。部队多次穿过南城、南丰的敌军堡垒封锁线，活动于新丰、里塔等地。

1933年2月22日，红十一军伪装成红军主力，由新丰街向黎川一带移动，以迷惑敌人。主力部队红一军团则秘密转移到东韶、洛口地区，待机歼敌。国民党军陈诚部误把红十一军当成主力部队，分三个纵队向东追击。国民党军第一纵队由乐安、宜黄出击广昌，第二纵队由南城向东推进，第三纵队由金溪一带出击黎川，企图以分进合击战术，急速向黎川、广昌推进，一举歼灭红军。

6月20日，红一方面军在南城新丰街附近击溃敌第六师及二十四师，缴获步枪200余支，机枪10挺，军用品甚多，毙敌营长2人，伤敌团长及团副各1人，俘虏士兵数百名，并乘胜占领新丰街。同月，敌二十四师占领硝石，构筑碉堡防御，红军攻硝石，不克。8月，敌二十四师、十八师一部由宜黄向新丰街进犯。11日和13日，红三军团与敌在此激战，击毙敌营长2人，伤敌团长及团副各1人，俘虏敌士兵数百名。11月6日，红三军团击溃敌孙连仲余部1个团，俘虏参谋1人及下级军官数人，缴获汽车1辆。

8月，红一方面军分三路攻占南城里塔镇曾潭、都军及株良镇路东等地，击溃驻里塔敌第八师2个团,缴获步枪数十支,俘虏敌副营长1名、士兵数十名。敌军退至新丰街，据河防守，相持月余后，红军撤走。9月2日，红军一部进攻南城、南丰间的交通要道里塔，击溃国民党第八师毛炳文部1个团,占领里塔。

3 日及 12 日，毛部 2 个团轮番反攻，均被击退。

10 月 4 日，红军一、五军团由闽东回师南城，主动出击南城县株良镇温家岭、致祥、磁圭之国民党军。此时，驻守株良镇的国民党军第十八军所辖第十一师、第六十七师正向里塔方向进犯。10 月 7 日，当国民党军第十一师六十三团及第六十七师三九七团由路东窜至云口桥、都军一带时，红军第一、第二师及第十四师首先占领虎鞍山一带制高点，并以猛烈火力掩护主力向其袭击，战况甚为激烈。午后 3 时，敌调第六十七师主力增援，红军撤出战斗。此次战斗，红军歼敌 200 余名，国民党军第六十七师三九七团团长杨祖征被击毙。

参考书目：

《李氏宗谱》，新丰村李氏藏本；

李人镜《同治南城县志》，清同治十二年（1873）刻本；

《江西省地名志·南城县卷》，南京出版社 2023 年版；

《南城县志（1985—2013）》，江西人民出版社 2016 年版。

（张波执笔）

两水夹龙汾水村

汾水，位于盱江边，为潘氏聚居村落，建于宋淳祐年间，距今近800年。汾水因商而兴，因商而富。富裕后的汾水潘氏崇文重教，科甲兴旺，人才辈出，明清时期人文鼎盛，潘氏成为南城望族，在南城有『东潘西罗』之称，历数百年而不衰。今天，那一批深宅大院，虽无力抵挡岁月的摧残，日渐残破，甚至仅存遗址遗迹，但无不彰显昔日的尊贵与繁华。

一、古村概况

汾水村属南城县新丰街镇所辖,又称汾水堡,属汾水村民委员会,亦为汾水村民委员会驻地。汾水村位于南城县新丰街镇南部,属丘陵地带,面积2.35平方千米,北距县城24千米,距新丰街镇新丰街4千米,西临盱江,东靠青山。汾水村四面环山,如东面螺山、荆山、虎仙山,南面大山、钟山,西面水口山、扛基山、芙蓉山,北面游狐山、遥皋山,其中多个小山坡向村中延伸,形似"五马归槽"。山谷流水聚成三条小溪在村中汇合后,流入盱江。《东山潘氏宗谱》载,东山汾水潘氏系魏丞潘勉之后。河东府尹潘觉迁豫章(今南昌),他的四世孙潘均瑞迁宜黄大富冈,均瑞的九世孙、员外郎潘廷善三子潘子荣迁南城二十五都大竹源,廷善的四世孙北宋工部尚书潘仁照曾孙潘耿迁新城(今江西黎川)下田渡,潘耿的堂弟千一公于南宋初年迁到南城三十一都东山汾水岭长塘路口,自此在这繁衍生息,千一公被视为东山潘氏的始祖。村周围九山九水五路曲回,两水夹龙流入盱江,取名汾水。后东关、西关、南关、北关、李堡村并入,又称汾水堡。

全村以石基头为中心,向东南西北四个方向延伸,四个口子称四关,均有大路与村外相通,东可到达本县上唐镇,南至南丰县境,西可到达本县里

汾水村全景

塔镇，北可到达新丰古街。

汾水村始建于南宋时期，至今约有800年历史，以潘姓为主，自古人才辈出，是一个文化底蕴深厚的古村。2018年，汾水村被列入第五批中国传统村落名录。

汾水岭地势高，天下大雨，雨水向南北方向分流，往南流经小源回头墩，往北流经坳头，故千一公为始居地取名分水，后迁入现址，改为"汾水"。

历史上，汾水为南城三十一都，直属南城县管辖，民国时期属汾水联保。中华人民共和国成立前汾水属四区活水乡，中华人民共和国成立初期属四区汾水乡，1956年属汾水乡，称汾水初、高级社，1958年属上唐公社汾水管理区，称汾水大队。1961年后，先后隶属新丰公社、上游公社汾水大队，1972年仍属新丰公社汾水大队，1983年9月属新丰街公社汾水大队。1984年撤销人民公社制，改称新丰街乡汾水村民委员会，汾水为其所辖。1997年，新丰街乡

村头古樟

撒乡设镇，属新丰街镇汾水村民委员会，汾水为其所辖。

汾水村房屋布局十分讲究。村子建在高山脚下，村内地势东南略高，西边较低。这种地形使得水从东、南、北三面汇集于古村西面，再一同注入盱江。房屋顺山势与水势而建。街巷纵横交错，街道大多是用红色条石铺成的，排水性能极好。汾水村的总体格局是以石基头为中心，向东南西北延伸，分别称为东关、南关、西关、北关。石基头有四条大巷，通往四关。每关又有若干小巷，仅西关就有七条小巷。据潘建华老师介绍，各关均有关门，定时关启，西关和北关是通往县城的大路，关门雄伟。西关关门是一座牌坊式的拱形门，用长条石砌成，上面嵌有一块大石匾，书有"尚书里"三个字，1960年后拆除。北关的关门与一座神庙相连，对着大路有两扇拱形门，神庙由此还具备了供人休息的功能。通向南关的大巷和通向北关的大巷处在一条直线上，有一里多长，是汾水的主街道。许多店铺如南货店、小吃店、药店、染坊等都建在这条街道上。汾水村现存各类传统建筑及遗址 200 余处，其中清代建筑遗址 160 余处，大多散落在村内街道两侧，有潘氏家庙（大祠堂）、萧公殿、尚书殿、同振堂、濠上书房、大士阁等，还有诸多高大富丽的民宅。

二、建筑与遗存

（一）村中建筑

　　宋时，潘氏在汾水开基，至南宋淳祐年间（1241—1252）已初具规模，人丁繁衍。汾水的发展源于商业发达。相传，明代初年，汾水商人在外经商，生意兴隆，几十年之间，用赚回的钱建造了18幢高大砖瓦房，由此奠定了该村建筑格局。经商富裕后的汾水人兴教办学，使很多潘氏后裔走上了科举之路，入仕为官。他们衣锦还乡后，建祠堂、立庙宇、修住宅，如潘氏家庙（大祠堂）、登六公祠、祖公房祠、晏公房祠、道公房祠、儒公房祠、陶公房祠、纪昌公房祠、金龙殿、元帝殿、中殿、上殿、尚书殿、萧公殿、三官殿、神岗殿、坳上殿、

潘家塘

二曲祠、文昌阁、大士阁等祠堂庙宇，明经拔俊、观天尚、庆宁第、龙门衍秀、奎光世映等高大住宅。

潘氏家庙（大祠堂） 汾水标志性建筑。潘建华老师在《千年古村汾水》里，对此有较详细的介绍。据他介绍，潘氏家庙（大祠堂）位于西关关门左侧，坐西朝东，隔水塘与登六公祠、濠上书房相望；西靠大路，与仙山寨毗邻；南北分别由金龙殿、元帝殿拱卫。《东山潘氏家谱》对于家庙有较为详细的记载：家庙建于明嘉靖四十二年（1563），由潘滔、潘谦、潘朴主持修建，三年后竣工；万历二十四年（1596）在潘应轸、潘玢、潘孔达的主持下，对潘氏家庙进行扩建。它是一幢三进遮檐宫殿式建筑，横宽约20米，纵深约60米，除正门外，三面都是砖砌墙壁，高大坚固。正门的对面是高高长长的照壁，耸立在池塘西畔。正门与照壁之间是一块大场地，长约30米，宽16米，全由条石铺成，平整光滑；六组旗杆石正对着正面的三重大门，很威严地屹立在场地中间。据家谱载，乾隆三十七年（1772），家庙曾失火，造成一定的损失，潘权写下了《壬辰家庙灾纪事》，其目的是呼吁族人不讳本次火灾之过，前事不忘，后事之师。

潘老师对祠堂的内设也有介绍：大祠堂正面最前沿是篱笆式朱漆木板墙，高约2米，中间有一总门，上面高悬着巨幅横匾，"潘氏家庙"四个大字金光闪闪；右边也悬挂一块大匾，书"鸿博榜眼"；左边的大匾书"翰林"。总门之后才是正门，三开间，六扇门板大小相同，高约4米，宽2米，每扇门都绘有彩色金刚画像，勇武威严。走进正门是前厅，过前厅是天井下面的一对墨池，中间有一条甬道直通中厅，墨池两旁是游廊及两排房间，游廊木柱呈八边形，上彩漆，横梁及支撑上都有镂空雕刻，十分精美。中厅前面无门，显得格外宽敞明亮。正中上方高悬一块"涵庆堂"匾额。厅堂左右墙壁上立着四块高2.2米、宽1.6米的大木牌，分别雕刻着"忠""孝""廉""节"四个字。木牌的上头层层叠叠悬挂了108块匾额，或红底金字，或红底黑字，皆阴刻，四边

潘氏家庙（大祠堂）照壁基座

刻有花纹。匾额内容丰富，如奉先思孝、奕世簪缨、大司空、郡佐枋、奉政大夫、望凝五马、镳联五马、台垣虚左、祖孙兄弟科甲、尹兹西土、世光仕籍、宠光三代、兰台俊望、辟雍旴俊、五老高峰、八俊承恩、大宾、明经拔俊、文元、贡元、抡元、鹗荐、步青云、经元、解元、登科、进士、翰林内院、翰林都谏、鸿博榜眼、金马玉堂、翰林、孝能尽礼、旌表孝行、有孝有德、忠孝同芳、奉丈持公、儒宗、名世真儒、玉蕴山辉、西江高士、恺悌长寿、仁寿高风、硕德高年、淳厚可风、品重珪璋、德重瑶玛、学优齿宿、南极星辉、百有一岁、艺林双鹤、硕彦耆英、仁寿儒珍、懋德修龄、荣登上寿、尔寿而康、儒林老宿、德寿双辉、四皓遐龄、洛社齐荣、燕式儒林、燕重耆英、钓渭遗风、州司马、珩璜雅韵、日永瑶池、德寿萱堂、五世同堂、节孝、金石砥节、全贞保后、劲节长秋、柏节遐龄、劲节凌霜、双节乔贞、双节流芳、孝慈贞寿、贤节流芳、劲节南山、德配坤贞、慈竹长青、柔顺利贞、苦节维风、百岁坚贞、

潘氏家庙（大祠堂）上厅

劲节长龄、劲节寒香、劲节幽光、旌表节孝、贞孝济美、励节全贞、贞同井冰、金石同坚、嘉惠永贞等。

　　据潘老师介绍，中厅与上厅有中门间隔，中门共八扇，皆可开关，平时都关上，两侧有路通上厅。上厅天井下面也有一对墨池，墨池两侧分别是钟楼、鼓楼，有梯上楼；上厅上方及左右两边为阶梯形神座，各房祖先神主牌安放在神座上，一行行、一排排，从高到低，有数百个之多。正上方高悬一块大匾，书"明禋堂"。这是汾水潘氏各房冬至日祭祖的主要场所。明禋堂和涵庆堂（中厅）所用立柱大且多，有20个中柱，直径近1米，高达5米多。圆柱中心为粗大杉木，外用弧形木板包裹，两端用铁环箍住。立柱上端支撑横梁，饰以挂落，雕龙刻凤，涂上生漆；下端雕刻精致，承以石礩，石礩直径、高度均达96厘米，分三层，上层雕刻波浪形花纹，中层八角形，每面均有精致浮雕，下层四边形。立柱、石礩之大，装饰之精美，实属罕见。涵庆堂上面、下面两边

潘氏家庙（大祠堂）石磉

屋檐下，也就是中厅地面上、下边缘，各有三块巨石相连，每块大石长约 6 米，宽 90 厘米，厚 30 厘米，重约数千斤。大祠堂的地面基本上是用巨大条石砌成，唯中厅与上厅中央是用三合土、卵石，杂以糯米铺成，既光亮，又坚硬。历经 450 多年，两厅地面仍光滑平整，有些地面还微微泛出青光。1932 年国民政府公布"国民教育制度"，南城县推行国民义务教育。汾水建立"保学"，学校设在大祠堂。从此以后，大祠堂一直兼作学校使用（20 世纪 50 年代曾短暂作为汾水乡政府、汾水管理区办公场所），20 世纪 80 年代拆下厅（包括墨池）改建成两排教室。

潘氏社仓　紧邻潘氏家庙右侧，三进单层建筑，门楣与大祠堂平行，上面镶嵌"潘氏社仓"石匾，左边有小字："赐进士第文林郎知南城县事新安范涞立。"潘维铨撰《潘氏社仓纪功碑记》，对建社仓经过有记述。万历四年（1576）范涞任南城县令，他劝导邑中各设社仓，响应者达到十之四五。万历二十四年（1596），潘应轸君为家庙主持祭祀，因祠宇快要颓倒，于是择地新建，将社仓移至家庙的右侧。万历三十二年（1604）季秋，潘维铨写下了这篇文章。上厅为"仰德祠"，中厅为谷仓，下厅主要存放风车等农具。社仓已毁，现存有"潘氏社仓"石匾及两块清代刻写的田亩段号石碑。

潘氏社仓门额

元帝殿　即玄帝殿。位于潘氏家庙的左侧、东山的北面，为祭祀元帝而建。元帝殿由潘应龙、潘应轸兄弟等人筹

元帝殿

建。万历十四年（1586），潘应龙集志同道合者四人成立元武社，各出钱百镪，后来社里有人过生日，也出钱百镪，为首者出双倍。万历二十年（1592）又有七人出钱，并将这些钱借出生息。而后每年禊日都要举行登高祀典活动。万历三十年（1602）潘应龙去世，他将社金交给他的哥哥潘应轸，由他来主持此事。万历三十五年（1607）又获得了310多两银子的支持，于是招工购材建殿，于同年七月落成，"堂西倚祠，室东倚堂，广大裦数十席"，之后数十年间，亦有损耗，而有修复。顺治六年（1649），李雯撰《元帝殿碑记》，由潘翘生书丹。

尚书殿　位于后龙山上，为纪念汉代名相潘乐而建，大致建于明弘治、正德年间（1488—1521）。潘乐为汾水潘氏先辈。潘氏认为潘乐如神，能镇火。潘澄在《尚书殿碑记》里说："乐先生，汉名相也。吾先人，立庙于后龙山以祀之。以卜居之地南向山皆峻石，疑为火星。故立乐先生神灵镇之，以其有止火之功。"经过六七十年，庙已破旧，于是潘氏又集资新修，万历元年（1573）冬天，大殿落成。而后世建毁情况无据可考。

金龙殿　位于潘氏家庙之右，为纪念黄河福神金龙而建。潘氏族人认为，他们世代或入仕或经商，经商者携巨资往来于山东山西一带，入仕者往来于蓟之北，他们均得到神的护佑，渡河而风平浪静，"如履康庄"。于是他们决定在家乡建庙祀奉。万历六年（1578），潘应轸等17位乡贤集资在家庙的右侧建殿。万历二十七年（1599）仲秋，潘维铨撰写了《金龙殿神祠碑记》记其事。

福神祠　具体位置不详。为祭祀三圣公而建。万历年间（1573—

金龙殿

福神祠

1620），潘应凤等人先塑像四尊将二员，后由其兄弟应轸、应龙联合村中贤士20人出资建新殿，新殿"崇墉峻宇，实实枚枚"，万历三十二年（1604）秋立《上殿福神祠碑记》以记其事。

三官殿　具体位置不详。殿由潘义、潘杰等人集资而建。

萧公殿　位于村中回头墩，为祭祀萧公建造。万历十六年（1588）春始建，殿成。万历二十五年（1597）孟春立《萧公殿碑记》以记其事。

二曲祠　位于村西回头墩，祭祀关帝与文帝，"二曲同祠并座，庙貌崔巍"。嘉庆二十五年（1820）仲夏潘世荣为之撰《二曲祠序》。同年孟夏，潘森在《二曲祠续记》里称该祠"栋宇恢宏，桁梧复叠，曲阁连廊，疏棂深院。左有书舍道房，阶登学士；右有萧君宝殿，泽被裔民"。嘉庆时重建，据《二曲祠续纪》记载，该祠"代历数百年，庙貌孔肃，祀典维新"，可见比这次新建早了几百年，惜今已不存。

文昌阁　位于萧公殿南面，与萧公殿、二曲祠并称汾水西南三大景观。该阁坐西朝东，大门正对潘氏家庙后墙。这幢楼阁高大，雕刻精美，有上下两层，下层供奉文昌公塑像，楼上供人休息、活动。至1958年，文昌阁的残墙被毁，20世纪70年代垦为农田。

社祠　坐落于东关村头，是村民在春社日、秋社日祭拜土地神和五谷神的场所。占地面积大，呈东西长、南北狭的长方形。东南西三面都靠水田，水田比社祠低，北面靠大路，有围墙，西端为大门。主殿谷神祠坐东朝西，砖木结构，殿内正上方供奉五谷神和土地神。主殿周围还建有四五栋土木结构民居。20世纪90年代被拆毁。

同振堂　位于西关磨盘下对面。坐北朝南，门额之上直竖"同振堂"木匾，红底黑字。右边有水塘，沿塘有围墙，墙的末端是楼阁。走进大门是庭院，穿过庭院是大厅，大厅上面是楼，与楼阁二楼相连相通。楼上有4间房。20世纪50年代，同振堂与濠上书房一起被改作俱乐部。

戏台　在村中石基头通往大路旁，长明山脚下。戏台就设在此，正对着长明山西坡。戏台后面是砖木结构的内房，为演员化妆和休息的地方。戏台前是空场地，可供观戏，再向前是石坡，石坡之上凿出一级一级阶梯，由低到高，即为阶梯形座位，可供观众坐着看戏。1994 年，古戏台倒塌，只剩下内房左边的一堵砖墙。

明经拔俊　坐落在村东关，门朝小巷，两层建筑。大门右边门楣高大，门头石上嵌"明经拔俊"四字，石匾两旁有小字，左边为"巡

明经拔俊

按监察御史任春元书"，右边为"建昌府儒学贡士潘如琏立，万历元年夏四月上浣吉日"。入大门为小厅，小厅右边为厨房，左边为天井；前面为照壁，对面为厅堂，两旁各有两间住房。民国时改建大门，上方刻"培英山房"，门两侧为嵌名联："培根由小学，英物起东山。"

高阶级　位于西关，大约建于明朝万历年间，坐北朝南。高大厚重的门头石托起门楣，大门呈八字形。主建筑两层三进，进大门为前厅，左右两侧各有一房；往前为天井，左右两侧各一间厢房；过天井为中厅，左右两侧各两间房。中厅和上厅有门相隔。过中门为后天井，过天井为上厅，左右两侧各两间房。后天井左侧有一扇大门，与潘安礼故居大门斜对。主建筑的右面附属建筑，主要有厨房数间。

观天尚　坐落在南关，清代建筑，两进两层。牌楼式门额，门额用异型

砖和雕花砖砌成，房屋四面均由砖砌成。室内上下两厅，两天井，上厅有楼，楼梁密集，榫头雕刻精美花纹，镂空浮雕悬挂于上。大门对面为照壁。照壁下部为石砌墙基，上部为异型砖和水磨方砖砌成的四柱三面式砖壁，素面无花，壁顶饰有异型砖和齿形砖，上盖青瓦。

奎光世映　位于村中心，临街，坐西向东。建于清初，是至今保存最高大的古民宅。四面均为砖墙，两侧为马头墙。门楣较前墙凹进，大门由左右两块立石和上下盖石、底石支撑，盖石上横嵌圆柱石，向外突出，雕刻花纹；圆柱石上镶嵌"奎光世映"红石门额；石匾上面是四块雕花方砖，一字排开。整个门额装饰华丽富贵，别具一格。大门后方为天井，两侧各一间厢房；过天井是大厅，大厅两侧各有两间住房。大厅正面是中门，可闭合，过中门是上厅。上下厅结构一致。上厅正面有石神龛，四周是雕花木板。

奎光世映

司马第　在石基头往西关的大路旁。清
道光二十五年（1845）后建，由直隶州司马
潘刚所建。房屋东西走向，大门朝南，走进
大门是院子。院子的左边是厅堂。大门框由
两块厚重的条石组成，门额上刻"司马第"
三个字，现在已模糊。屋檐由雕花砖砌成。

汾水俱乐部　20 世纪村民俱乐部，系老
房屋改造而成。因濠上书房与同振堂相连，
村里组织的一些会议、文化活动多在此举行，
如业余剧团演出等。1958 年，汾水村将这两

司马第

处建筑改建为俱乐部。时任监察部副部长的潘震亚为此捐献了 2000 元钱，对
房屋进行修缮。门前有联："开方塘之一鉴，对太室以重光。"

汾水俱乐部

古巷

东山清趣

古建筑

室内木雕

室内木雕

门头砖雕

（二）史志里的遗迹

孝子坊在三十一都。国朝雍正元年，旌表潘杰、潘烈。

——《同治南城县志》

忠义孝弟祠。雍正元年，奉文建于学宫左。忠义祀李浙、饶廷直、张日中、吴楚材、吴应登、吴德新、万清、邓棨、夏季远、余冕、周朝瑞、张绍登十二人。孝弟祀石三郎、江白、过昱、王瑜、邓约礼、黄觉经、高必达、黎崇、邱安、潘烈、邱栻、吴怀英、张嵘、罗铁、朱怀德、潘杰、邓维垣、黄应壁十八人。今圮。

——《同治南城县志》

三、人物与科举

（一）人物简介

潘烈　字孝民，号一庵。他曾师从著名学者吴与弼，一生笃学敦行。幼时丧父，而事母恪尽孝道。母亲去世后，他依礼制为母守孝，时人称道他。母亲去世很长时间后，每每说到母亲，他都会伤心落泪。建昌知府谢士元，是一位贤良的士大夫，与潘烈相交甚为惬意，潘烈强烈要求他恢复乡射古礼。潘烈每次与谢士元相见都行古礼，而不随心所欲。知府谢士元上疏举荐他，称赞他"气高行古，力学固穷"。潘烈不因亲人去世时间长而不再悲伤，与谢士元相交而不忘正直，人们都称赞他为孝子，为正直之人，他受到人们的尊敬。清雍正二年（1724），朝廷颁旨，称他"孝能尽礼"，将其送入江西省乡贤祠受祀。

潘杰　字仁英，号鹅山，一号九峰。潘杰从小聪明过人，16岁入乡学。不久，父亲去世。潘杰念及母亲孀居，不忍心离其左右，因此放弃学业，回家努力干活，供养母亲。他每天亲自为母亲奉上饭食，会根据气候变化为母亲增减衣物，若母亲生病必亲自送医送药。母亲去世时，潘杰已年过五十。潘杰在居父丧时，曾庐墓三年，因过分伤心而伤身致病，被家人劝阻。母亲去世后，他又庐墓守丧。他不顾独居墓侧荒僻无人，夜里常有虎卧其身旁，老虎不怕他，他早上起来，也不怕老虎。有一年发生大疫，潘杰染病山中，几近气绝而后苏醒。他的儿子维诠想把他接回家中侍养，以便恢复身体。但他不同意，仍然坚持在山中庐墓，三年期满方才返回家中。他一生不轻易踏足城市，缙绅士子欲睹其风采都感到困难。万历二年（1574）御史燕公将他的情况报告朝廷，请求朝廷予以旌表，他的事迹传遍四方。潘杰善诗文，诗文盈帙，他的儿子维诠将诗文汇编成书并刊刻行世。罗汝芳为他的书写了序言。子维诠号东湖，有文名。雍正二年（1724），皇帝颁旨旌表其孝行，将其送入江西省乡贤祠受祀。

潘如珪　字文纯，明万历元年（1573）贡士，授南昌府学司训，后转浙江处州丽水县司训。任满回乡后，自建书院，招募学童，开馆授业。他致力办学，大兴教育之风，对后世影响很大。系岐生、翘生兄弟的高祖。

潘应轸　字清溪，居家孝友，积德好施。父如珪。应轸解任归，遵照父亲的遗愿，在村中创立祠宇。应轸管理这些祠宇三十余年，规模广大，甲于一乡。南城县令葛文炳以孝行向朝廷报告了他的事迹，皇帝赐他"冠带大宾"，制匾悬挂于潘氏家庙之中。

潘岐生、翘生兄弟　兄弟俩三四岁时，父亲去世，由其母叶氏抚养。叶氏辛苦抚养，教其诗书。叶氏不到三十岁就去世了，后两兄弟在族人的培养下成长。潘岐生于顺治八年（1651），官至广东长宁知县，后升惠州府通判。潘翘生字楚驷，号蔚斋，天赋异禀，爱好读书，但不屑于为科举考试而专攻八股文，曾读到韩愈的文章，生向往之心，期望自己能起八代文学之衰，因而自号"起代"。南城县令苗蕃是山西名士，他认为翘生是奇才。康熙五年（1666），潘翘生被人诬告入狱，苗蕃知道有冤情，极力向建昌府知府申明冤情，冤情洗清，潘翘生得以参加乡试，录为第一。次年考中进士，授翰林院庶吉士。康熙九年（1670），潘翘生负责礼部阅卷，着力审查阅卷不公平的问题，同事都被其震慑，不敢马虎，阅卷不公的问题得到解决。不久，改为刑科给事中，有进士郭某杀死杀父仇人，以案件本身而论应判死刑，潘翘生为其上疏，得以减刑。其为人正直如此。他去世后，很多人都怀念他。

潘秉道　字耕臣，一生气性刚正严肃，讲究正义，绝不苟且附和。三十岁后，绝意功名，读书立品，教训子弟，常与侄子潘安礼探讨学问、诗文唱和。村里因经济困难冠、婚、丧、祭等事不能尽礼数的，他常常去帮助他们，自家虽贫，却不计较这些。雍正元年（1723），官府以"贤良方正"举荐潘秉道，他推辞了。潘秉道不仅工于诗，还精通医道，被救活的人无数。他著有《麻姑山人诗集》和医书《医方保和》。

潘安礼　字立夫，号东山，文学家。性敦敏，以孝友重乡里，与本县梅枚、邓士锦互相切劘诗文，综贯百家。雍正二年（1724），参加乡试，得中举人。雍正五年（1727），考中进士，授户部主事，擢为刑部员外郎，后因事获罪被夺去俸禄。乾隆元年（1736），乾隆皇帝亲自在保和殿主持了博学鸿词科考试，共有176人参加，结果录取15人，分为两等，一等是刘纶、潘安礼、诸锦、于振、杭世骏，授官翰林院编修，二等陈兆仑等10人，前5人授官翰林院检讨，后5人授官翰林院庶吉士。潘安礼生平不为违背常情之事，如若遇到不能做的事，则决然不为。他扶掖后进，由是一大批人得到了成长。他充任会试同考官，考取者都是知名人士。潘安礼一生无子，有朋友为之惋惜，潘安礼安然地说："你们没有读邓用晦的诗'薪火儿孙天下满'吗？我的著作都在，难道我东山的作品就必定不会为后代所见吗？"在他看来，把自己的思想传承下去，也是延续的一种方式，并不是一定要生儿子。他才华博瞻，擅长辞赋，著有《东山草堂集》《东山诗草》《馆阁应制赋》等。潘安礼的诗词文赋辞藻华丽，多写士大夫闲情愁绪。许多作品力厚思深，堪称佳品。

潘茂　字郁人。乾隆十二年（1747）优贡生，为镶蓝旗教习，品端学粹，文宗先正，培养后学，皆一时名宿。子有从龙与跃龙。

潘从龙与跃龙兄弟　潘从龙，字云五，潘茂之子，为乾隆十六年（1751）

进士。及第后官刑部主事，后选授山西辽州（今山西左权）、直隶州知州。少年时就负有俊才，博通经史，所作科考的制艺之文兼陈子龙、张岱的优点。老年尤其善于写诗，其五古曲折顿宕，擅长用比兴，有《诗经》风雅的遗风，著有《润苍诗钞》。潘从龙生平有义举，爱援助正直人士，如援助建昌府泸溪县（今资溪县）的傅彤。乾隆二年（1737），傅彤考中恩科进士，未做官，回乡寄情山水。后来傅彤上《请改折漕粮加学疏》，请免泸溪县漕运，由征实物改为征银。泸溪水浅滩多，舟楫难行，他便倡议开河之举，伐石导流，并亲自参与疏通事务。此善举却遭人非议。傅彤一生性情耿介，又生活贫寒，后来游历县外，不幸染病客死他乡，所幸有潘从龙的援助，棺木才得以归葬家乡。跃龙字近五，乾隆三十三年（1768）副贡，文如其兄，亦端谨。

（二）县府志里的人物

潘烈　字孝民，号一庵，师吴康斋，笃学敦行，幼丧父，事母克孝。母死居丧一循礼制。终丧虽久，言及于母辄泫然泣下。郡守谢士元，贤大夫也。与烈交甚惬，烈教以复乡射古礼，每相见必规以正，罔干以私。士元以书荐于朝，称其"气高行古，力学固穷"。不以亲殁久而忽其哀，不以士元交久而忽其介。所以知其为孝子，为端士云。雍正二年（1724），奉旨以孝能尽礼。送入江西省乡贤祠。

——《同治南城县志》

潘烈　字孝民，号一庵。气高行古，力学固穷，乃临川吴康斋之门人。自幼丧父，少长，事母以孝。母丧一循礼制。终丧虽久，言及于母辄泫然泣下。此士元所目击也。士元作郡十余年，烈以斯文交者甚密。乡射之行实其指教，每相见辄规以正。未尝肯于以私观人者不于其所勉而于其所忽。烈不以亲没久而忽其哀，不以士元交久而忽其介。此所以知其为孝子，为端士也。

——《正德建昌府志》

潘杰　字仁英，号鹅山。正德间，邑庠生，弃功名而归。食曲尽拔黍之欢，寝苦块以居庐，永念劬劳之执猛而哀，而徐退大疫，几而复苏。此皆孝思之锡乡也。本县知县黄道年参语巡按，御史燕儒宦表其门曰"孝行"。

——《康熙南城县志》

潘杰　字仁英，号九峰。幼颖异，年十六，饩于庠。未几，父卒。杰念母孀居，不忍离左右，因弃举子业课，仆力作为供具。初，杰居父丧，庐墓三年。至是有以血气就衰劝止者，杰不顾独居墓侧。岁大疫，杰染病山间，绝而复苏。其子维诠欲扶持反，不允。终三年乃反。生平足不轻履城市，缙绅家慕其丰采，求一面不可得。产不甚饶而乐施与，抚孤济贫多有为人所难者。万历二年（1574），御史燕按部廉其状，请旌于朝。报可远近士人传其事。诗文盈帙，维诠汇而梓之。罗近溪为之序，维诠号东湖，有文名。

——《同治建昌府志》

潘应轸　字清溪，居家孝友，积德好施。父如珪，以拔贡任浙江丽水教谕，解任归，遗命创立祠宇。轸经营三十年，规模广大，甲于一乡。构求先人坟墓，得穴于本邑水溅架下。后从孙给谏翘生、谕德安礼，宦业科名接续而起。前明邑侯葛文炳以孝行申详，锡以冠带大宾，至今有匾悬诸家庙。

——《同治南城县志》

潘翘生　字楚驷，幼颖异，读书不屑以制艺为事。尝读韩昌黎文，心向往之。以其起八代之衰，因自号曰"起代"。邑令苗蕃，晋东名士也，见翘生异之。康熙丙午，翘生以诬系狱，蕃知其枉。力请于郡守，得赴试，遂举乡试第一。明年丁未，成进士，授庶常。庚戌，分校礼闱察试卷不均之弊，同事皆震慑，弊遂绝。转刑科给事中，在垣中言论侃侃，持风宪体。有山右进士郭某手刃父仇，狱成当论死。翘生首疏其事，得减等。未几，卒。中外惜之。

——《同治建昌府志》

潘茂　字郁人，乾隆丁卯优贡生，考取镶蓝旗教习。品端学粹，文宗先正，造就后学皆一时名宿。子从龙。字云五。辛未进士。官刑部主事。选授山西辽州、直隶州知州。少负俊才，博通经史。时艺兼大樽、陶庵之胜。老尤工诗，其五古曲折顿宕，尤长比兴，有风雅遗音。著有《润苍诗钞》。跃龙，字近五，戊子副贡，文如其兄，品亦端谨。

——《同治南城县志》

潘琦　字二韩，号东庵。由例贡官高州通判，判督粮储高，判独兼军捕。琦初莅郡时，信宜属吏刻于催科，激民变围城，旬余不解。琦与戎镇某挺身入垒，宣示大义，擒其渠魁戮之。余不问。乡城多所保全。监司录其能，令屡摄县篆。琦兴文教，备海防，绝苞苴，严厘剔，案无留牍。六邑人士至今颂之。

——《同治南城县志》

潘岱登　字函观，负才沦落，喜遨游，至老不倦，客于粤。吏闻岱登名，多倒屣迎唯恐后，然岱登卒未尝轻就也。粤有藩变，积案株连岱登。因公剖决多所平反。久之，携子秉衡游罗浮二山，登绝顶，击剑歌呼若重有所感者。粤中陈元孝、何不偕、梁器圃、屈翁山、王蒲衣、梁药亭辈皆与之友善。所著曰《好音集》，盖以寓诗人西归之怀云。秉衡亦有才名，早卒。

——《同治南城县志》

潘秉道　字耕臣。生平严气正性，义不苟合。年三十后，绝意功名，务读书立品，教训子弟。从侄安礼有"大阮兼师友，频举问字来"之句。里党有冠昏丧祭不能尽礼者，辄助之。家虽贫不计。雍正元年（1723），当事举秉道贤良方正，力辞焉。工诗，精岐黄术，诊视全活者无算，著有《麻姑山人诗集》《医方保和》若干卷行世。

——《同治南城县志》

潘安礼　字立夫，号东山。性敦敏，以孝友重乡里。与梅枚、邓士锦互相切劘诗文，综贯百家。雍正甲辰（1724），举于乡；丁未（1727），成进士，授户部主事，擢刑部员外郎。坐事贬秩。乾隆丙辰（1736），应博学鸿词科，以第二人授编修，迁左春坊左谕德。未几，卒。生平不为矫激之行，然遇不可则斩然不移。又喜扶掖后进，常若不及，先后充会试同考官，所得皆知名士。无子，临卒时，有惋惜者。安礼懹然曰："若不读邓君用晦诗乎？'薪火儿孙天下满'。予著作具在，东山未必不儿也。"其旷达如此。著有《东山草堂集》《东山诗草》《馆阁应制赋》。

——《同治南城县志》

潘安礼　字立夫。性敦敏，以孝友重乡里，为学综贯百家，与梅枚、邓士锦齐名。成雍正进士，授户部主事，擢刑部员外郎。坐事，降补太常寺典簿。大学士朱轼荐应博学鸿词科，以第二人授编修，官至左谕德。未几，卒。生平喜扶掖后进，常若不及，先后充会试同考官，所得皆知名士。无子，病殛时，时有惋惜者。安礼懹然曰："若不读邓用晦诗乎？薪火儿孙天下满。予著作具在，东山未必不儿也。"

——《光绪江西通志》卷一百五十六

潘大鹏妻　汾水里潘大鹏妻吴氏，年二十七而寡。时翁修已公齿高六旬，吴私卖己奁为翁纳妾，生子如珪、如璋。逮如珪生子六，始以次子应龙承继大鹏。吴青灯白幌，垂五十载。奉少室之姑望，再传之后。鸡鸣盥漱，铃忽机丝，力挽一线，祥开千叶。年七十六而卒。

——《同治南城县志》

潘震亚（1889—1978）　原名潘瑞荣，字树庸。小时就读于磁圭小学。因家贫，中途辍学。15 岁到九江"元记"南货店当学徒。1908 年，潘震亚在汉口万利彩票处当司账，兼代办（代南昌、九江商店办货）。1911 年，武昌起义爆发，潘震亚毅然剪去辫子，参加新军，随同乡回到江西，宣传反清思想，鼓动革命。

1912 年，潘震亚考入南昌法政学校，同时担任《江西民报》记者、编辑，兼上海《新报》《申报》《时报》的通讯员。他以"髯公"为笔名，发表了大量文章，抨击时政，反对袁世凯复辟，谴责其丧权辱国的罪行。1916年，他从法政学校毕业后，辞去《江西民报》职务，承办律师业务，积极从事反帝反封建的民主活动。他创办《新共和报》，担任总编辑、总经理，致力新思想、新文化的传播，宣传孙中山的护法主张，反对军阀的黑暗统治。1918年，报纸被查封，他机智地摆脱了军警追捕，逃至广州。

在广州，他经罗家衡介绍，担任众议院秘书。1920年加入中国国民党，先后担任国会非常会议秘书、大理院推事等职。他曾接受林伯渠的建议，在报纸上宣传反封建、反压迫意识，提倡妇女解放。1922年，他与沈信彬在上海创办女子法政讲习所，推动妇女解放运动。这个讲习所培养了不少出色的律师，史良即为该所首届毕业生。

1924年1月，国民党召开第一次全国代表大会，潘震亚担任大会秘书处议事科长。1926年，他被国民革命政府任命为司法行政委员会秘书，司法部第一处、第二处处长，同时兼任法官训练班主任、革命军事裁判所庭长等。经共产党员李合林介绍，他到黄埔军校授课，认识了恽代英、熊雄等人。在共产党人的教育和影响下，潘震亚的思想发生了很大变化。他曾向李合林要求加入中国共产党，可是不久，轰轰烈烈的大革命被蒋介石扼杀了，李合林不幸牺牲，他的愿望暂未实现。

1928年初，潘震亚离开广州到上海当律师，并在上海法学院、复旦大学、政法学院、中国公学等校兼课，先后结识了不少进步人士和中共地下党员，与张庆孚、胡愈之、周新民等人有较为密切的联系，并自觉接受党的领导，参与党所领导的各项革命活动。他曾多次以律师身份为被捕的中共地下党员出庭辩护，配合党组织进行营救工作。该年，上海人民为纪念"沙基惨案"举行游行示威，被国民党逮捕了23人，潘震亚不顾特务的威胁，据理力辩，终于使他们获释。在经济上，他经常资助中共地下党，还不时通过胡愈之向共产党传递一些政治、军事方面的情报。

1934 年，上海成立各界救国会，潘震亚为发起人之一。该会发展成为上海各界救国联合会时，潘震亚出任常务委员。是年，潘震亚加入了中国共产党。

抗日战争时，潘震亚随复旦大学迁往重庆北碚，几经周折，与党失去联系。但他仍以各种方式积极参加抗日救亡运动，支持民主学生运动，营救爱国进步人士。抗战胜利后，潘震亚坚决拥护毛泽东关于废止国民党一党专政、成立民主联合政府的主张，积极参加反对国民党反动派法西斯独裁统治的斗争。1946 年 2 月 10 日，重庆发生"校场口事件"，潘震亚与史良出任义务律师，与国民党反动派进行了坚决的斗争。

1946 年秋，潘震亚随复旦大学回到上海，继续在复旦大学教书，兼办律师业务。他积极投身国民党统治区的爱国民主运动，参加迎接解放的斗争。他曾和张志让、李正文等人发起组织"上海大学教授联合会"，支援当时的"反内战、反迫害"的示威运动。斗争中，有些教授被解聘，许多学生和教授被捕，"大教联"除了用舆论声援外，还进行募捐活动，按月补贴被解聘的教授和救济受迫害的学生。为了救援被捕的学生，复旦大学举行了大规模罢教活动，潘震亚起草了罢教宣言，并和其他几位教授深夜找市长吴国桢交涉，终于使被捕的教授和学生全部获释。

上海解放后，潘震亚参加了接管复旦大学的领导工作，担任复旦大学校委会常务委员，同时兼任法学院院长，并应邀出席了中国人民政治协商会议第一次全体会议。1950 年 10 月他调任中央人民监察委员会副主任、监察部副部长；1959 年调任江西省副省长、省政协副主席；被选为第一、二、三、四、五届全国人民代表大会代表，中国政治法律学会理事。

潘震亚虽然在 1937 年与党失去了联系，但一直以左派爱国民主人士的身份为党工作，对党怀着坚贞不渝的赤子之心。中华人民共和国成立后，他多次向组织提出入党申请。1962 年 12 月，经中共中央组织部批准，潘震亚重新加入了中国共产党。

潘震亚在从事司法教育工作的同时，还先后撰写了不少法学论著，如《刑法名论》《刑事诉讼法论纲》《中国继承法论》《中国破产法论》《中国法制史》《中国债权法总论》。

1978 年 5 月 22 日，潘震亚病逝于上海，许多党和国家领导人送了花圈。

——《南城县志》，新华出版社 1991 年版，略有改动

（三）历代科举应试

历代潘氏子孙勤奋苦读，积极参加科举考试，3 人中进士，贡士、举人、贡生等近 20 人。

进士

康熙六年（1667），潘翘生任翰林院庶吉士、刑科给事中。

雍正五年（1727），潘安礼任翰林院编修、詹事府左春坊左谕德。

乾隆十六年（1751），潘从龙任刑部主事、辽州知州。

贡士

万历元年（1573），潘如珪任南昌府学司训、浙江丽水县司训。

康熙十八年（1679），潘若腾任彭泽教谕、吉安府学教授。

乾隆十二年（1747），潘茂任镶蓝旗官学教习。

乾隆五十三年（1788），潘崧生任通判、县佐。

乾隆六十年（1795），潘德昌考授州司马。

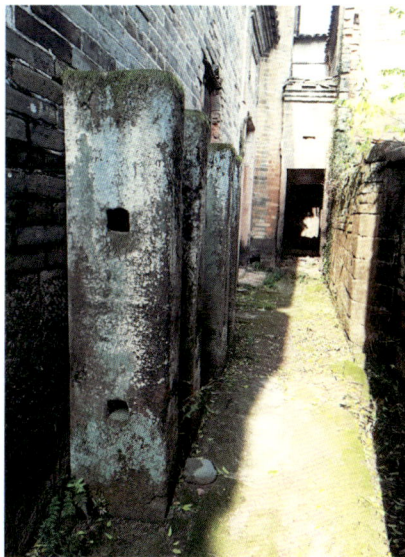

进士旗杆石

道光二十五年（1845），潘刚任直隶州州同（州司马）。

举人

宋代，潘建三任无为州知州。

万历二十三年（1595），潘应宿任清江训导。

崇祯十五年（1642），潘大力任候选学政。

顺治八年（1651），潘岐生任广东长宁知县、惠州府判署理知府事。

康熙六年（1667），潘叙生任大庾县训导，补任吉安府永丰县训导。

乾隆十八年（1753），潘澄任安西府敦煌知县、阶州文县知县。

乾隆三十三年（1768），潘跃龙任直隶州通判。

嘉庆六年（1801），潘杞任钦赐翰林院检讨加一级。

贡生

正统十一年（1446），潘奇任邵武府同知。

万历三十年（1602），潘维诠任明益藩典仪。

康熙三十四年（1695），潘琦任广东高州府通判。

其他任职情况

潘如珪，岐生、翘生高祖，任训导。

潘应宿，清江教授，岐生、翘生曾祖。

潘叙生，例贡，任大庾训导。

潘崧生，琦子，候选县丞。

部分潘氏由于获得功名，在各自领域作出了突出成绩，他们的祖父、父亲、子孙等人得到了朝廷诰封。如下：

潘长郁，以子翘生贵，封奉政大夫。

潘长庚，以继子翘生贵，赠奉政大夫。

潘允惠，以子琦贵，赠儒林郎。

潘翘生，以孙安礼贵，进阶奉政大夫。

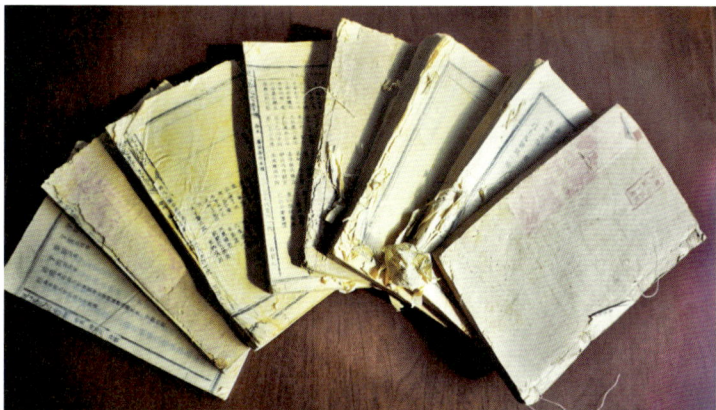

《东山潘氏家谱》

潘试寿，以子安礼贵，赠奉政大夫。

潘秉道，以孙从龙贵，赠奉直大夫。

潘茂，优贡，镶蓝旗教习，以子从龙贵，赠刑部主事。

潘鼎，监生，以孙德昌贵，州同职赠儒林郎。

潘楫，邑增生，以子德昌贵，州同职封儒林郎。

潘琬，以子灿斗贵，州同加二级诰赠中议大夫。

潘忠信，以孙灿斗贵，州同加级貤赠中议大夫。

潘镛，以弟灿斗贵，州同加二级封中议大夫。

四、古诗文选辑

（一）诗

潘建三

种莲

池上种红莲，花开千万朵。

教儿疏作篱，要放荷花过。

潘烈

蓝田道中

蓝田傍午犹烟雾，尽说山深有豺虎。

苍苔满径行迹稀，树底湍流壮如鼓。

山禽格磔山蝉幽，烦襟渐渐浑如秋。

直从一舍得平陆，却喜满目皆良畴。

时逢长老聊访问，言语嗢嗢颜休休。

为言近来好官府，我辈得以安锄耰。

催科不烦顽暴革，往昔凋瘵令来疗。

樵山渔海田可稼，衣食自足农可求。

闻之使我每惊叹，观国于野真良觌。

诚能登第知教养，何地不可为鲁周。

轻风霁日容怀好，步屧抚咏心悠悠。

麻姑山

井梧叶落秋满天，浮云飞去山苍然。

喜有平畴足杭稻，漫说瑶草生芝田。

行樵白叟凌晨去，醉酒黄冠昼日眠。

前修遗迹曾与李，慷慨一读琼瑶篇。

牧鹅

春风樊圃绿茸茸，生意无边识化工。

闲逐群鹅看饮啄，不妨人唤祝鸡翁。

渔

三尺丝桐一叶舟，生涯长是任优游。

年未识破风波险，浩笑沧江万顷秋。

樵

青山山外又青山，肩担腰镰日往还。

熟忍自心仍有得，白云飞鸟共闲闲。

耕

水田三亩又四亩，黄犊一头并两头。

现在生涯能了得，岂知名胜尚堪羞。

牧

芳草湖南古墅西，归牛直待日斜时。

数声短笛无腔调，仰对青天信口吹。

题澄溪行乐图

潇洒闲情落笔真，青松绿竹鸟啼频。

主人自是同心侣，宝马嘶风春外春。

思亲堂

双亲不可见，望望无所归。

薄言往邱山，空山草离离。

羹墙及梦寐，不畏九原悲。

俯仰痗心曲，永怀蓼莪诗。

拜叠山谢先生祠

万里腥膻杀气昏，当时国步不堪论。

漂流瘴海双龙逝，零落家山九庙存。

博浪有怀终报主，首阳无地只消魂。

孤忠不负民彝在，仰止何殊北斗尊。

潘珉

寓北监

踪迹飘蓬西复东，贤关今喜共磨砻。

夜深窗梅疏疏月，昼馆芸香细细风。

俯仰但教无愧怍，行藏何必问穷通。

乐天知命真吾事，一任磻溪老钓翁。

北上思亲

皓首穷经学术疏，流光过眼竟何如？

岁分今夜三更后，人在他乡万里余。

春色重逢梅有信，家山一别雁无书。

高堂喜有吾翁健，那得亲承候起居。

【注】赠潘万岷先生入国子监读书作。

寄兄二首

拟待登楼约赋诗，池塘春草梦多时。

青灯夜雨聊吟远，白首天涯聚晤迟。

明月满怀千里共，莫云徒切寸心驰。

淡烟老树章江路，笑折梅花寄一枝。

桥门讲罢日晡时，霜叶萧萧风更吹。

自笑一身常作客，忽惊两鬓半成丝。

东山遥隔千江梦，北阙徒悬四牡诗。

想是故园音信断，天边云雁意俱驰。

潘塾（字德夫）

龙岩寺投宿未果

驰驱深夜到龙山，拟借蒲团一夕闲。

非是老僧嫌俗客，白云深锁不开关。

潘如珪

北上思亲并寄诸儿

白发慈亲九十余，远行拜别泪沾衣。

梦驰堂北霄偏永，书寄江南雁未归。

云树遥牵羁旅念，秋风吹动故园思。

怀深子舍晨昏远，脉脉缄封几句诗。

寓省中上督学

风雨满城郭，途泥隔望来。

仙舟清夜梦，亲舍白云怀。

披卷侵晨冷，封书向晚裁。

高山欣仰止，思情共徘徊。

考贡遇雪

文场贡试集群英，忽讶阶前雨霰声。

藻思未终三草稿，砚寒已结半池冰。

琼花散乱飞毫润，玉屑霏微点韵清。

感触乡关归思坊，白云遥望不胜情。

舟回南望有怀慈母九十寿旦

平分秋色满江滨，正值慈帏九十辰。

欲趁归舟今夜月，征衣换却彩衣新。

任南昌寄兄

故园风景已相睽，佳节重逢望欲迷。

酒泛玉蒲谁共劝，水云隔在大江西。

京中候选得授处州丽水县司训漫赋一首

关河云树镴重重，万里驰驱到此中。

帆影冲开霜月白，马蹄踏破夕阳红。

上林有雁书难寄，故里无音望已穷。

寄语诸儿休远念，宦途今改处州东。

丽水县上刘宗师六韵

紫禁承恩重，持衡校士来。

入官方底绩，文馆适宏开。

画栋缠红彩，宫墙影绿槐。

文光通两道，瑞色贯三台。

落纸云烟意，挥毫锦绣才。

功成报圣主，宪节召平台。

送守道吴公迁秩

嵩岳灵钟间世贤，云霄万仞任孤骞。

才将玉节来天上，又听纶音下日边。

别酒微分红杏露，行旌轻拂绿杨烟。

莫言西粤重江隔，舟楫还期济大川。

和陈同寅中秋诗二首（录一）

玉宇分秋照暮苍，山城处处举霞觞。

清风明月闲疏散，偏动怀人在异乡。

望少微山怀古隐者

少微应天文，名山相隐约。

中有巢许俦，妆尽奇观乐。

岚光罩石门，松阴罗户幕。

冰澌湛玉露，瀑布悬丹壑。

疏林弄花鸟，高枝鸣野鹤。

不事王与侯，山阿甘寂寞。

不羡膏与粱，道真供咀嚼。

芒鞋衬白云，乌巾穷碧落。

渴饮石中泉，饥餐园里藿。

高人何处寻，往迹不复作。

出处虽殊途，气味颇相若。

对景起遐思，芳樽难对酌。

潘士宪

过汉大夫晁错墓

无将鸡黍愧余生，空向泉中拜故灵。

汉帝宏图虽物换，大夫清望尚风旌。

丹心有赤天堪对，六国无平祸已婴。

十载令人恨袁盎，青编难脱杀之名。

中秋无月

有酒无诗未足娱，有诗无月兴全疏。

不如转起杯中月，照破浮云看太虚。

径霜菊

不学桃花及李花，趋时逗暖竞春华。

独持强毅横秋色，殿立霜中第一家。

向日葵

深含雨露浅含黄，更白倾心识太阳。

却恨李陵同卫律，阴山空死负君王。

敲风竹

琅玕簇立翠森森，勾引清风发素琴。

几度闲听和节奏，分明弹出伯夷心。

【注】潘士宪，字时英，号纯斋，明代人。

潘大振

潜幽圃八咏（存二）

石沼凝蓝

玉壶中摈绝泥沙，水面红尘不染些。

不是虚中清绝底，何缘生爱野人家。

竹通三径

中通外直傲春秋，卧拜烟霞潇洒候。

夹籁动摇金锁碎，满天良月夜光浮。

【注】潘大振，字文举，号双圃，明代人。

迎春八首（存四）

莲花录沼

恍然坐我水仙府，白璧朱颜色并形。

露醉杨妃娇欲语，风迎越女梦初醒。

冰池清逼红妆淡，玉井香浮素粉馨。

不似六郎空有貌，天然高出自亭亭。

梅梢雪玉

纯阴无奈起坤雷，又见寒梅独力回。

数点天心窥造化，一团生意占春魁。

香舍雪玉褰风至，影饬铅华带月来。

最是朝阳无限意，为怜青子鼎中才。

桃李晓容

满园桃李属春官，分付花神自主张。

素练绯衣随意放，朱颜粉黛及时妆。

晓餐玉露犹存想，夕嫁东风似太狂。

岂是红标宜月夜，缅怀遗爱在河阳。

红榴喷火

天孙机锦轻残破，飘入新枝万绿丛。

绛帻剪裁霞绚彩，丹砂煅炼火烧空。

娇痴生逐薰风醉，结纳原随汉使通。

更有胭脂宜作艳，缤纷磊落许多红。

自咏

迩来易地成双圃，妆纳乾坤大化钧。

万汇屈伸窥节候，四时代谢见天真。

樊生先得吾同欲，迂叟无私已有春。

两地足供诗酒兴，颓然醉卧一闲人。

潘福

济宁寄复塾师

遥望家乡意正惆，新诗刚接济宁州。

儿曹所学功成日，岂负先生门下游。

【注】潘福，字世充，号少峰，明代人。

闲坐写怀

行年七十又加三，力倦身衰少息担。

观遍世情皆冷暖，看来人事尽凉炎。

三株已托先人庇，七蕙犹希后日添。

追想少年为客事，于今方得苦回甜。

潘稷

挽弟亘十四（时年八十二）

父母生吾三弟兄，父先早丧母劳形。

弟恭兄友商为业，女嫁男婚事不停。

买屋置田俱贵价，分居析产各均平。

弟今虽寿先兄故，静里思量两泪盈。

潘孔达

哭父

具庆堂中春正熙，伤哉吾父遽沉西。

成家未报劬劳德，教子何酬远大期。

云暗岵山空仰止，雪埋椿树失瞻依。

趋庭无复严颜睹，几度西风血染衣。

哭弟珙十二

孝友谆谆本凤成，行踪凛凛励冰清。

勤家干蛊功尤著，接物持身事最平。

天道虽然差报应，此生端不愧乡评。

而今而后知无忝，瞑目应安地下灵。

【注】潘孔达，字云汉，号文衢，潘福长子。

潘孔时

写怀

鏖战文场十七霜，初心指射斗牛光。

苍天不遂男儿志，名利关头各自忙。

【注】潘孔时，潘福次子。

济宁书寄省亲

远别亲帏各一方，原因利锁易名缰。

欲知音问情疏略，不尽瞻依思不忘。

潘如璋

客中思亲

倦客天涯滞雨中，芙蓉不觉满江红。

年年湖海秋风客，隔断重云望未穷。

【注】潘如璋，字文信，号前山，如珪之兄。

旅舍有感

处处山花映水红，水光山色滞行踪。

醉卧呼童听夜雨，荒鸡啼罢各西东。

潘崧生

麻姑纪游二首

襄雾冲岚十里余，天河谁挽下仙都。

灵蛟喷沫飞红雪，神女倾盆堕绿珠。

谷口风涛瞿峡画，云中鸡犬辋川图。

谁能唤得王摩诘，为写丹霞一幅无？

一勺丹流石罅中，危桥三峡跨长虹。

琼浆纵觅余芬在，麟脯难教旧宴逢。

赖有孤松传刺史，犹余断碣纪神功。

登坛欲尽幽寻兴，茶话僧闲意颇同。

潘秉道

神功泉

壑近水浮凉，澄莹鉴眉睫。

何处见神功，人天雨不灭。

龙门瀑

寒泉漱危石，天风恣飞洒。

犹恐带龙腥，控鞭不饮马。

飞鳌峰

何年巨鳌飞，化为苍铁色。

纵令成沧海，钓者无从得。

潘安礼

云门寺

仙源路盘回，云气相出入。
古寺下残钟，烟暝月光泾。

齐云寺

我有万古愁，登此日月近。
何必谢朓诗，搔首天可问。

鲁公碑

颜公正直人，笔墨传狡狯。
颇闻抗节时，金解一蝉蜕。

半山亭

山腰悬古亭，天风无时休。
城郭杳霭间，森末凌沧洲。

丹霞洞

绝顶耸青翠，阳壑回窈窕。
乳鹿与时禽，相将狎寒篠。

秋怀

四序更代谢，衰荣相倚伏。
金风扇朱明，零露团白玉。
蟋蟀鸣前除，空庭戛深竹。

黄昏微雨过，萧条散寒绿。

起坐不成寐，展书烧短烛。

远人千载心，安与世局促。

秋风肃天地，疏槐透清阴。

良辰发奇赏，百籍手自斟。

羁角奉六经，万象罗飞沉。

雒诵三十年，蠡测溟渤深。

天上无顽仙，御风此中寻。

老人能勤学，卫武亦自歆。

间房媚幽独，意惬无古今。

嗒然忘言初，轻飔响空林。

石兰生空谷，婉娈有芬芳。

绿叶冒清露，紫茎垂珠英。

岂不贵自保，荣君白玉堂。

幽意随众草，掩冉含孤光。

白日忽西匿，谁与从风扬。

逍遥岺山阳，杳然望昆墟。

翩翩青鸟使，中有琅玕书。

玉女导我前，白颊双鬖蛛。

翡翠巢珠林，采鸾戏清都。

元云何飘飘，绛树千万株。

虑妃怡令颜，知我灵根殊。

愿言解缥佩，蹇修吾谁俱。

嗷嗷云中雁，飞鸣恋俦匹。
周周饮于河，衔羽避颠踬。
美人隔秋水，幽姿抱冰雪。
缄忆向千里，苍茫烟雾失。
中心怒如饥，青松指白日。

飘风从西来，吹我窗前树。
落叶随干雨，械械如有诉。
荣华易雕枯，荆棘在中路。
鼎鼎百年身，新人忽成故。
猿鹤等沙虫，贤愚莫能度。
仙人浮邱生，渺然堕烟雾。

寄怀徐大鸿宝

籍甚徐高士，倏然卧故园。
阮途应有泪，郢斫更无言。
疏雨横孤艇，残阳下古原。
风尘京洛客，心事与谁论。

送表弟禹轩南归

露点庭芜边雁飞，不堪旅邸话南归。
十年薄宦新霜鬓，千里征帆旧褐衣。
江上芙蓉秋草莫，尊前兄弟白云违。

家书凭寄将双泪，身世天涯共落晖。

佛手柑

晴雪玲珑映瑶席，累累白定标清格。

维摩一室现黄金，垂手珠林度空色。

读罢南华香着衣，旃旃蔷卜未应希。

画屏斗帐破昏梦，月挂海宫天露霏。

江南霜后多琼蕊，楚客含情向千里。

松窗柘馆木奴荒，指点缁尘隔烟水。

长歌行赠梅功升

朔风猎猎摩天扬，层谷峨峨夜雨霜。

谁报浮云来骏骎，雄雌剑合双鸳鸯。

十载梦君忆君面，燕台岁暮惊相见。

弹指流年白发新，开尊素月荣光蒨。

天子特诏起通儒，殿前作赋飞琼琚。

治行已曾推卓茂，高文还复用相如。

君才有源学有祖，临川门仞罗三古。

苍精马血锡崆峒，天庙龟兹陈簠簋。

饮君酒，惜君才，承明著作，舍汝其谁哉？

长歌不能尽，起舞重徘徊，骊驹一曲，送君河上去。

明年迟汝骖，鸾吐凤，缓步凌云台。

乙卯岁暮遣兴

偻指为郎近十年，当关纸尾浩如烟。

流光青镜惊霜鬓，素业缁尘委石田。

只合巢书消二六，敢夸奏牍满三千。

山公题目增颜甲，策钝新添劝学篇。

（二）文

潘翘生

周濂溪祠序

士君子矢志励行，惟出而图吾君，入则惇叙九族睦于而家，贞于而国，此物此志也。已酉，翘奉简命补谏垣，慎重不敢轻奏，至关利病，系纲纪，必直陈无隐，务行其志以称厥职。

庚戌，长史公车来京，翘分较礼闱，兄回避选受长宁令。煮茗夜话及兄弟幼孤状，劬劳未报，鞠躬又恐弗尽，惟此物志交相劝勉。继走缄宗人，孤者字之，寡者恤之，枢停各就窀穸。纂修谱事以培植根本是务。岁戊申于盘岳，翁来署，出其家人手札，有合祠联谱之举。余曰"善哉"。其有券于翘之志也。夫忆癸卯见鳞鬐先太翁《孝经浅说》及所集《谱略》有程南楼、罗明德两先生序，知其志事不自今始，庚戌季春言。旋嘱余曰："尚藉先人之灵祠，事有成愿，赠言以纪胜，并请名公先生之额以颜于堂。"冬钞告成，复邮缄相慰。

噫，敏事如此。诸君子洵克绍先贤之绪乎？及观其谱牒悉仍旧本。祖濂溪宗太守，尊莫过焉。合五邑属八支亲莫加焉。因以其事告以中堂魏夫子，夫子忻然嘉之，亲书"理学开宗"四字以赠。夫九仞兆于一篑，周之祠谱非无基也，然大宗之建始于斯。谱牒之合肇于斯，其子同事亲孝，故忠可移。于君居家理，故治可移于官□，君所为皆此物此志也。翘不能文诸所请求，敬谢不敏□务本之业，合于余心兼以门楣之谊，乌敢固辞，乃不文而序其事。

潘安礼

梅花赋

玉峡云深，瑶池月澹。雪下松敧，风来竹撼。耿碧树之仙姿，逗疏花之晚苍。窥素艳而春知，领幽香而无感。尔其天低急景，岁晏凝寒，群卉色敛，庶品芳残，乍稀微于涧畔，倐掩映于林端。则有山家地僻，野店桥横，香痕水浅，冻影霜明。带烟村而旷逸，出篱落以孤清。灞上骑驴之兴，溪边狎鹭之盟，若夫望重孤山，格高庾岭。罗浮以仙种称珍，邓尉以灵区纳景。采芝商老，冠履清严，拾翠洛妃，珮环深靓。松风瀑布，骚人抚三弄以忘形；秋水南华，达士手一编而偶影。至乃扬州官阁，金谷名园，千株柑橘，九畹兰荪。际莺燕之，无语当蜂蝶之未喧。绛萼檀心，倚壶清而烛晃。缟衣素袂，梦屏暖而麝温。若乃琼室，移根琳宫异植。龙涎芬吐，绞绡丽饰，弄珠太液池，头揽镜灵，和殿侧飘渺姑射之山，澹荡烟霞之国。殆夫敛华就实，缀碧乖黄，味滋神鼎，调荐帝殇。信上林之嘉树，登天府之瑶筐。斯乃太室明堂之用，岂徒玉真峰顶之光。抱素元夫，含真学士，托志松筠，羞容桃李，叨陈南国之芳，喜列西园之侣，窥怀映日之文章，敢效和羹于簠簋。

兰赋

有芳兰之异植，含天产之名姿。被长坂之抑郁，蔚广泽之华滋。带杜蘅以为伴，扈离芷以为随。冒绛雪于缥干，点丹砂于玉蕤。尔其石壁，松深烟皋，草浅岸引，斜阳岩缘，驳藓隔尘，壤之晴阴，阒游观之，攀搴吐纳，灵境之菁。氛氲空谷之选，栖神桂壑，毓秀梅冈。因风袭远，无人自芳，抱寒光以蠲体，澹群有而慎相。沆瀣攸珍，本为王国之瑞，塞修有待，肯贻媒献之伤。若夫北渚招寻，南陔采撷，勺明水以荐嘉，贮晶盘而奉洁，谱绿绮之琴声，笼紫丝之绣结。思公子兮不言，怅美人兮远别。则有堂分碧落，室共清晖，同心雅集，逸兴遄飞，指素襟于琼蕊，吐佳气于春霏。情每谐于往复，律有和而因依。又若宾客文园，绮罗金谷，日暖夭桃，露溶仙菊，兰英坐曛。兰釭照馥，缀宝髻以玲珑，掇纤手而闲淑。至乃风清凤掖，月晃鸾扃，丛生楚楚，枝擢亭亭。傍瑶编而映碧，对斑管以摇青，在握而刘郎增韵。纫佩而荀令余馨，庸作歌曰：怀古香兮荫林薄，过明主兮苞采作。皇以揆兮鉴寸丹，三沐浴兮丽金阁。重为歌曰：山有蕙兮隰有兰，解玉佩兮江之干。耿斯诚之不昧，宛贞贞兮岁寒。

潘维铨

<h3 style="text-align:center">潘氏社仓纪功碑记</h3>

尝谓储积者，生民之大命。三代以上民饥而不害者，凡以国有储、家有积也。我圣祖周恤民隐，令州邑各设预备仓。其法小饥放三之一，中饥放三之二，大饥尽放。然守令不能擅，必请两台，请藩宪乃得放。故民之待哺者，翘首公门，踞蹐官道，未必可偿一饱。间有豪猾得之，而孤老疲癃卒亦徒手耳。隆庆初，天子可台官议行社仓于天下。厥后更移他，抵至勤两台申饬之。万历丙子，新安范晞阳君来宰我盱，劝邑中各设社仓，邑之振德向风者十常四五。

邑南二舍为汾水，乃潘氏世居也。族硕且繁，资丰而声华，掺书契以入粟者三五，十里一方之黔黎，倪祈寒暑两喘息系之。豫章外史晓山君乃集族之父老而告之曰："社仓之设，实吾先人之志，非必范侯风之，而吾子孙当禀先志以成其美。"乃举杰士应龙朴以首其事，而以济维藩汉，副之出粟，则族携数十人翕然响应，不旬月间得粟一千余石。

而谷本备，遂建仓于先祠之左。然欲速成而木石卒，备厅事庾廪，非不森列。不一纪，而栋桡石刓颓毁有圮状。

万历丙申，应轸君为先祠主鬯，因祠宇之将颓，易其地而新之，遂移社仓于先祠之右。莅事有堂，聚众有厅，前引两廊对列六庾，木必抱围，石必寻丈，碣栋岭梁，铁扃石关，焕然一藏府矣。越历经年而靡寒暑竭，宵旦劬劬然。独肩其役者，应轸君也。而珍君同董其事，朝夕共之。每岁初夏，田事方殷，人皆胼胝，以耕而腹，不充藜藿，少壮从庸而老难任，暑雨未免，嗷嗷相嘘者，故计口而授之粟。暨于有秋，耒耜既涤，疆场既登，则视其券而纳之。是时，谷熟而有资息少而易辨毫发，无敢奸窥者，亦无敢留难抗格者，俾一方之黔黎，倪毛咸赖以为命，虽以灾疫旱涝临之而取之社仓若探囊。然事不纪非以诏后，法不虑非以垂永，乃征余为之记。

余惟以仓廪入之司谷粟，委积吏之司会计，《周官》有定制也。彼其时匹夫余夫各有恒产，民鲜独富独贫者，仓廪只以待孤茕，待凶荒耳。汉耿中丞常平之法，丰则籴之，饥则粜之，而法制于官。隋长孙支度义仓之法，丰则敛之，饥则放之，而法宜于民。宋徽国公建社仓于崇安，谷本请于官，贷息取于乡。三者虽殊，而民无恒产，其为凶荒备一也。先儒曰："社仓之法莫善于在民，莫不善于在官，盖在官则有申饬抑勒之，扰在民则有调停舒缩之便耳。"然粟不容不贷，贷不容不息，不贷不息则储蓄不广。储蓄不广则赈济不周，故取息非得已也，势也。诸当事宜推族长之贤者总之，而以诸义豪佐之。总之者会其所入，计其所出，而防其侵渔，佐之者放之不轻，收之不苟，而禁其逋负。毋曰："古之义仓不以息而扰民。"亦毋曰："今之社仓必以息而广蓄垄而储积之充也。"稍宽之不垄而岁之侵也。又宽之又垄而既盈且硕也。举与老羸鳏寡共之，庶足以广。圣天子周恤之意廓吾祖宗，积累之仁俾后之子孙代代守之，而建仓之德久而弥光云。

万历三十二年季秋月，湖东处士维铨撰。

潘杞

潘氏社学记

事有前人所已为而为之者，有前人所未为而为之者，有前人所欲为而未及为，必待后之人以为之者。

我国家教化翔洽敞庠，遂序遍天下。而家塾先于大学，则社学尤重于以明伦，养正以厚风化。讵惟是各立门户独私其子弟哉？第思族众本有同情愚者，不可逸居而无教。一二聪颖之子束发受书，或啖藻弗给，欲就外傅不能，俱将聋聩以老，此而莫为之所也。谁之责欤？吾家社学，前人有志未逮久矣。相地度宜基址立于十数世之前，面临方塘，如珙如璧拱揖，天马环应台星，神殿临其上，宗寝肃其左，神灵祖庇呵，获无穷都人士辄徘徊咨慨，谓造士有地，迄今未获鸠工抡才非前人意也。岂为之犹有待耶。

甲子冬，族众贤豪毅然继先人之志，各捐谷石为蓄积经营之计。不逾月，而争相捐输。一宗鼓动此剥果蒙泉之发生，其殆可为者机欤。由是经营以图成，俾讲诵有堂，膏火有资，用以体祖宗毓德储才之意，助朝廷作人养士之万一焉耳。嗟乎，观于乡而知王道之易，观于社而知教泽之隆，总在有心人以维持滋培之。矧吾族钟灵，最厚孝义节烈，数百年照灼邑乘不仅冕绅，辛巳也。有志者奋然，念先正之流风余韵，诵其言则德伊迩矣。服其服则行伊迩矣。维桑与梓修焉，息焉。方幸生于斯长于斯，陶冶磨砻受成于斯，郁郁彬彬一乡之善在是。推而上之，为一国之士，天下之士亦在是矣。昔范文正公增置廪给，招致弟子刘德华建学子，朱子记之。吾族亦仿此意也。社有仓既行于昔，社有学复见于今，不知视古之义田、义馆何如？而诸君子广历师儒，相关一体仁也。如废斯起，如断斯续，义也。要之，承先志，大家声祖若宗所未及为者为之，孝也。孝以成仁，孝以成义，庶无憾于前人矣。夫是可记也。

嘉庆十一年乙丑岁春月，尚书公元孙翰林院检讨杞撰。

苗蕃

录解元翰林翘生公南城县学碑记

鹏怒而飞天，海何居乎？志怪牛肥而饭，爵禄不入胸中，物色则墅马尘埃，显传则天下后世。楚驹原字发，为江右解元。起代新称，捷为庶常吉士。卬已在泮，特函牛斗之光。壮乃入都，谁鼓风云之气，为之兆也。亶其然乎，庄周知百里奚，题现世出世间之凤慧，鹿鸣至万言策，对实人非人等，所咸惊拂乱，所为屈信相感冲，突讼而捐遁，忽贲以升奇，穷逼出大功名。素位而行，宁患难与予若同过，远所不悦于楞华，补余所不及得时，则驾而翰苑，总恁造化颠倒英雄。子玄注庄，中郎广庄，友夏遇庄，在于潘得庄之力。文僖状元、圭峰解元、拙庵亚元，于潘识元之权。蠹蠹飞熬，渊渊汾水，有子试寿蒙泉，又河阳之花，问余勒碑砚池。附贲皇之笔蕃记。

康熙六年丁未岁孟秋月，知南城县事、晋东苗蕃为赐进士第内院庶吉士，丙午江西乡试第一名翘生立。

参考书目：

李人镜《同治南城县志》，清同治十二年（1873）刻本；

夏良胜《正德建昌府志》，明正德十二年（1517）刻本；

邵子彝《同治建昌府志》，清同治十一年（1872）刻本；

章添元《南城县志》，新华出版社 1991 年版；

刘坤一《光绪江西通志》，清光绪六年（1880）刻本；

潘安礼《东山草堂集》，清乾隆四年（1739）刻本；

潘建华《千年古村汾水》，打印本，2015 年。

（罗伽禄执笔）

附录一：名臣后裔包坊村

包公包拯，为官清正、断案如神，其故事大家都津津乐道。可鲜为人知的是，其长兄包播（字希远），因在南城为官，乐此间山水，遂以此为家，世代居之，名人辈出，成全了偏远之地包坊之名气。更有后世子弟包恢，雄辞闳辩，闪耀一时，既为一代重臣，又为陆学后学中的重要人物。在包坊，「包」是姓氏，显赫一时的大姓；亦是地名，万众归心的所在。至今天下包氏子弟，常来此寻根祭祖，给古村记忆增添了诗和远方。

一、古村概况

包坊村位于上唐镇东北部，紧邻洪门水库，属丘陵地带，距镇人民政府8.3千米，东邻李敖村民委员会，南接坊头村民委员会、棠下村民委员会，西连天井源乡曾坊村民委员会，北与洪门水库为界，面积14.72平方千米，户籍人口2527人。包坊村因村民委员会驻地包坊而得名。中华人民共和国成立前包坊属三区毕姑乡，中华人民共和国成立初期属四区梧云乡，1956年属梧云乡，

南园

称红阳初、高级社，1958 年属洪门人民公社石魁管理区，1961 年属包坊人民公社包坊大队，1965 年属洪门人民公社包坊大队，1968 年属上游人民公社包坊大队，1972 年属洪门人民公社包坊大队。1984 年撤销人民公社制，同年成立包坊乡，该村划入包坊乡，属包坊乡包坊村民委员会，为当时的包坊乡人民政府所在地。2001 年包坊乡并入上唐镇，该村亦随之并入，属上唐镇包坊村民委员会。

《包氏家谱》载：北宋大中祥符三年（1010），包希远由合肥赴任建昌路通判。相传包希远夫妇曾游此地，夫先到，把一枚铜钱放在荷花芯，妻吴氏后到，拔下金簪插入钱眼，荷花即合拢。夫妻俩高兴地说："此乃包氏之所也，金簪插金钱，子孙万万年。"大中祥符八年（1015），吴氏去世，希远遂迁此居住，子孙繁衍，此地改称包坊，沿用至今。现在村中仍有包拯之兄包播之墓，每年清明前后都有来自各地的包姓后裔前来寻根祭祖。南城包姓后裔人丁兴旺，

窗雕

名人辈出。其中最著名的莫过于包播九世孙——南宋签书枢密院事包恢。《包氏家谱》记载："……九世孙宏斋（即包恢）以《礼记》两魁乡试，由进士累官签书枢密院事，致仕赠少师少保。"又据

室内雕刻

史料记载："（包恢）历知台州，有妖僧居山中，自称活佛，民多被骗，恢绳之以法。"又云："恢历官所至，破豪猾，去奸佞，尽力职务，政声赫然。"包恢与文天祥是挚友，聚则言之，散则书之，多言国是。文天祥致包恢之信札至今仍藏于北京故宫博物院，编为《行书上宏斋帖卷》，并有李时勉、朱益藩等人题跋。包恢一生著述颇丰，有《敝帚稿略》8卷传世。

二、重要人物

包播　字希远，北宋庐州合肥人。据包坊村的《包氏家谱》记载："圣宋祥符庚戌（1010），播（包拯之长兄）来判建昌军事，乐南城山水之佳，遂家于七仙阁下，后徙修仁里之月湖包坊，自是建昌始有包氏。"有弟振与拯，拯字希仁，举进士。包拯之子繶为潭州（今湖南长沙）通判，早逝，其妻崔氏带着一个尚未成年的儿子，不久，其子也夭折了，播之子经则令自己第二个儿子滨回安徽合肥继为崔氏之后。后崔氏去世，滨举家于熙宁乙卯年（1075）回南城探望父亲，后没有回合肥，而安家于南城之包坊。传至包敏道已是第八世。南宋嘉泰甲子（1204）南城包氏首修家谱时，敏道为家谱作序，并自称盱江八世孙。根据《包氏家谱》，其世系可简列于下：

第一世：始祖恒义，五代后周人，显德丙辰（956）来任庐州合肥县尉，卒于官。安人李氏。生子三：树德、植德、松德。

第二世：恒义长子树德，妣氏夫人李氏、王氏。生子三：希远、希哲、希仁。

第三世：树德长子希远，讳播。安人赵氏、吴氏，生子二：纮、经。幼子希仁，讳拯，谥孝肃。宋真宗己酉（1009）举人，庚戌（1010）进士，累官枢密副使，为政务敦厚，虽嫉恶如仇，未尝不推以仁恕，享年七十六。夫人李氏，生子二：繶、绰。

第四世：希远幼子经，字以义。妣吴氏，继妣余氏，生子四：洪、浚、潮、滨（出继繶）。希仁长子繶，擢潭州通判。宜人崔氏生子一，未育，立堂兄经幼子滨承继。希仁幼子绰，任定远知县，年二十二而卒，孺人李氏。

第五世：繶继子滨，字若琼。奉养繶公夫妇，终转居南城包坊。妣赵氏，生子五：椿、三承事、五朝义、八朝奉、十府君。

第六世：滨长子椿，宋神宗熙宁中，任广州青海同知。宜人赵氏。生子二：煜、翼。

第七世：椿长子煜，妣吴氏。生子二：基仁、基福。

第八世：煜长子基仁，赠太子太保。妣李氏，赠博平郡夫人，生子一：雄飞。

第九世：基仁之子雄飞，字后英，号筠溪先生，赠太子太傅，谥文宪。妣余氏，赠通议郡夫人，生子三：约、扬、逊。

第十世：雄飞长子约，字详道，号日庵。夫人范氏，生子四：文、武、斌、宥。次子扬，字显道，号克堂。妣万氏，赠政和郡夫人，生子一：恢。幼子逊，字敏道，号纯翁。妣李氏，生子二：理、城。

包约　字详道，号日庵。包扬兄。与弟初学于陆九渊，九渊尝称其天质淳真，为学日进，不为夸诈者所惑，有过人之处，唯文采稍不足。九渊卒，复从学于朱熹。《包氏家谱》记载：约在孝宗隆兴癸未年（1163）由儒士聘任为侍讲，后升学士，再至工部尚书，赠司空、楚国公。朱熹称赞详道"资禀笃实，诚所爱重"。包约官至工部尚书的记载仅见于《包氏家谱》，不见其他记录。

《陆象山全集》中收录陆九渊给详道的信最多，在信中他们对一些问题进行了讨论，但由于不见详道给陆九渊的信，今天也只能从陆九渊给详道的信中略窥一斑。九渊在一封长信中对"心之智愚"做了认真的阐述，陆氏认为贤者心智气清。他说："人生天地间，气有清浊，心有智愚，行有贤不肖。必以二途总之，则宜贤者心必智，气必清；不肖者心必愚，气必浊。"他同时在信中对详道进行了表扬："观详道之素，亦可谓行之贤者也。"然而他也指出详道身上的缺点："然某之窃所忧者，盖以其气之不得为清，而心之不得为智，闻见之不博而渐习之未洪。"详道初从学于九渊时，其说甚怪。然而，陆九渊认为详道的本质是好的，人十分淳朴，按常理来说，详道是不会提出那些奇谈怪论的。况且，包氏兄弟互相问学，互相促进，也都很勤奋。但是他们在学习上有不足之处，"所甚病者，是不合相推激得用心太紧耳"。九渊希望包氏兄弟能加强学习，日日有进步。每当他们有了进步，九渊是那么高兴，他在给详道的一封信中说："学问日进，甚善，甚善！为学固无穷也。"九渊猜测包详道通过学习，能够知道自己的毛病，他说："详道之病，想已自知其大概。"他希望详道能找出自己的错误之处，对症下药，认真学习，这样必然有很大进步。他在另一封信中对详道的进步做了充分的肯定，认为人各有长短，只要不断学习，不足之处就能得到改善。他说："为学日进，尤以为喜！详道天质淳真，但不为夸诈者所惑，亦自有过人处。文采纵不足，亦非大患，况学之不已。"他在给详道的其他几封信中还谈及学问之事，字里行间流露出对学生的殷殷关爱之情。陆九渊在给包详道的一封信中教育他，学者要明理，不要做"事唇吻""闲图度"的人。本心、实理是天之予我，非外力所予，不可强求。但只要敬保谨养，学问、思辨而笃行，这样就能明理，不失本心。他在信中说："宇宙间自有实理，所贵乎学者，为能明此理耳。此理苟明，则自有实行，有实事。实行之人，所谓不言而信，与近时一种事唇吻、闲图度者，天渊不侔，燕、越异向。事唇吻、闲图度之人，本于质之不美，识之不明，重以相习而成风，反不如随世习者，其过恶易于整救。图度不已，其失心愈甚。省后看来，真登龙断之贱丈夫，实可惭耻！若能猛省勇改，则天之所以予我者。非由外铄，不俟他求。能敬保谨养，学问、思辩（辨）而笃行之，谁得而御？"

　　包扬　字显道，号克堂。乾道年间（1165—1173）贡士，学者称他为"克堂先生"。其与兄包约、弟包逊均师从陆九渊，象山卒，先生率其生徒诣朱子精舍中，执弟子礼。包扬还编录了1卷朱熹语录《文公语》。朱子早期弟子蔡季通曾被治罪，被朱子称为"好学有志佳士"的詹元善设法营救，当朱子听到此事时，也想参与营救，这时包扬则说"祸福已定，徒尔劳扰"，朱子对此大加赞赏。后因子包恢显贵，朝廷赠他太子太师的称号，夫人万氏，赠政和郡夫人的称号。生卒年无考。

　　包显道之子包恢于《敝帚稿略》卷五《跋晦翁先生二帖》中云："某之先君子从学四十余年，庆元庚申之春，某亦尝随侍坐考亭春风之中者两月。"此事又见同书卷五《跋晦翁先生帖》。包恢于庆元六年庚申（1200）春，随其父见朱子于考亭，受学两月。包恢《跋晦翁先生帖》曰："我先君从文公学四十有余年，受其启诲最多且久，每于侍下窃闻之，继于先生《文集》中饫观之。庚申之春，又尝躬拜先生于考亭而受学焉，详其所主，无非先存主而重持守。"《文集》中《答包显道》短札两通，对包氏兄弟反对读书讲学而笃信超然顿悟的思想予以批评。《文集》中《答曹立之》云："包显道辈仍主先入，尚以读书讲学为充塞仁义之祸。"

　　包扬也是朱熹门人，绍熙四年（1193），包扬领生徒十四人来，四日皆无课程，朱熹令黄义刚问显道所以来故，于是次日依精舍规矩说《论语》。庆元三年（1197），包扬有一次来到建阳考亭，朱熹对显道说："久不相见，不知年来做得甚工夫？"包显道侍坐，先生方修书。

　　朱熹在世时，就有陆九渊的弟子转来向朱熹求学。这些人学术大都折中于朱陆之间，主理心折中。例如，包氏三兄弟本为陆九渊的门人，后问学于朱熹，朱熹主要训其勿以清虚寂灭陷溺其旨，即指责其禅学、心学倾向。

《宋元学案》言包扬事朱子，"蔡季通之贬也，朱子将为经营，先生（显道）以福祸已定，不必徒加劳攘，朱子善之"。朱子指包扬之学"忽略细微，径趋高妙"。包恢言："先正有云：'维诗于文章，泰山一浮尘。又如古衣裳，组织烂成文。拾其剪裁余，未识衮服尊。'"

包扬等南城学者因地缘关系多先学陆子后学朱子，凸显江西心学朱子学化的倾向。包扬极力调和朱陆，近人认为："包扬是心学的道学家，诗人只讲求作诗方法，道学家则阐发诗学本体。"《包氏家谱》云："包氏之于建昌也，富贵功名居其半，道德文章冠其首。"

包逊 字敏道，号纯翁，淳熙甲午年（1174）举于乡，第二年落第，之后隐居不仕。理宗绍定二年（1229）夏天，包逊过"粤山之麓"，南海知县知道了，就延请他到当地的学校去讲学。逊讲《孟子》深入浅出，发挥孟氏要旨，四方学子纷至沓来，时听者百数十人，无不为之叹服。真德秀此时也在听者之中，并为之感动，第二天又请他到家塾讲学。逊以"夫子之志学，孟子之尚志"为言，启发疏导学子，接着又论"人性之善"。他讲得明白晓畅，听者津津有味，"忻然忘倦"。真德秀（1178—1235），字景元，福建浦城人，南宋大臣。他早年从朱熹的弟子詹体仁游，对朱子推崇备至，对于朱学，他是"尝私淑而有得"。真德秀认为陆九渊"家庭伯仲自相师友，切劘讲贯，壮老如一，故其所造益以超诣"。他对陆氏家庭的这种平等学习、互相切磋的做学问的方法给予了充分的肯定。包逊以78岁的高龄前去讲学，且"浩然之气略不少衰，稠人广坐，音吐清畅，徐问响答，往往破的"。真德秀对逊之讲学大加赞赏，给予了高度的评价。他说："昔晦庵先生尝讲于玉山县学，发明四端之旨，幸惠学者至深。象山先生亦尝讲于庐山白鹿之书堂，分别义利，闻者或至流涕。某生晚，不及拜二先生，而获闻君之名论，亦足以识其师传之所自矣。"真德秀把逊之讲学与朱熹在玉山、陆九渊在白鹿洞的讲学相类比，可见包逊德行、学问之高。当地学者吴千兕等把包逊的讲义刻印了出来，广为发送，真德秀为之作《跋包敏道讲义》。

陆九渊多次写信给敏道，教育他要"理明义精"。他说："为学无他谬巧，但要理明义精，动皆听于义理，不任己私耳。此理诚明，践履不替，则气质不美者，无不变化。此乃至理，不言而信。"他教育包氏兄弟学习要循序渐进，欲速则不达。他说："昆仲为学不患无志，患在好进欲速，反以自病。闻说日来愈更收敛定帖，甚为之喜！若能定帖，自能量力随分，循循以进。傥是吾力之所不能及而强进焉，亦安能有进，徒取折伤困吝而已。"

在另一封信中，陆九渊还有感而发，论证了私意与公理、利欲与道义势不两立，"大人之事，至公至正，至广大，至平直"。做人则要"居广居，立正位，行大道"。

包氏兄弟在向陆九渊求学的过程中与陆九渊建立了深厚的友谊，也得陆九渊之传。他们在陆九渊去世后都以不同的方式悼念先生，写悼念文章，给予先生高度评价。包逊写下了祭文："维吾先生，天禀绝异。洞万古心，彻先圣秘。先立其大，须臾不离。日累月积，仁熟功熙。无偏无党，不识不知。一顺斯理，终日怡怡。虽和非惠，虽清非夷。岂伊之任，几圣之时。"

包恢（1182—1268）　字宏父，一字道夫，号宏斋，刑部尚书。包恢生于书香门第，其父包扬、伯父包约、叔父包逊一起先求学于陆九渊，后又从朱熹游学。包恢从小聪明好学，博览群书，通经熟史，曾在父辈学堂为门下学子讲释《大学》，其雄辞宏辩，将孟子学说的要旨阐发得恰到好处，百余名学子无不惊羡，父辈也赞叹不已。

宋嘉定十三年（1220）中进士。初任金溪、光泽主簿，建宁府学教授，监虎翼军，招募地方豪绅建立武装，讨平唐石之乱有功，改任沿海制置司干官、宗正寺主簿，台州（今浙江临海）、临安府（今杭州）通判，台州知府。在台州任上，有一妖僧盘踞山中，自称"活佛"，装神弄鬼，愚弄乡民，扰乱民风。包恢得知后，将其捉拿法办，为当地除了一害。后在建宁府时，他又多次破除迷信，惩治妖僧，处置借饥荒之机大肆敲诈士民、收取不义之财的奸吏，政声显著。后由广东转运判官升大理寺卿，提点浙西刑狱，不久任隆兴府知府兼江西转运使。景定初，任礼部侍郎、中书舍人。因其"守法奉公，其心如水"，改任刑部侍郎、华文阁直学士，知平江府（今苏州）兼发运。此时有劣绅强夺民田，反诬士民抗租。包恢上疏陈明始末，使豪强得到惩治，田归原主。

咸淳元年（1265），度宗即位。第二年，包恢被召为刑部尚书、签书枢密院事，封南城县侯。时与其交好的文天祥作《上宏斋帖》："为国贺，为世道贺，不独为先生贺也。"并述："凡天祥一时所行事，先生得之闾阎耳目之近，果如人言之泰甚乎？噫，任事之难，尚矣！真实体国，以政事自见，乃谓之生事，乃谓之妄作……无政事何以立国？奈何其是非颠倒之甚邪！先生忠忱爱国者也，愤世疾邪者也。区区肺肝，安得从先生一日倾倒，求一语以自信！……先生即日膏泽六合，仆也蓑笠太平，与受公赐。"此帖表达对包恢为官忠忱爱国、愤世疾邪的仰慕之情，以及个人对政事的关切。此帖后面有明代李时勉，清代永瑆、绵亿、李端芬、朱益藩等名家题跋，至今仍保存在北京故宫博物院。

咸淳四年（1268），包恢为资政殿学士，时年87岁，走到生命的终点。临终时，包恢"举卢怀慎卧簀穷约事"告诫子孙，用日常所穿的衣服殡殓他。包恢的临终表文上奏到朝廷，

包恢塑像

皇帝看到后甚为叹息，停止上朝，送银绢五百资办丧事，将他比作程颢、程颐，追赠他为"少保"，谥"文肃"。家乡人民为纪念他，便将其府前街道取名为"府门街"，此为当今南城县天井源乡府门街的由来。

包恢是陆学后学中的重要人物，在陆学式微时，对陆学之传承和发扬起到重要作用。包恢注意到陆学的弊端，并表现出"朱陆合流"倾向，而这一倾向则是理学发展的内在需求。在《象山先生年谱序》中，包恢把陆九渊比作"沧溟、泰华"，对陆学推崇备至。《朱陆合辙序》曰："……当是时，克堂包公崛起盱江，出入二宗师门下，其子枢密宏斋先生，亲侍讲贯，每谓二家宗旨券契籥合，流俗自相矛盾。至哉言乎！"（刘埙《水云村稿》）这一番话道出包恢在朱陆合流中的重要作用。有《敝帚稿略》8卷传世。

包鹭宾（1899—1944）　字渔庄。其祖包棻，嘉庆十年（1805）进士，历任丰润知县及蓟州、涿州、深州知州，顺天东路同知等职。他自幼聪颖好学，从小接受传统文化的熏陶。稍长，离家赴南昌就读于省立中学。1920年，考入北京大学哲学系。1926年，大学毕业后回南昌，先后在江西省立第一中学、省立第一女子中学、省立农业专门学校任国文教师，同时还被私立心远大学聘为教授。1931年，应华中大学（华中师范大学的前身之一）校长韦卓民先生之聘，出任中文系系主任。到任后，他在抓系务工作的同时，还延聘了游国恩、林之棠、傅懋勣、阴法鲁、李何林、孙昌熙等名师任教，增强了中文系的师资力量和办学实力，在教学、研究以及学科建设方面作出了突出的贡献。华中大学中文系的发展，引起了国外文化团体的关注。此后，他历任讲师、副教授、教授，并兼任校常设委员会的入学、课程、中期考试委员会委员，国文学会顾问及《华中学报》编辑。长期在华中大学任职的美国专家柯约翰在其所著《华中大学》（1962年美国出版）一书中指出："1931年夏……中文系的周先生走后，韦博士聘请包鹭宾先生接替他的工作，包先生为中文系的发展作出了很多贡献。中文系不仅发展为华中大学主要的系，而且在武汉地区高校中有着很大影响。1944 年 8 月，中文系主任包先生猝逝于喜洲，从而结束了他对中文系长时间的正确领导。"1937 年，抗日战争全面爆发。同年12 月南京沦陷，武汉告急，华中大学被迫于 1938 年 7 月南迁广西桂林。1939 年 1 月绕道越南河内，经昆明，4 月抵达云南大理喜洲镇。为减轻学校负担，他只身随校转移。1941 年春，他托人安排，接夫人和子女到喜洲。1944 年 8 月 8 日，他病逝于喜洲寓所。由于先生平素安贫守俭，生活困苦，他去世后，妻儿生活无以为继。游国恩教授亲自撰写、发布《为包渔庄教授遗族募集生活基金启事》，校内外同人纷纷解囊相助，学校对遗属的生活及子女教育等也做了妥善安排。抗日战争胜利后，华中大学于 1946 年 4 月迁回武昌。离开喜洲前，火化先生遗体，骨灰护送回南城，归葬于包氏祖山。他的早逝，是华中大学乃至中国学术界的一大损失。

包鹭宾一生虽短，但他为教育事业鞠躬尽瘁，为华中大学中文系的建设与发展倾注了全部心力。《华中师范大学档案馆馆藏资料》载："在喜洲期间，中文系发展为华中大学实力最雄厚的系。"周洪宇在《韦卓民的教育思想与实践述论》中说："包鹭宾教授是著名的国学大师，发表过许多有影响的论著。韦卓民聘请他出任中文系系主任，执掌系务，他为中文系的发展作出了很多贡献。"包鹭宾教学认真严谨，主要讲授高年级的"诸子研究""尚书研究"等专业课程，也为低年级讲授《文心雕龙》《中国古代文艺论》等文学理论课。所开课目都是先生多年学术研究的结晶。他撰写了《经学》《老子》《庄子》等多部国学讲义。他著有《经学通义（初稿）》，认为研究中国之学，其必经学，弘扬光大之犹恐不及，岂得倡废弃之说？除经学外，他还考察滇西历

《包鹭宾学术论著选》书影

史，后经详考民家、白国与南诏、大理诸国之渊源，写出《民家非白国后裔考》《蒙氏灭南诏说》《说"白人"坟》等有较高学术价值的论文。

包鹭宾的学术造诣主要在中国传统的经学及文学方面，有《经学通义（初稿）》《〈文心雕龙〉讲疏》《韩退之先生年谱长编》等传世。从现在留存的著作来看，包鹭宾当时的经学造诣是相当高的，其论作的学术价值亦有定评。他逝世后，夫人邱琼将五个子女抚养成才。1998 年，98 岁高龄的包夫人在临终前，将丈夫遗稿交给女儿，希望它早日出版问世。历时数年，华中师范大学出版社终于在 2005 年出版了《包鹭宾学术论著选》，较全面地反映他一生学术成就与人生追求。

三、遗迹遗存

希远公墓碑碑文

吾父□留以□吾骨又属，诸侄乡间为生之难有能者，吾当津以入蜀，又谓予曰："吾屋子若就生理颇缉吾，欲迎侍吾兄宿留其中，吾□傥有意乎，尚可复吾宗团栾之乐。此吾区区之至愿。"言犹在耳。十一月从屋粗成，二十四日方权迁居，忽于是终卒，享年五十有一，实嘉定六年癸酉岁也。亲旧莫不奔哭伤悼，又致书谤予，以为吾宗失一贤者。冤乎痛哉！今取七年甲戌十月丙午葬于前所买之地。诸兄悲甚，来请铭于扬。扬忍铭吾希远，与日以泄吾之悲也。

希远之父与予同六世，祖葬西陵坟三府君，府君之孙臻，其曾祖也，章氏姚也；宗其祖也，冯氏姚也；悦其考也，丁氏姚也；吴氏其妻也；椿、松二子也，宜、止二女也。

铭曰：呜呼希远，命也非人，归安本宅，以泽后昆。

【注】希远去世后安葬于包坊村，其墓有碑，虽历千年时光，字迹偶有风化，但大体仍旧清晰。

四、艺文选辑

（一）诗

包播

诗

冬日凄惨，玄云避天。

素冰弥泽，白雪依山。

包恢

温州双峰寺

两水旁流合，双峰对立分。

未窥龙鼻面，且过雁山门。

玉练泉流石，天低露湿云。

经过随分好，犹未副前闻。

和陆伯微韵二首

其一

百荐锋难敌，伊谁是特知。

近尝繙蘦说，久惜负胸奇。

整顿须教早，招来已恨迟。

英豪施异说，勋业定相随。

其二

我坐深山底，炎凉总不知。

任他人正闹，嗟世事无奇。

菽尽欢难遂，芹思献尚迟。

荐堂终万里，还许走相随。

挽吴准斋

朝市逃名利，清明照日边。

隆冬霜里柏，盛夏火中莲。

纯行浑无玷，嘉言剩有传。

归全复何憾，吾党独呼天。

雁荡灵岩

展旗天柱立，宝印伏狮雄。

瀑喷千珠碎，窗开四牖空。

争奇排怪石，独秀出孤峰。

龙鼻泉流出，如何造物工。

过峡山寺

庾岭分来峙两山，夹山成峡水成湾。

上林下石森双障，南海西江屹一关。

水若龙藏涵碧色，山如虎伏出苍颜。

人来人往消何许，谁似山长与水闲。

江阴风寒地有感

西浙因曾究竟看，澄江端的是风寒。

户门人合为防密，南北天非立限宽。

误认孤军成僻小，谁思紧处是辛酸。

愿兴重镇加经理，忍见寥寥守备单。

（二）文

朱熹

答包详道书

今却便谓圣门之学只是如此，全然不须讲学，才读书穷理，便为障蔽，则无是理矣。颜子一问为邦，夫子便告以四代之礼乐。若平时都不讲学，如何晓得《礼记》有《曾子问》一篇，于礼文之变纤悉曲尽，岂是块然都不讲学耶？东坡作《莲华漏铭》讥卫朴以己之无目而欲废天下之视，来喻之云，无乃亦类此乎。

包逊

包氏家谱序

包氏之先本姜姓，神农之后，为唐虞四岳诸侯，封于申，后徙封姓。历夏商为周室世臣，宣王以元舅申伯功业盛大，乃命召伯营谢（今邓州南阳是也）于其行也。卿士尹吉甫作《崧高》之诗以送之。申实侯爵，以其为方伯，故曰："于邑于谢，南国是式。"春秋时，并于楚申包胥仕楚，为大夫，后世以王父字为氏，而苗裔家楚，居上党。自是蔓延于天下。按有一世祖讳恺者，为东汉鸿胪寺卿，咸公之后。宗远仕西晋，为郎中。怀帝永嘉末，中原浊乱，五湖杂霸，挈家居丹阳，宗远八世至恺、愉明五经，恺悉传其学。隋炀帝时，为国子博士者宗之，称为梅庄先生。见隋室荒乱，退归东海，教授数千人，与门人游于吴兴，遂家焉。恺孙曰融，融唐开元中为集贤学士。子二：长何起，居舍人；次佶，天宝六年举进士，拜谏议大夫、御史中丞，擢刑部侍郎兼三司使，掌天下财赋，历事玄肃代德四朝，封丹阳郡公。佶之六世孙曰恒善，五代周为庐州合淝县尉，卒于官。三子留家合淝，伯树德、仲植德、季松德。树德三子，长讳播，次振，幼拯。圣宋祥符庚戌，播来判建昌军事，乐南城山水之佳，遂家于七仙阁下，后徙修仁里之月湖包坊，自是建昌始有包氏。播字希远，幼弟拯字希仁，举进士，有大名。子缬，为潭州通判，早卒。遗妻崔氏及一稚儿。拯夫妇意崔氏不能守，使左右试其心，崔氏蓬头泣涕出堂下，见拯曰："翁天下名公也。妇得齿贱获执浣涤之事，幸矣。况敢污厥家声乎，誓死无他也。"其后稚儿亦卒。播子经命仲子滨归合淝，为崔氏嗣，及崔氏卒而经尚无恙，滨乃挈家来省父母，亦家盱焉。盖曲阿之包皆祖咸，东海之包皆祖恺与兄愉，吴兴之包皆祖融，合淝之包皆祖恒善，建昌之包皆祖播及拯。要几包氏皆祖楚大夫包胥。至咸，自咸至恺，其间世次皆不可纪，恺之以下世次可纪而事迹尚不免于略者，世远也。故谱恺于前谱，恺播于后明。盱江包氏之所由来，以便后人之览也。前谱及播而主及子者，详后故也。纪拯于后谱者，以其滨嗣崔氏，省父母亦家盱也。包氏自祥符迄今为年者几二百年，为世者十有一，为家者逾一百，为人者逾万亿。岁时蜡社尚能相与尽欢欣，爱戴者由世知学而族有谱之力也。先正曰死必赴冠，娶必告，少而孤则老者字之，贫无归则富者收之，而不然者族人之所其诮让也。吾敢借是教族人或者有感而知勉也。其或不能然者则愿族之长与族之少而贤者相与戒勉之，庶其知惧而改也。是亦祖宗望我后则人之意也。故不敢以是告他人，而以戒勉族人知之，则将来之盛未必不由此也。夫时。

皇宋嘉泰四年岁次甲子十月望后吉日盱江八世孙敏道顿首书。

包恢

镜铭

胸中正眸子瞭然，则其览汝也貌悦神闲。胸中不正眸子眊焉，则其览汝也颜如渥丹。是则汝为吾之畏友，岂但正吾之衣冠？

论立身师法

凡为学之道，必先至诚，不诚未有能至焉者也。何以见其诚？居处齐庄，志意凝定，不妄言，不苟笑。开卷伏读，必起恭钦，如对圣贤；掩卷沉思，必根义理，以闲邪僻。行之悠久，习与性成，便有圣贤前辈气象。

凡为学之道，必须一言一句自求己事。如六经、《语》、《孟》中，我所未能，当勉而行之。或我所行未合于六经、《语》、《孟》中，便使改之。先务躬行，非止诵书作文而已。

凡勤学须是出于本心，不待父母先生督责，造次不忘，寝食在念，然后见功。苟有人则作，无人则辍，此之谓为父母先生勤学，非为己修，终无所得。

凡读书必务精熟，若或记性迟钝，则多诵遍数，自然精熟，记得坚固。若是遍数不多，只务强记，今日诵成，来日便忘，其与不曾诵读何异？

凡欲诵经习史，须事专志，屏弃外物，非有父母、师长之命，不得因他而辍。

凡系已诵过书，每日诵所授新书外，即从头通诵一遍，周而复始，日以为常，则自然永远不能遗忘。

凡讲究经旨，须是且将正本反复诵读，求圣人立言措意，务于经内自有所得。若反复诵读至二三十遍，以至五七十遍，求其意义不得，然后以古注证之；古注训释不明，未可通晓，方考诸家解义，择其所当者，取一家之说以为定论，不可泛泛，莫知所适从也。

凡阅子、史，必须有所折衷。六经、《语》、《孟》，其子、史之折衷也。

譬如法家之有律令格式，赏功罚罪，合于律令格式者为当，不合于律令格式者为不当。诸子百家之言合于六经、《语》、《孟》者为是，不合于六经、《语》、《孟》者为非。以此夷考古之人，而去取鲜有失矣。故学者当以六经为律令格式，以《语》、《孟》为断案，诸子百家则其情款也。近年学者多议论《孟子》之非，当求《孟子》无不是处。若不识片段，不达声律，从头彻尾少精神，无眼目，斯为下矣。

凡取友必须趋向正当，切磋琢磨有益于己者。若乃邪僻卑污与夫柔佞不情，相诱为非者，慎勿近之。

凡见人有一行之善，则当学之，勿以其同时同处贵耳贱目焉。

凡见人片文只字可以矜式，随手录之。闻人有一言半句可以觉悟后学，即默记之。汲汲焉恐失之，此之谓好学。

凡在朋侪中，切戒自满。惟虚故能受，满则无所容。人不我告，则止于此耳，不能日益也。故一人之见不足以兼十人，我能取之十人，是兼十人之能矣。取之不已，至于百人千人，则在我者岂可量哉！

凡求益之道，在于能受尽言。或议论经指有见不到，或制撰文字有所未工，以至人有尽善者，或我有未善，人能为我尽言之，我则致恭尽礼，虚心而纳之。果有不从，则终身服膺而不忘；其或不从，则退而自省，揆之以道，不得发赤而恶其逆己也。

跋克堂先生墨迹后

仁者天下之广居，义者天下之大道。乃人心之所固有，不待借居于外而居，借路于人而行，所谓非由外铄我也，而由人乎哉！然则人既不患无此居此路矣，所大患者有此居而终日终年奔走于逆旅荒墟之场，而未尝反吾之家居；有此路而终日终年冥行于荆棘险阻之境，而未尝由吾之正路。此孟子他日之所哀也。先君子之心画高古劲健，仁义笔也；其牛马走某拜观而哀之。江子远能宝而藏之，其志美矣。然如徒藏此字画而不体先君子之心，则画无乃徒为虚画乎？必居此居，乃为屋下主；必行此路，乃为路上人。或不居不由，则予之所哀，又有甚于孟子之时矣。子远方寸之内，仁居义路自备也，盍思所以居于斯，由于斯乎？某敢拜手敬书。

吴澄

浉川书塾序

浉川书塾，旴江包淮仲邳所以名其读书之塾也。包氏自赠太子少师克堂公，早游朱、陆二先生之门，而资政殿学士文肃公掇儒科，登政府，文学政事为一世师表。淮，文肃之曾孙，少师之玄孙，克承其祖武，亦可为闻人矣。乃远推所自，取龙图孝肃公所起之地名其塾，淮之所志远矣。昔周子家舂陵，而称汝南；朱子家建安，而称新安，皆不忘其初也，盖与太公封于齐而不忘周者同意。是意也，岂俗儒小生所能知哉！仲邳年少才俊，博古而通今，由文肃上溯孝肃，文学政事之美固已不待他求；又充其所到，而朱而周，则包氏世世有人，将有光于其先。仲邳勉之哉！

【注】吴澄（1249—1333），字幼清，晚字伯清，崇仁人。元朝大儒，杰出的理学家、经学家、教育家。其自幼聪慧，勤奋好学。南宋末年，考中乡试。南宋灭亡后，隐居家乡，潜心著述，人称"草庐先生"。元武宗至大元年（1308），出任国子监丞。至定元年（1321），任翰林学士。泰定元年（1324），作为经筵讲官，敕修《英宗实录》，元统元年（1333）病逝，享年八十五岁，获封临川郡公，谥号"文正"。吴澄与许衡齐名，并称"北许南吴"，以其毕生精力为元朝儒学的传播和发展作出了重要贡献，有《吴文正公全集》传世。

参考书目：

李人镜《同治南城县志》，清同治十二年（1873）刻本；

夏良胜《正德建昌府志》，明正德十二年（1517）刻本；

邵子彝《同治建昌府志》，清同治十一年（1872）刻本；

《敝帚稿略》，钦定四库全书本；

包鹭宾《包鹭宾学术论著选》，华中师范大学出版社 2005 年版；

《包氏家谱》，包坊包氏藏本，2000 年版；

2017 年南城县住建局"南城县中国传统村落"申报材料。

（罗伽禄、揭方晓执笔）

附录二：古村岁时习俗

一、重要节日

春节 各村群众最重视的节日。春节活动始于腊月，从月初开始，只要天气晴好，家家户户都会洗衣浆被，擦洗墙壁地面，叫"扬尘"，即除去旧垢迎新年的意思。腊月二十三，家家户户炒花生、豆子，做米糖、打禾爆（爆米花）等，备好备足过年的果品。现在市场供给丰富了，从市场上购买果品的人多了起来。

临坊、尧坊等村是腊月二十四过小年，磁圭、汾水等村是腊月二十五过小年。小年，有的说是小孩子的专属年，有的说是大年的预演，表示新年已经到来。腊月三十（月小为二十九）为除夕，又称大年，这天，"有钱没钱，回家过年"，无论是耕读者、工匠还是商人都会急匆匆赶回家中，见面报平安，阖家大团圆。

除夕是一年中极热闹的日子，换门神、贴年画，充满了喜庆。杀好的鸡、鱼等，得先贴上红纸，送入殿里，放上鞭炮，有祭祖之意。小户人家放在祖宗堂前，以示不忘先人。

在尧坊，相传从清初开始，腊月三十下午都有村里的儒士逐户检查。清康熙名儒、郡庠生刘云儒偕同其弟邑庠生刘殿儒，带上红纸、笔墨分头走遍村内村民住宅，查看春联，发现错字或贴错当场纠正，如有个别孤寡户未贴春联，即补写一副相赠并帮忙贴好，以免节后来客指责，有失族人的体面。此俗一直沿袭300多年，至1949年止。

在临坊，条件较好的家庭中午吃猪大骨，也有放肉丸、鸡鸭、墨鱼的；条件差点的家庭吃萝卜煮豆腐，也放点肉。在磁圭，中午饭后再喝茶，这一天到整个正月，喝白开水也要说喝"红茶"。

才到下午，女主人就张罗年夜饭，待准备充分后，摆上杯筷碗碟、酒水，全家人以长幼为序，依次入座，吃"团圆饭"。这"团圆饭"丰盛，桌上足足摆有十二大碗。这天还得多蒸些饭，至少蒸好三天的，称为"岁饭"，因为初一、初二、初三不能煮新饭。吃过年夜饭，趁着酒酣耳热，长辈们按照惯例给后辈们分发压岁钱。也有的人家，等孩子睡熟以后，悄悄把压岁钱放在他们枕头底下，图个吉祥。除夕守岁是一年中最后的活动，民间传说上古时期，老天爷会在除夕与初一的交替时分向人间抛撒金银珠宝，所以人们都守着不睡觉，点岁烛、围炉坐。

正月初一是新年首日，天刚蒙蒙亮，家家鸣放鞭炮"开财门"。据说谁家"财门"开得越早，新的一年就越兴旺，因此鞭炮越放越早，好似比赛似的，一声响罢万户响，连绵不绝。初一早上吃糕，寓意节节高，还吃芋。中午包水饺。初一不能扫地，如实在要扫些鞭炮纸屑，只能扫到角落处，不能倒出去，否则会倒财；不能洗衣服，不能打骂小孩。

在临坊，初一还有重头戏，那就是在祠堂完成添丁礼，即将新丁（男丁）的名字添加在族谱上。添丁的人家要买六色礼，比如爆竹、蜡烛、糖果等，献给族中人。以前还要请族人吃饭。临坊是全县唯一还保留"族长"的村子。村中辈分最高又热心公益的王姓长者为族长，下面还有副族长，还有族委会。族长不过问村中行政事宜，只管理族事。例如，农历大年初二，村中王姓族人都会来祠堂向祖先拜年，须打开祠堂大门，清扫庭院。和南城其他地方不一样的是，临坊正月初二、初三都可以拜年。别的地方，有的初二，有的初三（如尧坊），是给头年刚去世的先人拜年，叫作新丧。

俗话有云："拜年拜年，拜到上元前。"这十余天的时间里，今天你家，明天我家，家家户户都得摆上几桌，老老少少都得不醉不归。来拜年的，备好四色礼，待酒足饭饱回程时，主人要相应地回些礼，这叫礼尚往来。不管是主人家还是客人家，有未成年的，还得给些压岁钱，多少不论，有赐福之意。若是新人头次上门，比如新生儿，或者新入门的"新媳妇""新郎官"，到主人家叫"发始"（音），主人家另有馈赠。

初三是过年三天的最后一天，磁圭等地打完用糯米做成的糍粑（又称麻糍）就可谢年了，把供奉祖宗的礼品一一取下来，燃放鞭炮。过完初三，是磁圭村最热闹的日子，活动内容很多。村里有两个戏台，大戏台要请大戏班子唱戏。小戏台演半班戏，内容比较俗气，上不了大台面。戏唱到正月十六谢台。同时，各家祠堂有发月饼给小孩和老人的风俗，祝小孩"顺岁"，祝老人像月亮公公一样安康。

在临坊，正月都可以跳龙灯。这里的龙灯比较特别，要到临坊外嫁女所在的村子里跳龙灯，外嫁女得准备好红包，还要放爆竹迎接龙灯。初七、初八后开始请戏班（三角班）唱戏，连唱四天。这些天，村民会叫邻村的亲朋好友一起来吃饭、听戏，本地人借着人气卖些农副产品等。

在汾水，正月有跳花灯习俗。腊月就要选好四个十四至十六岁的女孩，由师傅教她们唱花灯曲调，有一二十首，都要能背唱，再教她们动作。四人站四方，脸向内，面对面的为一组，共两组。其中一组是主角：一个扮生，手拿折扇舞动，脚走十字；另一个扮旦，手拿手帕，两手摆动，脚走三步退三步。另一组两个都是女装，手拿钱勺，将钱勺打在肩上、手上、腿上，竹竿上的铜钱"啷啷"作响，与步伐一致，很有节奏感。唱完一段，面对面的人，要交换位置。演出时，要配上笛子和鼓、钹、锣等打击乐器，还有两盏彩灯引路。一班花灯由八至十人组成，除在本村演出外，还会去邻村演出。接受演出的人家，演出结束后会送一个红包，多少不论。由于演员扮相俏丽、服装鲜艳、唱腔甜润，花灯所到之处，很受大众欢迎。

元宵节　正月十五这天，大家要吃糯米做成的"汤圆"，预示一年能够团团圆圆。晚上，大家如大年三十晚上一样，全家人热热闹闹地吃餐团圆饭，边吃边规划新年的愿景，种地的有什么新打算，经商的有什么新安排，上班的有什么新希望，大家都在一起交流。

在磁圭，这天有烧"上元纸"之说：烧完上元纸，大小伢崽找生意。也就是说大人该做工了，小孩子该读书了，出远门的人也该告别了。这一天烧完上元纸，放完鞭炮，就各自做自己的事情了，预示春天就要来临了。

在尧坊，从正月十一至十五，每天夜晚都有龙灯、马灯、狮灯及小孩子们的禾草灯，敲锣、打鼓、吹喇叭，走门串户贺新春，家家放鞭炮迎送，同时要包红包。每晚走门串户后，即选场地开始舞龙滚狮，表演打拳、耍刀、打木条、翻跟头等武术，非常热闹。元宵下午，村内和田垄中到处用禾草粗糠熏烟火，此为当年防虫害之举。夜间厅堂、宿舍、厨房、厕所、猪牛栏舍内都要点灯，俗称"三十晚上的火，十五晚上的灯"。元宵节用餐很简单，只有过年所做的那碗红烧肉（正月不管来多少客，这碗肉都要摆上桌，只看不吃），弄点糯米做汤圆。元宵节晚上吃过汤圆后，族人聚在一起，打锣鼓、吹唢呐，抬龙灯到本地宗祠、庙宇拜神，然后挨家挨户跳灯，一直闹到天亮。舞龙灯、跳马灯一直延续下来，直到现在。

在汾水，以前各公房都组织"龙灯会"。全族共有九个龙灯会，九条龙灯。元宵夜，九条龙灯同时登上村东头的虎仙山，去山顶的神庙朝神，全村人聚集在东关，仰望着九条龙灯缀连成一条长长的火龙向山顶游去，还要等着看它游下来。中华人民共和国成立后，只剩下四条龙灯了，即各关一条。东关称"老龙"，南关称"伢仔龙"，西关称"篾节龙"，北关也称"篾节龙"。正月十三为起灯之日。晚饭后，各条龙灯先后起灯，先在各自殿内点燃蜡烛、香，放爆竹，然后点亮龙灯，举着龙灯出殿，这时锣鼓齐鸣。四条龙灯各有各的路线，虽路线不同，但都要经过全村的主要街巷和所有神庙，目的地都是大祠堂。一个多小时后，四条龙灯陆续到达家庙，四套锣鼓钹敲打得震天响。四条龙灯有的在盘绕，有的在舞动，有的在游动，活动进入了高潮。一两个小时后，各条龙灯走出家庙，回到各自殿内。正月十四仍是如此。正月十五，元宵夜，舞龙灯进入高潮。这天晚上，每条龙灯都要进入全村每户人家屋里，意在驱邪，保全家平安。本年度结婚的人家要剪下一绺龙须放在床上的席子下面，据说这样就能怀上胖男娃。龙灯会的人要吟唱一些吉庆的"诗歌"，东家一声声"好呀"回应，这叫"受灯"。龙灯走时，东家应包一个红包给龙灯会。生了小孩的人家，也要赠送一个红包，叫"还灯"。正月十六是最后一晚，舞龙灯的过程与正月十三、十四相同。结束时，四条龙灯并列走出家庙后，按东关老龙、西关蔑节龙、北关篾节龙、南关伢仔龙的次序向村西外半里路远的小港边走去。这时锣鼓不响，不准说话。龙灯到达小港边停下，解去龙衣，撕下龙身上的彩纸焚烧掉，把龙框架往水中浸一浸，扛回殿内，这叫"龙灯下港"。龙灯活动结束。

清明节 民俗活动主要有祭祀扫墓。每年临近清明的前几天，不分贫富，不分官民，家家户户都要准备扫墓的神货和食品。首先是采办神货，包括香烛、锡箔、鞭炮、草纸等，接着是剁肉、买菜、沽酒，采办食物。准备妥当后，清明前三后七（即前三天到后七天），家家前往先人坟茔，挂草纸、去芜草、培新丘，奠以三牲祭品，寄托哀思。

在临坊，族长、副族长带着村里长辈统一去族山做清明，村中六十岁以上的老者，都可以在祠堂聚餐，至少有二十多桌。新时代，新气象。进入新时代以来，各个古村都在移风易俗，提倡文明祭扫，严禁在墓区燃香放炮，因此一束鲜花祭先人，日益成为临坊人清明节的新时尚。

在磁圭，清明节前后，人们捣烂艾叶（清明草），与糯米粉和在一起，里面包上糖或肉馅均可，可做成各种形状，再用工具放在灶台上蒸熟，熟时青色，味道清香、松软可口，名叫"艾糍"，是当地人喜爱的食品。四月初八打"乌米糕"。村民在山中采来一种土名叫南木子灌木的嫩枝叶捣烂榨汁取乌黑汁水，同糯米混浸一天，糯米全浸黑，放在工具上蒸熟，趁热放在石臼里捣烂，然后放在砧板上切成块块，上面放些芝麻，黑色透亮，吃时既香又软。

端午节　又称端阳节、重五节，为每年农历五月初五。它与春节、中秋节是我国最为隆重的三大节日。端午节的民俗活动很多，吃粽子是大多数地方共同的习俗。端午前几天，家庭主妇就会到山脚下采箬叶，晾干后就要裹粽，裹粽的主料为糯米，很多人家还会适当掺入腊肉、红豆、鸡蛋黄等配料，使其更加美味。有的人家会置办雄黄、艾叶、蒲草等，因为传统观念认为端午是恶月恶日，毒蛇、蜈蚣、壁虎、蟾蜍、蜘蛛等猖獗，喝雄黄酒、吃咸蛋黄则可消病强身，悬挂艾叶菖蒲既可驱蚊蚁、净化空气，又可提神醒脑、延年益寿。早年间，小孩还会佩戴五彩缤纷的香囊和红蛋珞，辟邪驱瘟。同春节一样，这天晚辈后生也要提四色或六色礼，向长辈尤其是岳父母、舅舅等"度节"（音），长辈准备好美酒佳肴热情款待。晚辈酒足饭饱回程时，长辈也要相应地回些礼。

在尧坊，午饭后男人带小孩下塘去洗澡，从这天起大多数男人都是到塘中洗冷水澡。

在汾水，这天早晨，家家户户用肉汤煮水粉，煮好后，首先拿一个大碗盛上满满的肉汤粉，上面还堆上两个煮熟的带壳鸡蛋，送给同村亲戚或隔壁的老人吃，然后才自己吃。上午，男孩胸前挂着李珞或蛋珞（有的男孩额上用雄黄写一个"王"字），女孩挂着香袋，从家里走出来，一个个伸出双手，比一比谁的指甲染得红、染得漂亮；有的孩子脱了鞋袜，炫耀自己的脚指甲也染得漂亮。

立夏　这一天，太阳到达黄经 45 度，古人以此作为夏季开始的标志，江南则从立夏后慢慢进入梅雨期。每年立夏之日，家家户户都要做上一碗米粉蒸肉，说立夏日吃了它不会生痱子。

在磁圭等村，六月六需要吃点好东西补身体，如鸡、猪肉，有"六月六，丝瓜煮猪肉"的说法；又有晒家谱和冬被棉袄的习俗，可防虫蛀、消毒；还有"六月六，晒得禾黄鸡蛋熟"的说法，说明到了炎热的时节。

六月十六　这是磁圭村的传统节日"南瓜节"，也是一年之中最热闹的赶集日，持续三天，要请戏班子唱半个月戏。六月十六是农闲季节，也是南瓜成熟季节，一个个黄澄澄的南瓜挂在棚架上像元宵节的灯笼，好看极了。人们挑选好的南瓜削去表皮，切一个口子，放入自己喜欢的馅料，蒸熟趁热取出。一道色香味俱全的美食呈现在眼前，令人赞不绝口。

七月初七　七夕，又称乞巧节。前一天晚上，上唐有吃长命粉（长寿粉）的习俗，一直到这天早上。汾水曾经有爬刀杆活动。以前，汾水有一个神汉叫潘细毛仔，这天都要举行一次爬刀杆表演，不收观众任何钱物。他前一天在北关仓间坪竖起一根高约四米的杉木，把磨得锋利的二十四把长约一尺二寸的单刃长刀分别插在杉木的两侧，刀距一尺左右，刀刃向上。上午九时左右，仓间坪已人山人海，只见神汉练了一下功，用手指画了几张符，便开始爬刀杆了。他脱了鞋，光着脚板，手扶刀杆，先用右脚踏在右边的刀刃上，再用左脚踏在左边的刀刃上，一步一步往上爬，一直爬到刀杆顶端，停留片刻，又一步一步地爬下来。他坐在短凳上，抬起脚板给大家看，脚板没留丝毫痕迹。

中元节　七月半又称"中元节"，即每年农历七月十五。当地人把"七月半"称作"鬼节"，有"七月半，鬼乱窜"的说法。到了晚上，家家户户早早地关门熄灯休息，将空间让给所谓的鬼魂。当然，这一天要祭祀家中逝去的先人，烧些纸钱之类的东西送给先人。在磁圭，这天村里有许禾愿的习俗：把用米做成的糍粑放在碗盆里，再烧香许愿，祈求五谷丰登、风调雨顺。

中秋节   农历八月十五，是传统的中秋佳节。此时，暑热渐渐散退，处处秋高气爽，丹桂飘香，新谷入廪。每到夜晚，或繁星淡月，或皓月当空，夜空显得格外澄净。千家万户则在院子里放上八仙桌，摆出香案，陈列月饼、糖果、花生、瓜子，有时还摆放莲子、枣子、芋子、柚子等果品赏月、祭月。大人们一边吃月饼、果品，一边给孩子们讲"嫦娥奔月""玉兔捣药""吴刚伐桂"的传说故事，小孩依在长辈身边细心聆听，其乐融融。

中秋是仅次于春节的团圆节，出嫁的媳妇都要返家，吃团圆饭、喝团圆酒，预示日子能够和和美美、圆圆满满。同春节、端午一样，这天晚辈后生也要提四色或六色礼，向长辈尤其是岳父母、舅舅等"度节"（音），长辈准备好美酒佳肴热情款待。晚辈酒足饭饱回程时，长辈也要相应地回些礼。

在磁圭、汾水等村，这天夜晚有个民俗活动叫"摸青"。这天晚上，贪玩的人们可以到别人的菜地里摘菜，只要是青色的均可，菜园主人不可辱骂。人们把这些菜弄熟，围成一团把食物吃完，只限这一晚。

在汾水，还有烧瓦子灯活动。白天，孩子们搬来砖头、瓦片，先用砖头围成一个直径一米多的圆圈，再用碎瓦片一圈一圈地搭起来，圆圈逐渐缩小，最后封顶，高的可搭到五六尺高，呈宝塔形。晚上，搬来柴草，放在里面烧，直到把整个瓦片烧红，这时把硫黄、松脂混合粉末撒在瓦片上，"呼"的一声，巨大的火光直冲夜空，非常壮观。此外，又有斗牛活动。两个十三四岁的少年俯趴于地，屈肘向前，头相对，旁边一人口里不停地念着："……黄牛不来黑牛来，两头牛牸斗起来……"这人反复不停地念着，两个少年似乎睡着了，突然两人"呼"的一声，几乎是同时猛然向前爬，头对着头，其势之凶猛，大大出乎意料，两人久久相持不下，直到旁人把他们分开。两人此时尚睡眼蒙眬，问他俩刚才做了什么，都说："不知道，好像睡着了。"

重阳节   农历九月初九，这一天也是"老人节"，成家立业的子女回家陪父母，或是将父母请到自己家里，共享天伦之乐。

冬至 在民间，有"冬至大似年"的说法。这天，家家户户都会用鸡肉、猪肉、墨鱼等辅料做糯米饭。

在临坊,旧时"冬至,有祠宇祭田者则祭于祠,先一日习仪,至日序班行礼,设馔给胙；无则香烛纸钱,祭于家而已"。中华人民共和国成立后,宗族祠堂祭祖仪式已不存在。

二、婚丧嫁娶

婚 如果不是自由恋爱,相亲就是婚嫁的第一关。在物色配偶时,媒婆至关重要,她会根据"门当户对"的旧观念,提出婚嫁人选。人选初步定后,父母都要率领七大姑八大姨等亲属深入男方（女方）家进行一番调查,除了对男方（女方）长相进行询问、观察、研究、评头论足,还要了解男方（女方）家庭,以及品德、性格。

相中快婿（佳媳）后,男方得托媒婆上门提亲。即便是自由恋爱,也得托家族中德高望重的长辈上门提亲。双方同意后,男方就会备下彩礼,为女方做衣服,购置金银首饰,选个黄道吉日,送到女方家去定亲,俗称"下定"。

举行婚礼是嫁娶的最后一个环节。婚前几天,双方就会下请柬,通知亲朋前来贺喜。母舅为大,外甥一定要上门接请。同时,购置菜蔬,杀猪买酒,宰鸡宰鸭,布置喜堂,张贴对联。迎娶前一天,各地亲朋好友都前来贺婚,叫"进客"。新郎要在这一天沐浴剃头,俗称"上头",晚上吃"起亲宴"。迎娶当天,男方早早派出花轿（现在是小轿车）前往女方家迎亲。旧时女子出嫁前要"开面",就是用棉线夹扯脸上毫毛,用煮熟的蛋白按摩脸,然后是"盘头",梳理发髻,盘在头顶。现在多在美容店请专门的美容师化妆。

出嫁的前天晚上和上车去男方家之前,女方都要"哭嫁",新娘与母亲、婶娘、姐妹等女眷拥抱痛哭,一定要声泪俱下,哭得越厉害越好。这习俗现在当然不作兴了,笑着出嫁也没人非议。新娘子要舅舅或哥哥抱上车,此时,女方父母与新娘深感别离之苦,真情流露,泪如雨下,也是常有的。女方出嫁时,要兄弟担礼、锁箱、拿锁箱钱,如无亲兄弟,需由堂、表兄弟代替。

收了男方的彩礼,女方父母自然是不会让新娘空手去婆家的,要陪嫁妆,丰俭由人。陪嫁品包括电器、日常生活用品,或者现金。到达男方家,婚礼开始。旧时,新郎新娘分列堂前,随着赞礼人高唱一一行礼。礼毕,赞礼人会手持托盘,将冻米、黄豆撒入帐中,祝福新人白头偕老、多子多福。现在与时俱进,这一切都不再讲究了。酒席开始后,母舅为大,坐上桌的上位,鞭炮响起,举杯痛饮,特别热闹。新郎、新娘每桌都敬酒,以谢亲朋。

第二天早饭后,新娘要在新郎陪同下回到娘家,并将果品、烟酒发放给娘家亲眷,叫作"回门"。

在尧坊等地,新婚男子第一个春节去岳父母家拜年称"当生客"。岳父母家需鸣炮迎接,亲友设宴招待"生客",称"接生客"。生客回门要"回担",称"发生客"。事后,男方家要设宴答谢。平时走亲串友,不空手上门,你送我回,礼尚往来。

丧　人死了一般不叫死,而委婉地称"老了""过世""走了"等。老人死后,全家人号啕大哭,开始谋划后事。要派人第一时间将这一讯息告知亲朋,这就是"报丧",也叫"报亡"。倘若是老母谢世,旧时习俗是第二日一大早,孝子们就要身披孝服,脚穿草鞋,腰扎稻草绳子,徒步走到母舅家,长跪大门外,号啕大哭。此时,母舅家人便会出来扶起孝子,前去吊丧。到达外甥家中,孝子或丧事主持者就会主动向母舅汇报丧事办理的情况,并请母舅拿主意。其余亲朋接到讯息,也会立即停下手中事务,携香烛、花圈等到灵前烧纸叩拜,表示哀悼。

人无疾而终或落枕而死,称为寿终正寝,因为在这个过程中没有承受多大痛苦,而且没有劳累亲属,是人生最大的幸事。与之相对的则是"恶死"。临坊人最看不惯别人做坏事,认为做坏事的人"日后必不得好死"。老人临近寿终正寝时，亲属都要围在膝前，给他"送终"。待老人断气后，全家人号啕大哭，开始谋划后事。

办后事，先是摆设灵堂。灵堂一般在大厅主位，上面置一个装沙小桶，供插香用。灵堂上点盏清油灯，用灯草或草纸做捻点燃。灵台下面，或置一个火盆，或放一个破搪瓷脸盆，方便祭奠者在里面烧纸。盆前地上，则安放两个稻草编成的圆草垫，专门供祭拜人叩拜。亲友来之前，一般由子女不间断地烧小块草纸。邻居或亲朋中一些熟悉丧事流程的人，一般都会自告奋勇，帮忙料理后事，商议丧事的规格、日程、出殡和下葬的时间，一些年轻后生则去购买食品、香烛等等，还有人挑水、砍柴、做饭……

按照习俗，人死后还得请专人选"吉日"收殓、出殡。但是临坊出葬习俗比较特别，那就是人"老了"，三天内必须出葬，不挑吉日子，不避凶日子。这个习俗只有包括临坊在内的沙洲镇才有，南城县其他地方是少见的。

殡葬改革之前，流行土葬，流程繁复。现在推行火葬，以往的程序或简化了，或不再有了。人一旦去世，遗体会在三天之内送到火葬场，亲友简单凭吊后进行火化。

三、建房庆寿

建房　旧时的房屋，多是土木结构或砖木结构的平房。在农村，通常设计成"一向三间"，即一个屋脊，前后出水，外墙用土筑或砖砌，屋两侧设飞檐式人字形脊墙或高出屋脊的"山"字形墙，大门两旁各有走廊，大门正对厅堂，厅堂两边各有两间房。城区房屋因为考虑用地，通常是"一向三间"前后衔接，构成"两幢直进"，前后之间设有厢房、穿巷、天井等。少数富商官绅还有"三幢直进""四幢直进"的，不一而足。随着人们生活的改变，房屋也从青砖灰瓦、木柱横梁向钢混结构、平顶、玻璃门窗和铝合金转化。

建房首先是选地，也就是对屋址环境的取舍。民间认为自然环境的优劣能够影响人一生的吉凶祸福。人们大多选择坐北朝南的"负阴抱阳"格局，但也有例外，受禁忌、自然条件的影响而朝东或朝西的房屋也有。地址选好后，就要下屋基、立木。下屋基都必须看日子，选择六九吉日。日子定好后要请石匠开工，放线挖地基和请木工开工做木构件，然后挖基槽、下片石、砌基脚。开工挖地基要燃放鞭炮，当天东家还会置办酒席，请地仙、泥工、木工前来吃饭喝酒，并给他们开工红包。在一些大户，地基弄好后，还要放磉盘石，放石时，泥工就会喝彩，也叫掌彩。彩词大多是："手拿雄鸡似凤凰，头又高来尾又长。头高顶得千担米，尾巴拖得万担粮。千担米、万担粮，发富发贵得久长。"唱毕，东家会为每个泥工另发红包。立木俗称"架马"，就是木工取好上等木料做屋柱、楼柱，再取方片桁条，画墨凿眼，锯屋角……选好日子后，开始搭建木构架，通常此时都要放鞭炮庆贺，还得设宴款待泥工、木工、粗工，叫作"立木酒"。

架梁（也叫上梁）是一件大事，因为人们认为梁是一栋房子的核心，来不得半点含糊，所以形成了祭梁、上梁等一套喜庆习俗。祭梁、上梁一般都要选择黄道吉日的卯时，祭梁时，要点香烛、放鞭炮、吹唢呐，然后泥工、木工依次登场祭梁。泥工师傅左手提一只公鸡，右手将鸡冠血滴涂在梁上，边涂边喝彩，唱词各有不同。寻常的唱词是："手捉金鸡当凤凰，生得头高尾又长，花毛红冠又绿耳，五色八卦花衣裳。皇帝听到一声鸣，正是上朝更衣时；文官听到金鸡叫，手拿玉笏忙上轿；武官听到金鸡叫，正是射箭跑马时；我今听到金鸡叫，正是贤东架梁时。金鸡祭梁头，儿孙封相又拜侯；金鸡祭梁中，后代儿孙站堂中。我今祭过栋梁后，荣华富贵万万年。"木工师傅则手拿长斧，用斧头背敲打梁中间，高声唱道："一座房子四四方，能工巧匠修华堂。前有朱雀来戏水，后有凤凰来朝阳。鲁班仙师来发墨，八洞神仙来升梁。左手升来生贵子，右手升来状元郎。"每一句或每一段，都以"伏以"开头。据说伏以是鲁班的大弟子。在祭梁时，师傅每唱一句，下面众人就随唱词大喊"好哇"，讨个彩头。升梁后，泥工、木工就会将东家准备好的糖果香烟从屋上往下撒落，大人小孩则一边抢糖果拾饼干，一边你推我拉，嘻嘻哈哈，热闹喜庆。中午东家还要摆"上梁酒"，隆重地向工匠师傅和族人敬酒感谢。

乔迁新居是最后的工序。此时房屋竣工，装修一新，主人神清气爽，一定要邀请族人和亲朋好友来分享喜悦。乔迁之日，主人先要布置好新居，并在院门、大门上张贴好大红纸联。进屋前，一些人家还会在门楣上悬挂一面镜子，以镇"风水"。一些人家还作兴在大门两侧放茅竹或晾衣青竹竿，寓意是"节节高"。进屋时，在鞭炮声中，全家大小肩扛手提，依次步入厅堂。前来庆贺乔迁之喜的宾朋还会送来贺匾、贺幛、镜屏等。

现在，很多人在县城购买商品房，乔迁的程序简化了许多，但抬着青竹竿进新屋、贴大红纸联等传统还是保留了下来。

祝寿　这是为家族中的老者过整十寿诞的一种礼仪风俗，也被称作贺寿、庆寿。平时一年一度的生日一般不做寿，六十岁之后才做寿，故有"三十无人晓，四十无人知，五十躲到门背吃只鸡"的说法。人们沿袭着"做九不做十"的传统，即六十岁寿庆改在五十九岁生日来做，以此类推。此外，寿星年岁越高，寿庆也会越隆重。

祝寿有一定的程序，概括起来就是发送寿帖、恭送寿礼、布置寿堂、拜寿仪典、举行寿宴。晚辈在给长辈过寿时，需提前数周向亲朋好友通告寿诞日期，此时寿帖就要填写好。寿帖用语大多严谨，如给父亲做寿称"家父"，给母亲做寿则称"家母"。在农村由于受文化礼数影响较小，一般人家也不发寿帖，而直接捎口信、口头打招呼。现在，则多为电话或短信、微信通知。

给长辈、师友祝寿，都得准备寿礼。如果是亲戚，接到讯息后，晚辈要购买寿联、寿匾、镜屏等，并请人写好贺词、落款，精心包装，还要买好寿烛、寿面、寿桃等。岳父母做寿的，女儿女婿还得为寿星从头到脚做好新衣、新帽，准备新鞋、新袜。临近生日，还得弄好点心，送到寿星家中，供其享用。

布置寿堂是一般家庭做寿必走的程序，按照旧俗，寿堂一般设在寿星家正厅内。为了增添喜庆色彩和文化氛围，大多数人家都会在太师壁的正中张贴大幅"寿"字或悬挂"蟠桃献寿""五福捧寿"等寿幛，寿堂中间还张灯结彩。庆寿一般还要设礼案，上面摆放寿桃、鲜花、水果等礼品，香几上摆放大红寿烛，四周悬挂寿匾、寿联，显得热烈吉祥。

寿星寿日这天，按照旧俗，亲人还得齐聚，待寿星夫妇中堂正立后，开始鸣放鞭炮、吹起唢呐，六亲依次下跪祝寿。安排寿宴是做寿的重头戏，做寿基本要三天时间。第一天（寿日前一天）早晨，厨师、杂工进门吃早饭，由主家安排分工，借桌椅碗具、张贴对联、布置寿堂，杀猪宰鸡做豆腐，备齐菜蔬。随着祝寿的亲朋好友陆续到来，厨房开始准备中饭、晚饭，中饭菜肴多简单，属于"随菜便饭"；晚饭丰盛些，并备有长寿面，叫"暖寿"。第二天是正日，家族诸人也开始入席，早晨捞长寿粉；中午吃大餐，桌桌备足酒水，大家猜拳行令，尽兴畅饮，菜肴作兴八盘十二碗或八碟十碗，色样大同小异、荤素搭配、分量适当。第三天叫"散客"，至亲、厨师、杂工等出力人员，接受主人家的酒席犒劳。

现在做寿，多在酒店里进行，程序简略了许多。即便是在自己家里请厨师操办，除了暖寿、铺寿堂、生日这天摆酒席招待亲友外，其他习俗都渐渐省去，不被人所知。

四、生育教育

生育 孩子出生后，有很多特殊的习俗，比如"过三朝""过七朝""过满月""过百日""过周岁"等。

由于过去医疗条件和接生条件特别差，孩子降生报生是难得的喜事。旧时，孩子出生后，在产婆的帮助下，要为新生儿穿衣，步骤主要有："开天门"，也就是洗净眉眼；其次是"点龙鼻"，就是清洗鼻子；再是"开龙口"，就是洗净嘴角唾沫；最后是"净龙身"，就是从颈部到胸背再到手脚，直到将婴儿身上污秽清洗干净。孩子出生，按照习俗还得"报喜"，就是女婿择日到岳丈岳母处报告这一喜讯，接到报生喜讯，岳母则会马上提着早已准备好的鸡蛋、红糖、母鸡、婴儿衣物等赶到女婿家祝贺，顺便伺候女儿一段时日。产妇的房间不允许身患疾病和披麻戴孝的人进入，否则被认为不吉利。

"过三朝"也叫"开奶"，就是婴儿出生三天举行的一个感谢上天赐福、保佑婴儿健康成长的仪式。该仪式一般由家族中的一位女性长辈主持，程序主要是先让婴儿尝一口别的母亲的乳汁，预示其能吃百家饭、穿百家衣；然后由接生婆为婴儿洗澡，用艾叶菖蒲擦身。仪式完成，东家要摆"三朝宴"，招待外婆、至亲好友及乡邻。送礼必须在上午，至亲和长辈都会将事先准备好的红包放到婴儿口袋，祝福他快乐成长。现在多流行"过七朝"，就是婴儿出生七天，亲朋好友团聚在一起，认认新生儿，说些吉利话，共同庆祝小生命诞生，祈愿新生儿健康成长。

"满月礼"是在婴儿出生一个月时，家庭为婴儿举行的满月仪式。旧俗满月时，往往要大开宴席款待亲朋好友，也叫办"满月酒"。直至现在，仍然保留婴儿满月办"满月酒"的习俗。

"百日礼"自古有之，因为百在古人看来有"圆满"的意思。百日礼俗和满月礼俗大同小异，最具特点的还是为幼儿打造"百家锁"、准备"百家衣"。"百家锁"也叫长命锁，与此相关的还有银项圈，一般都由外祖母准备，上面往往还标注"长命富贵""长命百岁"等，祝福他身体健康、活过百岁。"百家衣"是集各式各样的碎布头连缀而成，虽然碎布头并非来自百家，但是越多越好，这样才能说明孩子的生命力顽强。

周岁是孩子诞生礼的落幕大戏，也是人生首个生日，因此受到重视。"周岁礼"除了请客送礼之外，最流行的礼俗就是"摸周"，也叫"拈周"。其具体做法是：新生儿周岁这天，天刚蒙蒙亮，父母就为孩子沐浴，穿上新衣，抱到大厅神堂之前，在八仙桌上蒙盖红布，摆上笔墨纸砚、印章、算盘、针线、首饰、玩具、糖果等许多东西，然后任由小孩去抓摸，孩子首先抓摸到什么，就表示他天生有这方面的喜好，将来就会成为这样的人。按照民间说法，抓到笔墨纸砚表示今后会读书作文，抓到印章表示会当官，抓到算盘表示会做生意，抓到首饰表示今后爱打扮，抓到玩具表示今后贪玩等，抓到糖果表示今后吃喝不愁。

教育　旧时，对小孩的启蒙教育一般两三岁就开始了，先由父母教一些儿歌，四五岁时，家中有文化的人开始教读一百以内的数字和浅显的文字，六七岁时，孩子到了入学的年龄。按照传统私塾入门入学的礼教，学生在接受老师的启蒙教育时，要经过四个程序，分别是：入学之前拜孔子，入学拜老师，接受入学红鸡蛋，入学接受老师教育。这一系列程序充分体现了尊师好学的思想精华。1911年以后"废科举、兴学堂"，这个仪式才渐渐淡出人们的视线。

在临坊，金榜题名历来受到民众重视。明清时期中了举人或是中了进士，会有捷报送至高中者家中，此时父母就会点上香烛、燃放鞭炮庆贺，并把捷报贴到宗族祠堂的正堂壁上，以示光宗耀祖，让族人一起共享喜悦，有的还会送些赏钱打点送捷报的人员。随后，开大门摆酒席，请亲朋好友、族人庆贺，同时赠送高中者笔墨纸砚等以示恭贺。

现在，小孩到入学的年龄，就送入学校读书，接受现代教育。从幼儿园到小学到中学再到大学，十年寒窗，不断增长知识，健全心理。高考以优异成绩被心仪的大学录取时，父母为其举办"升学宴"，宴请亲朋好友及老师，感谢长辈及老师的教诲，勉励孩子今后百尺竿头，更进一步，成为家族的骄傲，成为国家的栋梁。

五、庙会活动

庙会　别称庙市、节场等，就是在寺庙附近聚会，进行祭神、娱乐和购物活动。它的产生、存在和演变都与老百姓的生活息息相关，具有浓厚的宗教色彩，一般在农历新年、元宵节、二月二龙抬头等节日举行。临坊庙会主要作用有二：一是销售、采购农作物和生活物资，用于田地耕作，满足生活所需；二是亲友交流。庙会这天，临坊人会热情邀请附近村子的亲戚、朋友前来"赶会"，准备荤素食品、酒水，设宴款待采买物资的亲朋。这天临坊几乎家家来客人，有的人家甚至有好几桌。酒酣耳热后，亲朋才左手提、右手拎，满意而归。庙会取消后，临坊村民多前往黄狮村逛庙会，开展物资交易、亲友交流活动。

（揭方晓执笔）